上海师范大学预防职务违纪违法犯罪研究中心重点项目

本书编委会

主　任：张叶江

副主任：蒋传光　韩金明　商红日

主　编：商红日　张惠康

副主编：张深远　韩金明

编　委：（按姓氏笔画排序）
　　　　王　宏　李泠烨　张叶江　张祖平
　　　　张深远　张惠康　陈兆旺　商红日
　　　　程兰兰　蒋传光　韩金明　韩思阳

反腐败与中国廉洁政治建设研究报告
（Ⅷ）

商红日　张惠康　主　编
张深远　韩金明　副主编

北京大学出版社

图书在版编目(CIP)数据

反腐败与中国廉洁政治建设研究报告. Ⅷ / 商红日,张惠康主编. -- 北京：北京大学出版社, 2024.8.
ISBN 978-7-301-35355-4

Ⅰ. D630.9

中国国家版本馆 CIP 数据核字第 20240ER969 号

书　　　名	反腐败与中国廉洁政治建设研究报告（Ⅷ） FANFUBAI YU ZHONGGUO LIANJIE ZHENGZHI JIANSHE YANJIU BAOGAO（Ⅷ）
著作责任者	商红日　张惠康　主　编　张深远　韩金明　副主编
责 任 编 辑	杨丽明
标 准 书 号	ISBN 978-7-301-35355-4
出 版 发 行	北京大学出版社
地　　　址	北京市海淀区成府路 205 号　100871
网　　　址	http://www.pup.cn　　新浪微博：@北京大学出版社
电 子 邮 箱	zpup@pup.cn
电　　　话	邮购部 010-62752015　发行部 010-62750672　编辑部 021-62071998
印 刷 者	河北滦县鑫华书刊印刷厂
经 销 者	新华书店 730 毫米×980 毫米　16 开本　13.5 印张　258 千字 2024 年 8 月第 1 版　2024 年 8 月第 1 次印刷
定　　　价	68.00 元

未经许可，不得以任何方式复制或抄袭本书之部分或全部内容。
版权所有，侵权必究
举报电话：010-62752024　电子邮箱：fd@pup.cn
图书如有印装质量问题，请与出版部联系，电话：010-62756370

导　语

本辑依然以全面从严治党为主题,按照"全面从严治党下的廉政建设""全面从严治党下的腐败治理"及"全面从严治党下的反腐要览"三个分主题,全面记述2020年这个特别的时间段党的自我革命和反腐败的重点文献和重要事件。

正如本报告所强调的,2020年是新中国历史上极不平凡的一年。面对错综复杂的国际形势、艰巨繁重的改革发展稳定任务特别是突如其来的新冠病毒感染疫情(以下简称"新冠疫情"),党中央统筹中华民族伟大复兴战略全局和世界百年未有之大变局,坚持以党的自我革命引领伟大社会革命,坚定不移全面从严治党,坚定不移推进党风廉政建设和反腐败斗争,坚定不移把党建设得更加坚强有力。

在2021年开年之初,十九届中央纪委召开第五次全体会议,总结上一年工作,部署新的一年的纪检监察工作。习近平总书记在本次全会上发表重要讲话,这一重要讲话进一步提出了对全面从严治党和坚定进行反腐败斗争的认识,即党风廉政建设永远在路上,反腐败斗争永远在路上;我们党作为百年大党,要永葆先进性和纯洁性、永葆生机活力,必须一刻不停推进党风廉政建设和反腐败斗争;各级领导干部特别是主要负责同志必须切实担负起管党治党政治责任,始终保持"赶考"的清醒,保持对"腐蚀""围猎"的警觉,把严的主基调长期坚持下去,以系统施治、标本兼治的理念正风肃纪反腐,不断增强党自我净化、自我完善、自我革新、自我提高能力,跳出治乱兴衰的历史周期率,引领和保障中国特色社会主义巍巍巨轮行稳致远。研读总书记的重要讲话精神,可以深切领悟到,对于中国共产党而言,要想完成自己承载的历史使命,既要遵循党的自我革命的规律,又要洞察全面从严治党不断遇到的风险和挑战,依照规律,坚持走中国特色反腐败道路,不断生产出党的自我革命和反腐败斗争的新知识,制定正确的方略和政策,采取更加有效的办法与举措,确保党和国家长治久安。

本报告对2020年全面从严治党、纪检监察体制改革以及反腐败理论与实践展开跟踪研究,对一些文献进行了整理和分析;总结了2020年反腐败大事件,汇总出一些重要信息与资料;同时收集整理和提炼出30余条反腐败相关词语,并分析其来源,作出释义。本报告必将对理论和实际工作部门的研究活动发挥重要文献、咨询等作用。

主　编

2024年2月

目录 Contents

全面从严治党下的廉政建设

一、习近平在十九届中央纪委五次全会上讲话的廉政建设
　　精神　张深远 / 003

二、十九届中央纪委五次全会上所作工作报告的廉政建设
　　精神　张深远 / 012

全面从严治党下的腐败治理

一、全面从严治党研究　郑　要 / 025

二、监察体制改革研究　达雅楠 / 048

三、腐败治理研究的回顾与展望　张益森 / 075

四、高校腐败治理专题研究　韩金明　王　展 / 102

全面从严治党下的反腐要览

一、新时代正风反腐大事记(2012.12—2020.12) 张深远 / 129

二、新时代执纪审查中管干部一览表
    (2012.12—2020.12) 张深远 / 171

三、新时代党纪政务处分中管干部一览表
    (2012.12—2020.12) 张深远 / 179

四、新时代反腐败辞典(2020) 韩思阳 / 189

全面从严治党下的廉政建设

<< 栏目主持:张深远　张惠康

一、习近平在十九届中央纪委五次全会上讲话的廉政建设精神

二、十九届中央纪委五次全会上所作工作报告的廉政建设精神

全面从严治党是新时代党的自我革命的伟大实践,反腐败斗争是其中的关键一役,是一场输不起也决不能输的重大政治斗争。

以党的自我革命引领社会革命,关键在于解答全面从严治党下的廉政建设这一重大理论和实践课题,确保党和国家长治久安。

本栏目运用文本分析和比较研究方法,深刻解读中央纪委全会文件,深度阐释廉政建设精神,助推全面从严治党向纵深发展。

本报告聚焦党的十九届中央纪委五次全会,解读习近平的重要讲话和会议所通过的中央纪委工作报告,阐释其中的廉政建设精神。

一、习近平在十九届中央纪委五次全会上讲话的廉政建设精神

张深远

2021年1月22日至24日,十九届中央纪委五次全会在北京举行,中共中央总书记、国家主席、中央军委主席习近平在会上发表重要讲话。

讲话充分肯定2020年全面从严治党成果,深刻阐述全面从严治党新形势新任务,强调全面从严治党首先要从政治上看,不断提高政治判断力、政治领悟力、政治执行力,一刻不停推进党风廉政建设和反腐败斗争,充分发挥全面从严治党的引领保障作用,以强有力的政治监督,确保"十四五"时期目标任务落到实处。[1]

这里主要从讲话主题、总结工作、提出任务、主要特点四方面予以分析。

(一)讲 话 主 题

讲话站在新时代党和国家事业发展全局的高度,阐明主题,提出总体要求。

1. 主题聚焦:充分发挥全面从严治党引领保障作用,确保"十四五"时期目标任务落到实处

习近平在十九届中央纪委五次全会上讲话强调,充分发挥全面从严治党引领保障作用,确保"十四五"时期目标任务落到实处。[2]

---

[1] 《中国共产党第十九届中央纪律检查委员会第五次全体会议公报》,载《人民日报》2021年1月25日。

[2] 《习近平在十九届中央纪委五次全会上发表重要讲话强调 充分发挥全面从严治党引领保障作用 确保"十四五"时期目标任务落到实处》,载《人民日报》2021年1月23日。

这一讲话主题,立足全面从严治党,着眼引领保障,聚焦"十四五"时期目标任务,为2021年的纪检监察工作指明了方向。

2. 总体要求:两项原则、三项任务、一个目标

讲话围绕"充分发挥全面从严治党引领保障作用,确保'十四五'时期目标任务落到实处"这一主题,就2021年纪检监察工作提出总体要求,即要深入贯彻全面从严治党方针,充分发挥全面从严治党引领保障作用,坚定政治方向,保持政治定力,做到态度不能变、决心不能减、尺度不能松,确保"十四五"时期我国发展的目标任务落到实处。

这一总体要求,明确了全面从严治党工作的基本原则、重点任务、主要目标。其中,前两项为基本原则,中间三项为重点任务,最后一项为主要目标。

(二)总 结 工 作

讲话总结工作,在肯定成绩、分析形势、总结经验的基础上,作出重要论断。

1. 肯定成绩:党中央对党风廉政建设和反腐败斗争取得的成绩是满意的

2020年是中国历史上极不平凡的一年。面对错综复杂的国际形势、艰巨繁重的改革发展稳定任务,党中央统筹中华民族伟大复兴战略全局和世界百年未有之大变局,坚持以党的自我革命引领伟大社会革命,坚定不移全面从严治党,坚定不移推进党风廉政建设和反腐败斗争,坚定不移把党建设得更加坚强有力。一是让党旗在决胜全面建成小康社会、决战脱贫攻坚中高高飘扬,让广大人民群众深切感受到,风雨袭来时,党的坚强领导、党中央的权威是最坚实的靠山。二是紧紧围绕"两个维护"强化政治监督,完善全面从严治党制度,加强党的领导和监督,深化政治巡视,完善党和国家监督体系,全面加强党的纪律建设,深化运用"四种形态",围绕统筹疫情防控和经济社会发展、打好三大攻坚战、做好"六稳"工作、落实"六保"任务等重大决策部署加强监督检查。三是坚决破除形式主义、官僚主义,以作风攻坚促进脱贫攻坚,严肃查处验收达标中弄虚作假的问题,深化拓展基层减负工作,继续整治享乐主义、奢靡之风,坚决纠治餐饮浪费行为。四是深刻把握反腐败斗争新态势,一体推进不敢腐、不能腐、不想腐,坚决查处不收敛不收手的腐败分子,聚焦政治问题和经济问题交织的腐败案件,严肃查处对党不忠诚、阳奉阴违的两面人,对政法系统腐败严惩不贷,对扶贫、民生领域腐败和涉黑涉恶"保护伞"一查到底。五是增强党组织政治功能和组织功能,完善管思想、管工作、管作风、管纪律的从严管理制度,在斗争一线考察识别干部,在火线发展优秀分子入党。党中央对党风廉政建设和反腐败斗争取得的成绩是满意的。

2. 分析形势:党风廉政建设和反腐败斗争形势依然严峻复杂

党的十八大以来,尽管党风廉政建设和反腐败斗争取得了历史性成就,但形势依然严峻复杂。必须清醒看到,腐败这个党执政的最大风险仍然存在,存量还未清底,增量仍有发生。政治问题和经济问题交织,威胁党和国家政治安全。传统腐败和新型腐败交织,贪腐行为更加隐蔽复杂。腐败问题和不正之风交织,"四风"成为腐败滋长的温床。腐蚀和反腐蚀斗争长期存在,稍有松懈就可能前功尽弃,反腐败没有选择,必须知难而进。这是对形势的基本判断。

3. 总结经验:深化对党风廉政建设和反腐败斗争的三个认识

讲话总结工作,在肯定成绩、分析形势的基础上,提出对党风廉政建设和反腐败斗争的三个认识:(1)党风廉政建设永远在路上,反腐败斗争永远在路上;(2)我们党作为百年大党,要永葆先进性和纯洁性、永葆生机活力,必须一刻不停推进党风廉政建设和反腐败斗争;(3)各级领导干部特别是主要负责同志必须切实担负起管党治党政治责任,始终保持"赶考"的清醒,保持对"腐蚀""围猎"的警觉,把严的主基调长期坚持下去,以系统施治、标本兼治的理念正风肃纪反腐,不断增强党自我净化、自我完善、自我革新、自我提高能力,跳出治乱兴衰的历史周期率,引领和保障中国特色社会主义巍巍巨轮行稳致远。

这三个认识从理论和实践结合上,深刻回答了党风廉政建设和反腐败斗争的一系列根本性问题,深化了对建设什么样的长期执政的马克思主义政党、怎样建设长期执政的马克思主义政党的规律性认识,是新时代全面从严治党的基本遵循。

4. 作出论断：全面从严治党首先要从政治上看，不断提高政治判断力、政治领悟力、政治执行力

讲话强调，全面从严治党首先要从政治上看，不断提高政治判断力、政治领悟力、政治执行力。这一论断深刻回答全面从严治党的首要问题，进一步深化了对建设什么样的长期执政的马克思主义政党、怎样建设长期执政的马克思主义政党的规律性认识，是推动全面从严治党向纵深发展的基本遵循。

（三）提出任务

讲话在肯定成绩、分析形势、总结经验、作出论断的基础上，提出任务。

1. 要以强有力的政治监督，确保党中央重大决策部署贯彻落实到位

党的十九大报告提出构建党统一指挥、全面覆盖、权威高效的监督体系，"深化政治巡视，坚持发现问题、形成震慑不动摇，建立巡视巡察上下联动的监督网"[①]。为此，要以强有力的政治监督，确保党中央重大决策部署贯彻落实到位。

强化政治监督要从三个方面着力：(1) 要坚持学懂弄通做实党的创新理论，以庆祝建党100周年为契机，引导党员、干部加强党性锻炼、党性修养，坚定理想信念，百折不挠把自己的事办好；(2) 要健全贯彻党中央重大决策部署督查问责机制，加强对贯彻新发展理念、构建新发展格局、推动高质量发展等决策部署落实情况的监督检查；(3) 党员、干部要筑牢思想防线，时刻自重自省自警自励，慎独慎微慎始慎终，做政治信念坚定、遵规守纪的明白人。

2. 要坚定不移推进反腐败斗争，不断实现不敢腐、不能腐、不想腐一体推进战略目标

党的十九大报告提出："人民群众最痛恨腐败现象，腐败是我们党面临的最

---

① 习近平：《决胜全面建成小康社会 夺取新时代中国特色社会主义伟大胜利——在中国共产党第十九次全国代表大会上的报告》，载《人民日报》2017年10月28日第1版。

大威胁。只有以反腐败永远在路上的坚韧和执着,深化标本兼治,保证干部清正、政府清廉、政治清明,才能跳出历史周期率,确保党和国家长治久安"①。

坚定不移推进反腐败斗争,要从五个方面着力:(1)要将正风肃纪反腐与深化改革、完善制度、促进治理贯通起来,用好"四种形态",综合发挥惩治震慑、惩戒挽救、教育警醒的功效;(2)要持续压实金融管理部门、监管机构和地方党委、政府主体责任,做好金融反腐和处置金融风险统筹衔接,强化金融领域监管和内部治理;(3)要将防腐措施与改革举措同谋划、同部署、同落实,推进重点领域监督机制改革,有针对性地补齐制度短板;(4)各级领导干部要带头遵守党纪国法,自觉反对特权思想、特权现象,带头廉洁治家,从严管好家属子女和身边工作人员;(5)各级党委要加强领导干部个人事项报告情况核查。

3. 要毫不松懈纠治"四风",坚决防止形式主义、官僚主义滋生蔓延

党的十九大报告提出持之以恒正风肃纪,"坚持以上率下,巩固拓展落实中央八项规定精神成果,继续整治'四风'问题,坚决反对特权思想和特权现象"②。为此,要毫不松懈纠治"四风",坚决防止形式主义、官僚主义滋生蔓延。

毫不松懈纠治"四风",要从三个方面着力:(1)要深入开展党的优良传统和作风教育,完善作风建设长效机制,把好传统带进新征程,将好作风弘扬在新时代;(2)要坚持全面从严、一严到底,对群众反映强烈的公款吃喝、餐饮浪费等歪风陋习露头就打、反复敲打;(3)对形式主义、官僚主义要毫不妥协,全面检视、靶向纠治,持续为基层松绑减负,树立重实干、重实绩的用人导向,督促全党担当尽责、干事创业。

4. 要持续整治群众身边腐败和作风问题,让群众在反腐"拍蝇"中增强获得感

党的十九大报告提出:"党的一切工作必须以最广大人民根本利益为最高标准","凡是群众反映强烈的问题都要严肃认真对待,凡是损害群众利益的行为都

---

① 习近平:《决胜全面建成小康社会 夺取新时代中国特色社会主义伟大胜利——在中国共产党第十九次全国代表大会上的报告》,载《人民日报》2017年10月28日第1版。
② 同上。

要坚决纠正","加大整治群众身边腐败问题力度"①。为此,要持续整治群众身边腐败和作风问题,让群众在反腐"拍蝇"中增强获得感。

持续整治群众身边腐败和作风问题,要从三个方面着力:(1)要坚决整治政法战线违纪违法问题,努力让人民群众在每一件司法案件中都感受到公平正义;(2)要推动扫黑除恶常态化,坚决打击黑恶势力及"保护伞",决不让其再祸害百姓;(3)要紧盯党中央惠民富民、促进共同富裕政策落实,持续纠治教育医疗、养老社保、扶贫环保等领域腐败和不正之风,解决好群众的"急难愁盼"问题,让人民群众感受到公平正义。

5. 要完善党和国家监督体系,使监督融入"十四五"建设之中

党的十九届四中全会通过的《中共中央关于坚持和完善中国特色社会主义制度 推进国家治理体系和治理能力现代化若干重大问题的决定》提出,"党和国家监督体系是党在长期执政条件下实现自我净化、自我完善、自我革新、自我提高的重要制度保障,必须健全党统一领导、全面覆盖、权威高效的监督体系,增强监督严肃性、协同性、有效性,形成决策科学、执行坚决、监督有力的权力运行机制,确保党和人民赋予的权力始终用来为人民谋幸福",并作出"坚持和完善党和国家监督体系,强化对权力运行的制约和监督"的重大部署。② 为此,要持续完善党和国家监督体系,使监督融入"十四五"建设之中,保障其顺利进行。

完善党和国家监督体系,要从四个方面着力:(1)要把监督贯穿于党领导经济社会发展全过程,把完善权力运行和监督制约机制作为实施规划的基础性建设,构建全覆盖的责任制度和监督制度;(2)党委(党组)要履行主体责任,书记作为第一责任人要敢抓真管,纪检监察机关要盯住重点人重点事;(3)要健全党和国家监督体系,以党内监督为主导,不断完善权力监督制度和执纪执法体系,各种监督协调贯通,形成常态长效的监督合力;(4)要充分发挥监督在基层治理中的作用,推动监督落地,让群众参与到监督中来。

---

① 习近平:《决胜全面建成小康社会 夺取新时代中国特色社会主义伟大胜利——在中国共产党第十九次全国代表大会上的报告》,载《人民日报》2017年10月28日第1版。
② 《中共中央关于坚持和完善中国特色社会主义制度 推进国家治理体系和治理能力现代化若干重大问题的决定》,载《人民日报》2019年11月6日。

6. 纪检监察机关要努力建设一支政治素质高、忠诚干净担当、专业化能力强、敢于善于斗争的纪检监察铁军

《党章》规定:"党的各级纪律检查委员会是党内监督专责机关,主要任务是:维护党的章程和其他党内法规,检查党的路线、方针、政策和决议的执行情况,协助党的委员会推进全面从严治党、加强党风建设和组织协调反腐败工作","党的各级纪律检查委员会的职责是监督、执纪、问责,要经常对党员进行遵守纪律的教育,作出关于维护党纪的决定;对党的组织和党员领导干部履行职责、行使权力进行监督,受理处置党员群众检举举报,开展谈话提醒、约谈函询;检查和处理党的组织和党员违反党的章程和其他党内法规的比较重要或复杂的案件,决定或取消对这些案件中的党员的处分;进行问责或提出责任追究的建议;受理党员的控告和申诉;保障党员的权利"。这些规定明确了纪委的任务和职责。为此,纪检监察机关要努力建设一支政治素质高、忠诚干净担当、专业化能力强、敢于善于斗争的纪检监察铁军。

讲话对纪检监察干部队伍寄予殷切期望,提出三项明确要求:(1)纪检监察机关要带头加强党的政治建设,坚定维护党中央权威和党的团结统一,围绕现代化建设大局发挥监督保障执行、促进完善发展作用,知责于心、担责于身、履责于行;(2)各级党委要加强对纪检监察工作的领导,担负起统筹纪检监察干部培养、选拔、任用的责任,选优配强纪检监察干部队伍;(3)纪检监察机关要接受最严格的约束和监督,加大严管严治、自我净化力度,针对自身权力运行机制和管理监督体系的薄弱环节,扎紧织密制度笼子,坚决防止"灯下黑",努力建设一支政治素质高、忠诚干净担当、专业化能力强、敢于善于斗争的纪检监察铁军,以优异成绩庆祝建党100周年。

(四)主要特点

比较习近平在十九届中央纪委二次、三次、四次、五次全会上的讲话发现,五次全会上讲话的主题、总体要求、经验认识、重要论断、主要任务等颇具特点。

1. 讲话主题聚焦全面从严治党的功力

比较习近平在十九届中央纪委二次、三次、四次、五次全会上的讲话发现,主题依次聚焦全面从严治党的魄力、效力、毅力、功力。五次全会上的讲话聚焦"充分发挥全面从严治党引领保障作用"这一治党功力,是因为伟大的事业必须有坚强的党来领导,只要把党建设强,确保党始终同人民想在一起、干在一起,就一定能够引领承载着中国人民伟大梦想的航船"胜利驶向光辉的彼岸"①。

2. 总体要求聚焦全面从严治党的战略基础

比较习近平在十九届中央纪委二次、三次、四次、五次全会上的讲话发现,总体要求依次聚焦全面从严治党的战略布局、战略方法、战略路径、战略基础。五次全会上的讲话聚焦"坚定政治方向,保持政治定力,做到态度不能变、决心不能减、尺度不能松"这一战略基础,是因为"全面从严治党永远在路上"②,只有在革命性锻造中把党建设得更加坚强,才能跳出治乱兴衰的历史周期率。

3. 经验认识聚焦全面从严治党的要点

比较习近平在十九届中央纪委二次、三次、四次、五次全会上的讲话发现,经验认识依次聚焦全面从严治党的方法、理念、原则、要点。五次全会上的讲话聚焦"三个认识"这些治党要点,源于这些治党要点从理论和实践结合上,深刻回答了党风廉政建设和反腐败斗争的一系列根本性问题,深化了对建设什么样的长期执政的马克思主义政党、怎样建设长期执政的马克思主义政党的规律性认识。

4. 重要论断聚焦给全面从严治党定点

比较习近平在十九届中央纪委二次、三次、四次、五次全会上的讲话发现,重要论断依次聚焦给全面从严治党定向、定位、定调、定点。五次全会上的讲话聚焦"全面从严治党首先要从政治上看,不断提高政治判断力、政治领悟力、政治执

---

① 习近平:《决胜全面建成小康社会 夺取新时代中国特色社会主义伟大胜利——在中国共产党第十九次全国代表大会上的报告》,载《人民日报》2017年10月28日第1版。
② 同上。

行力"这一定点,源于党深刻认识到"党内存在的很多问题都同政治问题相关联,都是因为党的政治建设没有抓、没有抓实","不从政治上认识问题、解决问题,就会陷入头痛医头、脚痛医脚的被动局面,就无法从根本上解决问题"①。

5. 任务部署聚焦确保党中央重大决策部署贯彻落实到位

比较习近平在十九届中央纪委二次、三次、四次、五次全会上讲话的主要任务发现,全面从严治党依次聚焦坚决维护党中央权威、保证全党集中统一、增强"两个维护"的政治自觉、确保党中央重大决策部署贯彻落实到位。五次全会上的讲话聚焦确保党中央重大决策部署贯彻落实到位,是因为党中央重大决策部署是党的路线、方针、政策的集中体现,直接关系着坚持和加强党的全面领导。

综上所述,习近平在十九届中央纪委五次全会上的讲话高屋建瓴、思想深邃、内涵丰富,充分彰显了以习近平同志为核心的党中央高瞻远瞩的战略眼光、始终如一的历史担当、为民无我的崇高境界、兴党强国的使命情怀,具有很强的政治性、思想性、指导性,是推动全面从严治党向纵深发展、推进党风廉政建设和反腐败斗争的重要遵循,是新时代纪检监察工作高质量发展的行动指南。

---

① 《习近平关于全面从严治党论述摘编》,中央文献出版社2021年版,第131页。

二、十九届中央纪委五次全会上所作工作报告的廉政建设精神

张深远

十九届中央纪委五次全会审议通过了赵乐际代表中央纪委常委会所作的《推动新时代纪检监察工作高质量发展，以优异成绩庆祝中国共产党成立100周年》工作报告。[①] 报告以习近平新时代中国特色社会主义思想为指导，全面贯彻党的十九大和十九届二中、三中、四中、五中全会精神，总结2020年纪检监察工作，部署2021年任务。这里从报告主题、回顾工作、部署任务三个方面予以分析。

（一）报告主题

报告围绕中心工作，阐明主题，提出总体要求。

1. 主题聚焦：推动新时代纪检监察工作高质量发展，以优异成绩庆祝中国共产党成立100周年

报告强调，推动新时代纪检监察工作高质量发展，以优异成绩庆祝中国共产党成立100周年。[②] 这一报告主题，立足坚定不移全面从严治党，着眼纪检监察工作高质量发展，聚焦取得优异成绩，明确了2021年纪检监察中心工作。

[①] 《中国共产党第十九届中央纪律检查委员会第五次全体会议公报》，载《人民日报》2021年1月25日。

[②] 赵乐际：《推动新时代纪检监察工作高质量发展 以优异成绩庆祝中国共产党成立100周年——在中国共产党第十九届中央纪律检查委员会第五次全体会议上的工作报告》，载《人民日报》2021年3月16日。

2. 总体要求：以推动高质量发展为主题，坚定不移全面从严治党，为"十四五"开好局提供坚强保障，以优异成绩庆祝建党 100 周年

报告围绕"推动新时代纪检监察工作高质量发展，以优异成绩庆祝中国共产党成立 100 周年"这一主题，就 2021 年纪检监察工作提出总体要求：以习近平新时代中国特色社会主义思想为指导，全面贯彻党的十九大和十九届二中、三中、四中、五中全会精神，增强"四个意识"、坚定"四个自信"、做到"两个维护"，坚持稳中求进工作总基调，立足新发展阶段，贯彻新发展理念，构建新发展格局，以推动高质量发展为主题，坚定不移全面从严治党，坚持和完善党和国家监督体系，忠实履行党章和宪法赋予的职责，有力推动党中央决策部署有效落实，围绕现代化建设大局发挥监督保障执行、促进完善发展作用，一体推进不敢腐、不能腐、不想腐，深化纪检监察体制改革，扎实推进规范化法治化建设，切实加强干部队伍建设，为"十四五"开好局提供坚强保障，以优异成绩庆祝建党 100 周年。

这一总体要求，基于党的十九届五中全会审议通过制定"十四五"规划和 2035 年远景目标的建议，擘画了我国未来经济社会发展的宏伟蓝图。纪检监察机关要深入学习贯彻党的十九届五中全会精神，统筹两个大局，旗帜鲜明讲政治，不断提高政治判断力、政治领悟力、政治执行力，深刻认识我国社会主要矛盾变化带来的新特征新要求，深刻认识错综复杂国际环境带来的新矛盾新挑战，深刻认识我国进入新发展阶段面临的新形势新任务，坚定维护习近平总书记党中央的核心、全党的核心地位，坚定维护党中央权威和集中统一领导，把党中央决策部署与纪委监委职责科学地、历史地、具体地结合起来，坚持稳中求进、坚定稳妥，坚持实事求是、依规依纪依法，坚持惩前毖后、治病救人方针，坚持政策策略、纪法情理融合，坚持系统施治、标本兼治，在全面建设社会主义现代化国家新征程中坚定政治方向、把准职能定位、展现担当作为。

全面建设社会主义现代化国家，必须自觉适应新发展阶段，贯彻新发展理念，构建新发展格局，统筹发展和安全，着力提升发展质量和效益，更好满足人民日益增长的美好生活需要，促进人的全面发展、社会全面进步、全体人民共同富裕，这对新时代纪检监察工作提出更高要求。我们要因时因势、与时俱进，更加突出政治监督，更加突出高质量发展主题，更加突出整治群众身边腐败和作风问题,更加突出发挥监督治理效能,更加突出严管厚爱结合、激励约束并重,使正风肃纪反腐更好适应现代化建设需要,使监督体系更好融入国家治理体系,释放更大治理效能,在完成新时代新阶段党的历史使命中发挥重要作用。

(二) 回 顾 工 作

报告回顾工作,在肯定成绩、深化认识的基础上,分析问题。

1. 肯定成绩:纪检监察工作为决胜全面建成小康社会、实现第一个百年奋斗目标提供坚强保证

2020年是中国历史上极不平凡的一年。面对错综复杂的国际形势、艰巨繁重的改革发展稳定任务特别是突如其来的新冠疫情,以习近平同志为核心的党中央统筹中华民族伟大复兴战略全局和世界百年未有之大变局,团结带领全党全国各族人民统筹推进"五位一体"总体布局,协调推进"四个全面"战略布局,攻坚克难、化危为机,砥砺前行、开拓创新,百折不挠办好自己的事,推动党和国家各项事业取得新的重大成就,充分彰显党的领导和中国特色社会主义制度的显著优势。在党中央坚强领导下,中央纪委国家监委和地方各级纪委监委增强"四个意识"、坚定"四个自信"、做到"两个维护",坚定稳妥推进全面从严治党、党风廉政建设和反腐败斗争,充分发挥监督保障执行、促进完善发展作用,为决胜全面建成小康社会、实现第一个百年奋斗目标提供坚强保证。

(1) 坚持不懈学懂弄通做实习近平新时代中国特色社会主义思想,自觉担负起"两个维护"重大政治责任

这方面主要做了三项工作:在学思践悟中坚定正确方向;在疫情防控大战大考中践行初心使命;在推动重大决策部署落实中强化政治监督。其中,全国纪检监察机关共立案审查违反政治纪律案件8969件,处分1.2万人。

(2) 持之以恒落实中央八项规定精神,纠"四风"树新风并举深化作风建设

这方面主要做了三项工作:全力保障脱贫攻坚决战决胜;持续整治形式主义、官僚主义;推进作风建设常态化长效化。其中,严肃惩治贪污挪用、虚报冒领、优亲厚友问题,中央纪委国家监委督办典型问题15个,全国共查处有关问题

6.5万个,批评教育帮助和处理9.7万人,其中给予党纪政务处分4.2万人。全国共查处形式主义、官僚主义问题7.9万个,批评教育帮助和处理11.8万人,其中给予党纪政务处分6.3万人,中央纪委国家监委对16起典型案例通报曝光。全国共查处享乐主义、奢靡之风问题5.7万个,批评教育帮助和处理8万人,其中给予党纪政务处分5.7万人,持续从严、一严到底。

(3) **全面贯彻巡视工作方针,扎实履行政治巡视职能责任**

这方面主要做了两项工作:深化政治巡视;完善巡视巡察战略格局。其中,中央巡视组受理信访举报47.9万件次。

(4) **推动"两个责任"一体履行,精准有力监督执纪执法**

这方面主要做了三项工作:推动落实全面从严治党责任;加强对"一把手"和领导班子的监督;精准运用"四种形态"。其中,全国纪检监察机关共接收信访举报322.9万件次,其中检举控告类135.6万件次、初次举报96.3万件次。全国纪检监察机关共约谈领导班子成员、重点岗位人员72万人次;立案审查调查县处级以上"一把手"5836人。全国纪检监察机关运用"四种形态"批评教育帮助和处理195.4万人次,其中,运用第一种形态谈话函询、提醒批评133万人次,占68.1%;运用第二种形态给予轻处分、组织调整48.5万人次,占24.8%;运用第三种形态给予重处分、职务调整7.1万人次,占3.6%;运用第四种形态处理严重违纪违法、触犯刑律6.8万人次,占3.5%,其中涉嫌职务犯罪、移送检察机关1.7万人次,因其他犯罪被开除党籍、开除公职5.1万人次。坚持失责必问,实施精准问责,全国共问责党组织7292个,问责党员领导干部、监察对象8.6万人。

(5) **持续深化纪检监察体制改革,构建系统集成、协同高效监督机制**

这方面主要做了两项工作:促进党内监督同其他监督贯通协同;落实宪法和监察法规定,推动构建系统完备、科学规范、运行有效的监督制度体系。

(6) **坚持一体推进不敢腐、不能腐、不想腐战略目标,不断提高治理腐败效能**

这方面主要做了三项工作:坚决有效惩治腐败;坚决整治群众身边腐败和作风问题;注重提升以案促改效能。其中,中央纪委国家监委立案审查调查中管干部24人;全国纪检监察机关共立案61.8万件,处分60.4万人,其中处分金融系统违纪违法人员9420人;全国有1.6万人向纪检监察机关主动投案,6.6万人主动交代问题。"天网2020"行动追回外逃人员1421人,其中"红通人员"28人、监察对象314人,追回赃款29.5亿元。全国共查处民生领域腐败和作风问题12.4万个,批评教育帮助和处理17.7万人,其中给予党纪政务处分11.1万人;共查处涉黑涉恶腐败和"保护伞"问题3.8万个,批评教育帮助和处理6.2万人,其中给予党纪政务处分3.8万人。

(7)推进规范化法治化建设,打造高素质专业化队伍

这方面主要做了三项工作:在斗争一线锤炼政治品格;开展全员培训强化能力建设;加强对执纪执法权监督约束。其中,全国共谈话函询纪检监察干部8781人,组织处理9573人,给予党纪政务处分3117人,移送检察机关121人。

2. 深化认识:纪检监察工作要做到五个必须

一年来,各级纪检监察机关和广大纪检监察干部围绕中心、服务大局,勇担使命、忠诚履职,在实践中深化了对新时代纪检监察工作高质量发展的认识。

第一,必须旗帜鲜明坚持党的全面领导、维护党中央权威,精准有力开展政治监督,把握大局、判明大势、抓住大事,做到党中央决策部署到哪里,监督检查就跟进到哪里,促进各级党组织和广大党员、干部不断增强"两个维护"的政治自觉,在新征程中团结一致前进。

第二,必须坚持人民至上根本立场,为了人民、依靠人民,紧盯发生在群众身边侵害群众利益的人和事,通过一个个案件、一项项整治、一次次监督,维护人民合法权益,让群众获得感成色更足、幸福感更可持续、安全感更有保障,在全面从严治党中感受到公平正义。

第三,必须坚持中国特色社会主义监督制度,依规依纪依法正风肃纪反腐,落实依法治国和依规治党有机统一要求,促进履职尽责规范化法治化,促进党和国家监督制度、反腐败体制机制更加成熟更加定型,推动制度优势转化为治理效能。

第四,必须立足职能职责为党分忧、为民奉献,在党和人民最需要的时候和地方知重负重、担当作为,弘扬伟大抗疫精神,坚定斗争意志,提高斗争本领,有力有效应对腐败和不正之风这个党面临的最大风险、最大威胁、最大挑战。

第五,必须提高政治能力和专业化水平,自觉运用习近平新时代中国特色社会主义思想蕴含的立场、观点、方法分析解决问题,坚持实事求是、稳中求进、坚定稳妥,准确把握党风廉政建设和反腐败斗争阶段性特点与规律,强化"三不"一体推进,实现政治效果、纪法效果、社会效果有机统一。

3. 分析问题:纪检监察工作和干部队伍建设仍存在差距

在以习近平同志为核心的党中央坚强领导下,各级党组织切实履行管党治党政治责任,推动反腐败斗争取得压倒性胜利并全面巩固,全面从严治党战略性成果日益显现,党内政治生态持续好转,群众对党风政风满意度稳步提升,党长期执政的政治基础更加稳固。同时,要清醒看到,腐蚀和反腐蚀斗争依然严峻复杂,高压态势和顶风作案并存,政治问题和经济问题交织,传统腐败和新型腐败交织,风险挑战和腐败问题关联,正风肃纪反腐永远在路上,必须保持定力、久久为功,把严的主基调长期坚持下去,一以贯之学习贯彻习近平新时代中国特色社会主义思想,一以贯之督促推动党员、干部自觉增强"四个意识"、坚定"四个自信"、做到"两个维护",一以贯之贯彻落实全面从严治党方针要求。还要清醒看到,与党中央要求和人民群众期待相比,纪检监察工作和干部队伍建设仍存在差距。有的理论学习联系实际不紧,把职责、工作和自己摆进去不够,思想认识跟不上形势发展要求;有的履职能力不强,法治素养和执纪执法本领有待提高,对政治监督的内涵和方式认识不深、把握不准;有的斗争精神不足,对"一把手"和同级监督意识不强、办法不多;有的自我监督约束不严,违纪违法问题仍有发生,防止"灯下黑"任务依然繁重,等等。对这些问题必须高度重视、切实加以解决。

(三)部署任务

报告在肯定成绩、深化认识、分析问题的基础上,部署任务。

1. 自觉践行"两个维护",以强有力的政治监督保障"十四五"规划顺利实施

进入新发展阶段,我国将面临复杂严峻环境和艰巨繁重任务,必须加强政治

监督,防范化解思想涣散、纪律松弛风险,保证全党紧密团结在以习近平同志为核心的党中央周围,保障党的基本理论、基本路线、基本方略和党中央重大决策部署贯彻落实。这要从四个方面着力:(1)以庆祝建党100周年为契机,巩固深化"不忘初心、牢记使命"主题教育成果,把学习习近平新时代中国特色社会主义思想同学习党史、新中国史、改革开放史、社会主义发展史贯通起来,同回顾总结纪检监察工作光辉历程、宝贵经验结合起来,深入开展党的优良传统和作风教育,进一步增强"四个意识"、坚定"四个自信"、做到"两个维护"。(2)围绕推动高质量发展、深化供给侧结构性改革、提高人民生活品质、守住安全发展底线等重大决策,围绕巩固拓展疫情防控和经济社会发展成果、强化国家战略科技力量、增强产业链供应链自主可控能力、坚持扩大内需这个战略基点等重点任务,围绕解决好"三农"问题、加快农业农村现代化等部署要求,加强监督检查,督促落实到位。(3)健全贯彻党中央重大决策部署督查问责机制,把握重点、盯住难点、疏通堵点,监督推动各级党组织自觉同党中央精神对表对标,凝心聚力做好应变局、育先机、开新局、谋复兴各项工作。(4)推进纪检监察工作理念、思路、制度、机制创新,深入实践探索服务保障现代化建设的有效举措,加强对敢担当善作为干部的激励保护,大力推进清廉建设,努力做到风气严实、纪律严明、干部廉洁、班子廉政,着力构建亲而有度、清而有为的亲清政商关系,营造风清气正的政治生态和良好发展环境。

2. 坚定不移深化反腐败斗争,一体推进不敢腐、不能腐、不想腐

这要从十个方面着力:(1)党风廉政建设和反腐败斗争首先要从政治上看,深刻把握腐败问题的政治本质和政治危害,坚持无禁区、全覆盖、零容忍,坚持重遏制、强高压、长震慑,坚持受贿行贿一起查,重点查处政治问题和经济问题交织的腐败案件。(2)聚焦政策支持力度大、投资密集、资源集中的领域和环节,坚决查处基础设施建设、项目审批、国企改革、公共资源交易、科研管理等方面的腐败问题,以及"雅贿""影子股东"等隐性腐败。(3)深化金融领域反腐败工作,督促加强金融监管和内部治理,保障防范化解重大金融风险。(4)持续惩治国有企业腐败问题,强化廉洁风险防控。(5)加大对政法系统腐败惩治力度,严惩滥用职权、徇私枉法行为。(6)高度关注年轻干部违纪违法问题,加强教育管理监督。(7)探索推行行贿人"黑名单"制度,严肃查处多次行贿、巨额行贿行为;依法保障涉案人员合法权益不受侵犯,保护市场主体活力。(8)精准制定追逃防逃追赃策略,持续开展"天网行动",加大对涉腐洗钱行为打击力度。(9)深入推进"一带一路"廉洁建设,落实廉洁丝绸之路北京倡议,全面履行《联合国反腐败公约》义务,在公约框架下加强反腐败国际合作。(10)把握"惩、治、防"辩证统一关系,坚持严惩腐败与严密制度、严格要求、严肃教育紧密结合,做实以案促改、以案促治;制定关于加强廉洁文化建设的指导意见,引导党员、干部加强自我改造,正确处理公与私、亲与清、情与法关系,正确对待组织、对待自己、对待别人,树立正确的世界观、人生观、价值观。

3. 深化整治形式主义、官僚主义顽瘴痼疾,让求真务实、清正廉洁的新风正气不断充盈

新征程承载着新目标新任务,也蕴含着人民群众对党风政风的新期盼新要求。这要从七个方面着力:(1)锲而不舍落实中央八项规定及其实施细则精神,加大查处问责和通报曝光力度,坚决防反弹回潮、防隐形变异、防疲劳厌战。(2)对贯彻党中央决策部署作选择、搞变通、打折扣,特别是搞"包装式"落实、"一刀切式"落实等形式主义、官僚主义突出问题精准施治,坚决防止不良风气、不严不实做法滋长蔓延、成风成势。(3)严查享乐主义、奢靡之风,把监督节约粮食、坚决制止餐饮浪费行为作为重要任务,督促党政机关坚持过紧日子,坚决遏制公款消费中的违规违纪违法现象。(4)密切关注苗头性、倾向性、潜在性问题,严肃整治一些地方、单位违规收送名贵特产、礼品礼金问题。(5)对反复出现、普遍发生的问题,从制度机制上找原因,促进完善制度规范,推动建立健全基层减负长效机制。(6)督促落实规范领导干部配偶、子女及其配偶经商办企业行为规定,推动以上率下、严格执行。(7)教育引导党员领导干部坚决反对特权思想和特权行为,破除"官本位"、不搞特殊化,严格管好家属子女,严格家风家教。

4. 持续整治群众身边腐败和不正之风，促进社会公平正义、保障群众合法权益

纪检监察工作是政治工作、人心工作，顺应人民对美好生活的向往是基本工作导向。这要从五个方面着力：(1) 持续加强对各项惠民富民、促进共同富裕政策措施落实情况的监督检查，加强对群众反映强烈问题的集中整治。(2) 开展过渡期专项监督，推动巩固拓展脱贫攻坚成果同乡村振兴有效衔接。(3) 制订深入开展整治群众身边腐败和不正之风工作方案，持续纠治教育医疗、养老社保、生态环保、安全生产、食品药品安全、执法司法等领域腐败和作风问题，严肃查处贪污侵占、吃拿卡要等行为，坚决惩处涉黑涉恶"保护伞"。(4) 完善民生领域损害群众利益问题治理机制，指导开展村（社区）集体"三资"提级监督试点。(5) 发挥人民群众的监督主体作用，整合基层监督力量，加大对基层干部和公职人员用权监督约束力度，使其适应在监督中履职尽责、干事创业。

5. 推进巡视巡察上下联动，充分发挥党内监督利剑和密切联系群众纽带作用

巡视巡察是管党治党、国家治理的重要手段，必须牢牢把握中央巡视工作方针，精准落实政治巡视要求。这要从五个方面着力：(1) 立足常规巡视，有针对性开展专项巡视、机动巡视和巡视"回头看"，提高全覆盖质量。(2) 创新巡视巡察方式方法，注重倾听群众意见、群众呼声，推动解决群众普遍关心的突出问题。(3) 强化党委（党组）巡视整改主体责任，认真履行整改监督责任，制定关于加强巡视巡察整改和成果运用的意见，探索建立整改促进机制、评估机制。(4) 加强对省区市巡视工作的指导督导，分类指导中央单位内部巡视，促进市县巡察向基层延伸，探索巡视巡察成果运用、力量联动的途径方式。(5) 发挥巡视综合监督作用，加强巡视巡察信息化建设，推动巡视监督与纪检监察监督统筹衔接，与组织、政法、审计、财会、统计、群众等监督协作配合，形成监督合力。

6. 促进各类监督贯通融合，不断增强监督治理效能

推进国家治理体系和治理能力现代化，需要完善党和国家监督体系，充分发挥党内监督的政治引领作用，把监督融入区域治理、部门治理、行业治理、基层治理、单位治理之中。这要从八个方面着力：(1) 压紧压实党组织管党治党政治责任和书记第一责任人责任。(2) 增强纪委监委专责监督推动作用，整合运用监督力量，研究制定关于纪律监督、监察监督、派驻监督、巡视监督统筹衔接的意见。(3) 制定关于加强对"一把手"和领导班子监督的意见，着力破解对"一把手"监督和同级监督难题，加强对同级党委和下级党组织的监督，探索上级纪委同下级党委班子成员集体谈话、上一级纪委书记定期与下一级党委书记谈话、开展述责述廉评议。(4) 做深日常监督，综合运用走访、调研、督查、谈心谈话等方法，推动监督下沉、监督落地、监督于问题未发之时，让干部感受到监督、习惯被监督，让群众知道监督、参与监督。(5) 严明换届纪律，严肃换届风气，落实纪检监察机关意见必听、反映线索具体且有可查性的信访举报必查要求，坚决查处拉票贿选、买官卖官、跑官要官等行为。(6) 深化运用"四种形态"，坚持"三个区分开来"，做到早发现早提醒、真容错敢纠错、讲政策给出路。(7) 严格执行党员权利保障条例，督促落实党员权利保障措施，为受到不实举报的干部澄清正名，严肃查处诬告陷害行为，激发党员、干部干事创业内生动力。(8) 准确把握纪检监察证据标准，精准规范用好问责利器，常态化做好被问责和受处分干部跟踪回访工作，促进干部从"有错"向"有为"转变。

7. 抓深抓实纪检监察体制改革，有效推进党内监督和国家监察全覆盖

破解新时代纪检监察工作重点难点问题，必须发挥改革先导、突破、创立作用，统筹推进党中央确定的纪检监察体制改革任务。这要从八个方面着力：(1) 围绕监督检查、审查调查等关键环节，加强上级纪委监委对下级纪委监委、派出机关对派驻机构的领导。(2) 推进省市县派驻机构设置和人员配备等工作，强化职责定位、规范履职内容，提升派驻监督效能。(3) 加强对垂直管理单位和部分以上级管理为主单位纪检监察体制改革试点、省级纪委监委向省管高校和国有企业派驻纪检监察组试点工作的指导，深化中管高校纪检监察体制改革。(4) 健全"室组"联动监督、"室组地"联合办案制度机制，推动内设纪检机构、监管机构等形成监督合力。(5) 扎实推进纪检监察信息化工作。(6) 研究制定中国共产党纪律检查委员会工作条例、查办党员和公职人员涉嫌违纪职务违

法职务犯罪案件协作配合办法、纪检监察机关派驻机构工作规则。(7)细化监察权运行机制,进一步健全监察法与刑法、刑事诉讼法等对接机制,在执纪执法中尊重保障民法典赋予的相关权利。(8)指导地方各级监委依法依规、稳妥有序向本级人大常委会报告专项工作。

8. 从严从实加强自我监督约束,建设政治素质高、忠诚干净担当、专业化能力强、敢于善于斗争的纪检监察铁军

纪检监察干部肩负新时代新征程重大责任使命,要带头旗帜鲜明讲政治,带头提高政治判断力、政治领悟力、政治执行力,提高把握新发展阶段、贯彻新发展理念、构建新发展格局的政治能力。这要从七个方面着力:(1)不断加强中央纪委常委会自身建设,从自己做起、严起,知责于心、担责于身、履责于行。(2)弘扬实事求是作风,加强调查研究,树立战略思维、系统思维,增强机遇意识、风险意识。(3)全面贯彻新时代党的组织路线,坚持党管干部原则,坚持好干部标准,健全干部培养选拔考核评价体系,加强对基层纪检监察干部队伍建设的指导。(4)突出政治教育,锤炼忠诚老实、谦虚谨慎、艰苦奋斗、"三严三实"的优良品格,开展优秀共产党员、优秀党务工作者和先进基层党组织评选活动。(5)深化全员培训,强化纪法意识、纪法思维、纪法素养,做尊纪尊法、学纪学法、守纪守法、用纪用法的模范。(6)自觉接受最严格的约束和监督,加大严管严治、自我净化力度,严格执行纪律检查机关监督执纪工作规则、监察机关监督执法工作规定,严守纪检监察权力边界。(7)持续整治"灯下黑",定期排查反映纪检监察干部问题线索,坚决防止家人、亲属利用纪检监察干部影响力谋私贪腐,决不让党和人民赋予的权力腐蚀生锈,以铁一般的纪律作风锻造纪检监察队伍。

全面从严治党下的腐败治理

<< 栏目主持：商红日

一、全面从严治党研究

二、监察体制改革研究

三、腐败治理研究的回顾与展望

四、高校腐败治理专题研究

本研究以习近平新时代中国特色社会主义思想为指导，研究全面从严治党下的腐败治理，包括全面从严治党、监察体制改革、腐败治理研究的回顾与展望等重要议题，并予以具体评析。

一、全面从严治党研究

郑　要

笔者继续跟踪2020年全面从严治党问题研究,感到人们对全面从严治党问题的研究更加注重精耕细作与逻辑构建。主体责任、制度、自我革命、价值、逻辑、经验、对策等术语都是全面从严治党研究的高频词。本节主要总结2020年全面从严治党研究的总体进程,在此基础上梳理全面从严治党制度研究成果与全面从严治党话语研究状况;同时对新冠疫情下全面从严治党问题作出必要的回应。

（一）全面从严治党研究的总体描述

2020年,学界对全面从严治党的研究秉持着理论与实践并重、创新与发展同行的研究思路,对以习近平同志为核心的党中央在新历史方位如何管党治党这一命题作出了更为深刻的解读,在力图系统建构全面从严治党理论的同时探索全面从严治党的实践模式,"全面、持续、依规、从严"是对全面从严治党理论维度和实践模式的深度总结,学界持之以恒的探索也让全面从严治党以"科学、系统、创新、务实"的形态跃然眼前。

概括来说,2020年,学界对全面从严治党的研究大体可分为以下几方面:

1. 继续展开习近平全面从严治党重要论述的研究

论文《新时代中国共产党跳出历史周期率的成功之路——学习习近平总书记关于全面从严治党的重要论述》从跳出"历史周期率"的角度阐释习近平关于全面从严治党的重要论述,认为"就中国共产党来说,历史周期率与两个阶级、两条道路、两种社会制度的斗争联系在一起。中国共产党长期执政的地位和使命与跳出历史周期率合二为一。以毛泽东同志为核心的中国共产党对跳出历史周期率开辟出航道。跳出历史周期率、实现长期执政，是新时代中国共产党接续探索的课题"。该文将跳出历史周期率与统筹推进"四个伟大"的历史进程紧密联系起来，通过诠释习近平全面从严治党的一系列重要论述，指出"全面从严治党是新时代党跳出历史周期率的战略举措和成功实践。以自我革命精神推进党的建设伟大工程，永葆党的先进性和纯洁性，把党锻炼成坚强的马克思主义政党，是破解历史周期率的治本之策"①。这一见解具有重要启发性。

论文《习近平关于党的建设理论和实践的重大原创性贡献》将习近平关于全面从严治党的重要论述纳入党建理论中加以阐释，认为"明确提出'全面从严治党'这一战略，并在实践中创造性地协同推进自我革命与社会革命"，是对党的建设理论和实践做出的重大原创性贡献之一。②

论文《试论习近平全面从严治党重要论述的三个维度》，从特征、原则和根本要求三个维度诠释习近平全面从严治党的重要论述，认为"全面从严治党首先从党的作风建设抓起，这是新时代全面从严治党的一个重要突破口，构成全面从严治党的鲜明特征；把党的政治建设纳入党的建设总体布局，在党的各项建设中居于统领、核心地位，成为全面从严治党的重要原则；始终保持全面从严治党永远在路上的清醒自觉和战略定力，以更大的决心、更大的力度推进全面从严治党向纵深发展，这是全面从严治党的根本要求"。据此，习近平全面从严治党的重要论述"构成了一个完整科学的理论体系"③。

论文《习近平全面从严治党重要论述的发展脉络及其生成逻辑》分析了习近平全面从严治党重要论述的演进发展历程，并基于这种发展历程阐释了全面从严治党思想理念的生成逻辑。论文提出，作为思想理念，全面从严治党"在中国共产党政党治理中经历了循序渐进、不断深化完善的过程：从'整党'到'从严治党'，再到'党要管党、从严治党'，最终到'全面从严治党'的演进阶段，它是习近

---

① 刘仓、杨璐：《新时代中国共产党跳出历史周期率的成功之路——学习习近平总书记关于全面从严治党的重要论述》，载《治理现代化研究》2020年第2期。
② 张士海、刘丹璐：《习近平关于党的建设理论和实践的重大原创性贡献》，载《科学社会主义》2020年第4期。
③ 李步前：《试论习近平全面从严治党重要论述的三个维度》，载《新视野》2020年第5期。

平长期以来对管党治党、全面从严治党基本经验的全面总结和凝练提升,是对马克思主义党建理论的继承发展,也是改革开放以来党的建设历史逻辑、马克思主义执政党建设理论逻辑和如何克服党长期执政面临的现实困境的问题逻辑的有机统一"①。

学界关于习近平全面从严治党重要论述的研究可谓方兴未艾。从中国共产党长期执政的历史使命及党的自我革命的意义上,系统研究阐释习近平全面从严治党的重要论述,必将产生更为丰富的研究成果。

2. 继续展开全面从严治党基础理论的探讨

首先,关于全面从严治党的内涵和特征。有学者概括道:"在中国特色社会主义新时代,以习近平同志为核心的党中央实施全面从严治党的战略决策,坚持把思想建党与制度治党相统一、依法治党与以党章治党相结合、依规治党与以德治党相结合,充分体现了管党治党范围的全面性、程度的从严性、方式的多样性。在管党治党实践中,党中央始终把政治建设摆在首位,维护党的统一领导;加强思想建设,补足精神上的'钙';严明党的纪律规矩,决不触摸'带电的高压线';加强作风建设,密切党同人民群众的联系;完善制度建设,把权力关进制度的笼子里,全面从严治党成效显著。"②

其次,关于全面从严治党的意义和作用。有学者提出:"全面从严治党是'四个全面'战略布局的构成要件,明确了新时代党的建设的方向和任务,是促进党和国家事业长远发展的金钥匙,为党和国家事业发展积聚了强大正能量,它深刻揭示了新时代管党治党的重要性和必要性";同时提出"要从三个维度加以审视和考量:关于为什么要全面从严治党,即从认知维度理解新时代全面从严治党何以必要;关于如何推进全面从严治党,即从实践维度把握新时代何以实现全面从严治党;关于全面从严治党的重大意义,即从价值维度领会新时代全面从严治党的意蕴";强调将"螺栓"拧得更紧,推动全面从严治党压倒性胜利局面的形成。③

---

① 王世谊:《习近平全面从严治党重要论述的发展脉络及其生成逻辑》,载《扬州大学学报(人文社会科学版)》2020年第5期。
② 胡志远、胡顺宇:《新时代全面从严治党的内涵、特征及实践逻辑》,载《理论导刊》2020年第2期。
③ 汪功平、肖影慧:《把握新时代全面从严治党的三个基本向度》,载《绵阳师范学院学报》2020年第12期。

也有学者从社会发展、政治生态的提升等方面进行研究,认为"目前严重的腐败态势已得到遏制,管党治党工作已取得阶段性成就,但是仍然有许多深层次及某些结构性问题没有完全解决。如总体政治生态的提升问题,即社会各阶层的思想观念及民主程度有待提升,人民当家作主的权利有待保障;全面从严治党如何促进民生改善与经济建设问题;权钱交易现象变得更加隐蔽,腐败行为变得更加隐性问题;微腐败现象、灰色地带的问题依然突出,某些执法部门仍然经常被公众诟病;环保、食品卫生、教育、医疗等领域存在的问题也较普遍。当前的国家机构调整与改革,为全面从严治党提供了解决结构性难题及许多棘手问题的契机,在此基础上如何将全面从严治党工作推进到纵深处值得关注"[①]。

最后,关于全面从严治党的理论与实践的关系。有学者认为,"新时代全面从严治党是一项系统而又全面的工程,是巩固党执政基础和执政地位的重要保证,是推动中国特色社会主义事业发展的根本保障。全面从严治党具有鲜明的理论性与实践性,就理论依据而言,马克思主义建党学说为全面从严治党提供坚实的理论基础;就实践维度而言,全面从严治党为党的建设指明方向。全面从严治党,'全'是基础、是出发点,'严'是关键、是制高点,'治'是核心、是着力点,新时代要推进全面从严治党见实效,务必要从这三个维度协同推进,实现全面从严治党全覆盖、全保障、全落实"[②]。全面从严治党不仅是一个重大的理论问题,更是一个重大的实践问题,进一步捋顺全面从严治党研究的理论与实践问题,有助于我们深入思考与把握新时代全面从严治党发展的进程,理解中国共产党刀刃向内、猛药去疴的毅力与决心。

有学者以"逻辑"为切入点,深耕全面从严治党制度逻辑、理论逻辑、实践逻辑的研究。党的十九届四中全会审议通过的《中共中央关于坚持和完善中国特色社会主义制度 推进国家治理体系和治理能力现代化若干重大问题的决定》,把全面从严治党制度作为党的领导制度的重要组成部分,纳入中国特色社会主义制度和国家治理体系之中,深刻揭示了治党与治国、坚持党的领导与加强党的建设的内在统一关系。有学者指出:"全面从严治党是中国共产党管党治党的基

---

① 罗贵榕:《推动全面从严治党向纵深发展的对策研究》,载《新乡学院学报(社会科学版)》2020年第12期。
② 盖逸馨:《全面从严治党的理论依据与实践维度》,载《科学社会主义》2020年第4期。

本方式，体现了党高度的价值自觉。中国特色社会主义进程开启以来，全面从严治党制度在目标、内容、功能、方法、问题等多个方面形成了清晰而又系统的逻辑理路。全面从严治党是我们党始终坚持的重要制度原则。坚持全面从严治党制度必须坚持以人民为中心的价值取向，坚持把抓党员领导干部作为关键，坚持把反腐倡廉作为长期内容，坚持把群众监督和党内监督相结合。"①有学者提到"全面从严治党责任制度"这一概念，并从法理学视域对其进行规范与审视，认为"全面从严治党责任制度，是全面从严治党制度体系的重要组成部分。全面从严治党责任制度设计的目的，不是针对普通党员行为失范的情况进行责任追究，而是针对党组织和党的领导干部不履行或者不正确履行管党治党职责的行为进行重点追责问责。基于身份的关键少数、集中统一的组织秩序、直面问题的自我革命是全面从严治党责任制度生成的三重根源。全面从严治党责任制度包括五个支点：规定问责主体、划定问责对象、明晰问责情形、规范问责方式、完善救济渠道，五者需要有机统一"②。

3. 继续展开全面从严治党主体责任研究

中共中央办公厅发布《党委（党组）落实全面从严治党主体责任规定》（以下简称《规定》），并下发通知，"通知强调，制定出台《规定》，是党中央健全全面从严治党责任制度的重要举措。各地区各部门要切实抓好《规定》的学习贯彻，增强'两个维护'的政治自觉，强化守土有责、守土担责、守土尽责的政治担当，扭住责任制这个'牛鼻子'，抓住党委（党组）这个关键主体，不折不扣落实全面从严治党责任，不断提高履职尽责本领，努力提高战胜各种风险挑战能力，以全面从严治党新成效推进国家治理体系和治理能力现代化。通知要求，执行《规定》中的重要情况和建议，要及时报告党中央"③。2020年，学界围绕全面从严治党主体责任问题，特别是基层单位党组织的主体责任问题展开一定的探讨。

有学者指出，"中国共产党是全面从严治党的主体，各级党组织在全面从严

---

① 杨立志：《全面从严治党制度：价值自觉、逻辑理路与基本经验》，载《求实》2020年第4期。
② 石伟：《全面从严治党责任制度的法理基础与逻辑判定》，载《当代世界与社会主义》2020年第1期。
③ 《党委（党组）落实全面从严治党主体责任规定》，载《人民日报》2020年3月14日第1版。

治党的过程中必须履行主体责任,通过积极作为、勇于担当来加强党的领导。各级党组织主要负责人要牢固树立'不抓全面从严治党就是失职'的理念,既要承担好改革、发展、稳定的第一责任,也要当好全面从严治党的第一责任人。这体现在重要工作的亲自落实、重点难题的亲自解答、重要案例的亲自调研。从某种程度上说,这就是党的领导内容和方式"[①]。同样也有学者立足微观主体如高校、医院等探讨全面从严治党的主体,认为"随着社会的不断发展,高校面临着全新的发展机遇,需要加强自身建设,才能更好地满足新时代的发展需求。党建工作在高校中的地位十分重要,要加强和改善党对高校的领导,牢牢掌握党对高校的领导权,高校党组织要落实全面从严治党要求,履行好全面从严治党主体责任,切实发挥好高校党组织的核心作用"[②]。有学者提出,"提升高校党组织建设科学化水平,需要建立和完善高校党组织全面从严治党主体责任工作机制,特别是要促进全面从严治党主体责任向基层有效延伸。高校党组织要落实全面从严治党主体责任,需要严格规范党组织建设,严肃党内政治生活,提升党员服务意识,完善党建工作考评机制,加强思想政治工作,深化正风肃纪工作"[③]。

4. 继续展开全面从严治党的治理思维与对策思考

如何实现全面从严治党的治理效能的提升,这是全面从严治党的重要理论和实践问题。《新时代全面从严治党的治理效能提升路径研究》一文对此进行了深入探讨。该文基于对政党治理的理论分析,阐释了全面从严治党的治理效能提升路径,认为"政党治理主要包含三大要素:政党治理主体、政党治理机制和政党治理价值,分别回答了'谁治理、如何治理和治理为了谁'等治理中的核心问题,构成了现代政党治理的理论框架,直接影响着政党的治理效能。政党治理在一定程度上反映了管党治党的内在规律,为提升全面从严治党治理效能提供全新视角、理念指引和科学思维方法。新时代提升全面从严治党的治理效能:从治理主体上讲,动员全党主体力量是首要前提;从治理机制上讲,完善管党治党机

[①] 曹永森、袁航:《习近平关于全面从严治党论述的基本内容、核心要义与精神实质》,载《学习论坛》2020年第12期。

[②] 杜世文、杨翠艳:《高校党组织完善全面从严治党主体责任建议与对策》,载《吉林工程技术师范学院学报》2020年第12期。

[③] 同上。

制是关键环节;从治理价值上讲,坚持以人民为中心是价值旨归"①。也有学者强调,"要实现全面从严治党永远在路上及向纵深发展的重大战略,就需要在新时代条件下提出相应周全的对策",坚持全面从严治党,"需要坚持切实保障广大党员干部的基本权利、盯紧'少数重点'、党政领导干部必须履行垂范职责等重要原则;需要从制度的完善与落实、积极破解结构性难题、增强职业安全感等方面拓展党建工作路径,提升全面从严治党工作的实效性与创造性;需要从加强民主建设、采用新的监测体系、开启居民自治的社会治理模式等方面大胆探索新方法新举措"②。还有学者认为,"新时代党的建设总要求进一步明确要坚持党要管党、全面从严治党,把制度建设贯穿其中,深入推进反腐败斗争"。为此,"各级党委(党组)要切实落实全面从严治党主体责任,把全面从严治党的要求落实到党的建设全过程。要把党的政治建设摆在首位,严肃党内政治生活,严格落实党中央八项规定及其实施细则精神,坚决破除形式主义、官僚主义,一体推进不敢腐、不能腐、不想腐体制机制构建,为各项事业发展提供坚强保障"③。

5. 继续从自我革命的角度认识全面从严治党

2020年全面从严治党的研究中,"自我革命"依然是学界切入的重要角度。但2020年对"自我革命"的讨论比2019年更为深入,更加强调自我革命的复杂性和整体性。有学者以《勇于自我革命与新时代中国共产党的历史使命》为题,论述道:"中国特色社会主义进入新时代,推进自我革命成为中国共产党完成历史使命的必然抉择。新时代将自我革命进行到底是一项复杂的系统工程,应克服单打一的倾向,坚持目标导向、问题导向、价值导向和方法导向的有机统一,不断增强自我革命的整体性、科学性、有效性,为实现中华民族复兴的伟大梦想、完成历史使命提供坚强有力的保证"④。也有学者以《准确理解中国共产党自我革命的科学内涵》为题,论述道:"'自我革命'的内涵可以从三个层面理解:'守正'

---

① 李思学:《新时代全面从严治党的治理效能提升路径研究》,载《探索》2020年第1期。
② 罗贵榕:《推动全面从严治党向纵深发展的对策研究》,载《行政科学论坛》2020年第12期。
③ 刘峰:《浅谈新时代全面从严治党的成就、问题及对策》,载《哈尔滨市委党校学报》2020年第4期。
④ 黄蓉生、方建:《勇于自我革命与新时代中国共产党的历史使命》,载《西南大学学报(社会科学版)》2020年第1期。

为本,坚持对的,继承党的优良传统;'革故'为先,破字当头,纠正错误,修正偏差;'鼎新'为要,与时俱进,善于出新、创新党的自我革命,必须坚持底线思维,恪守党的阶级基础、群众基础、理论基础等边界和原则,还要同继承弘扬党的优良传统结合起来,做到'守正'。'革故',直面问题,正确对待错误;破字当头,避免思想僵化;刮骨疗毒,向党内顽瘴痼疾开刀。无论'守正',抑或'革故',最终都要落实到'鼎新'上,体现在党自身的与时俱进、从严治党的新发展等方面"①。

应该指出,2020年全面从严治党制度的研究是本年度该领域研究的热点,集中体现了本年度全面从严治党研究的主要特点,有关内容将在下一节中专题梳理。

(二)全面从严治党制度研究

在2020年全面从严治党研究中,"制度"一跃成为最炙手可热的词汇,学界将带有根本性、稳定性、全局性和长期性的制度研究进一步提上日程,关注全面从严治党制度建设及全面从严治党制度体系的构建。学界和实务界围绕党的十九届四中全会审议通过的《中共中央关于坚持和完善中国特色社会主义制度 推进国家治理体系和治理能力现代化若干重大问题的决定》,特别是首次提出的"完善全面从严治党制度"的要求,形成了一批有深度和广度的研究文献。这里按照不同研究向度,对代表性研究文献进行概括整理。

1. 关于全面从严治党制度的实质和优化研究

有学者指出,"全面从严治党是中国共产党勇于自我革命的集中体现,也是中国共产党能够实现长期有效执政的重要密钥。党的十九届四中全会首次提出完善全面从严治党制度的重要议题,将管党治党工作推向了新的高度"。就制度体系而言,"全面从严治党制度包括以党的政治建设为统领的制度,党管干部、选贤任能制度,监督执纪制度,党内政治生活制度,全面从严治党责任制度等具体制度单元,构成一个多主题、多层级的复合性制度体系"。"随着依规治党与制度

---

① 赵秀华:《准确理解中国共产党自我革命的科学内涵》,载《马克思主义研究》2020年第2期。

治党、制度入'法'和制度立'法'、制度衔接与制度单元优化组合等的有效推进，全面从严治党制度的体系化水平、内在结构的科学性和调适能力得以全面提升"。站在中国特色社会主义进入新时代这个历史方位上说，"完善全面从严治党制度，需要加强从严治党的精细化管理，不断提升全面从严治党制度的科学化、规范化和体系化程度；完善党内法规程序性制度，全面提高全面从严治党制度的制定质量和执行效率；重构激励相容机制，促进'廉洁政治'与'有为政治'兼容耦合"①。

有研究者认为，"党的十九届四中全会对国家制度和治理体系建设作出了全面部署，把坚持和完善党的领导制度体系放在了首位，其中，从严治党制度为党的领导制度体系建设提供了保障"。如何加强全面从严治党制度建设？研究者给出的分析结论是："要坚持党要管党，坚持全面从严治党的根本方针，以深化党的建设制度改革为动力，以组织建设为关键，以规范党内政治生活为根本，以完善和落实全面从严治党责任制为保障"②。

有学者指出，"全面从严治党制度建设是一个完整的逻辑系统"，完善全面从严治党制度，"要围绕全面从严治党的相关问题多角度展开"。具体来说，要"以党更好地长期执政为基点，深挖思想渊源、夯实制度建设路径、完善制度体系建设、融入法治思维等等"。其中，关键一环是"系统地梳理全面从严治党制度建设的发展逻辑"，"完善党的政治制度建设、组织制度建设、监督制度建设"，"把完善全面从严治党制度研究融入国家治理体系和治理能力现代化建设征程中，继续提升政治制度建设水准，提高立规质量，特别是要紧抓纪律建设，强化从严治党制度的执行力，继续深入推进全面从严治党向纵深发展，为保障党实现中华民族伟大复兴的目标而奋进"③。

2. 关于制度治党问题研究

制度治党是多年来学界热议的理论和实践问题。2020年，学界对该问题的关注有一些不同的向度。

---

① 唐皇凤、姚靖：《全面从严治党制度的科学内涵与优化路径》，载《江汉论坛》2020年第7期。
② 刘宁宁：《关于新时代全面从严治党制度建设的思考》，载《理论界》2020年第12期。
③ 王勇：《全面从严治党制度的发展逻辑与完善之道》，载《治理现代化研究》2020年第5期。

向度一:将制度治党纳入党建的宏观研究。论文《新时代加强党的建设的宏观思路》将如何加强制度治党置于宏观思考的框架中来研究,提供了一个重要的透视视角。该文提出,"中国共产党十八大以来,以习近平同志为核心的党中央在推动'全面从严治党'过程中,更加注重整体规划和顶层设计",认为"这既是中国共产党从长期实践中得出的一条重要经验,也是党在新时代加强自身建设所坚持的一个基本思路"。这种整体规划和顶层设计具体体现为,坚持制度设计与实践创新相结合,坚决破除一切不合时宜的体制机制障碍,在实践创新基础上推进制度建设,构建系统完备、科学规范、运行有效的制度体系;坚持问题导向和使命引领相结合,强调以问题为导向,不断增强宗旨意识和使命担当,确保党始终成为中国特色社会主义事业的坚强领导核心;坚持总体目标与具体策略相结合。①

向度二:将制度治党置于一定历史演进脉络进行分析。论文《中共勇于自我革命的百年历程与基本经验》提供制度治党研究的另一种向度,即把毛泽东提出的思想建党、邓小平提出的制度治党与全面从严治党一脉相承的历史逻辑纳入党的自我革命的历史、理论和实践经验的发展过程中解读,由此能够更清晰把握制度治党与全面从严治党的要义、实质和特征。该文指出,"勇于自我革命贯穿于中共百年奋斗历程,集中展现为毛泽东倡导'思想建党'、邓小平提出'制度治党'、习近平实施'全面从严治党'的一脉相承和与时俱进。中共所掌握的'极强的自我修复能力',体现为'五个坚持',即坚持马克思主义中国化与实施党的自我革命相统一,坚持自我革命的重点举措和全面展开相统一,坚持发挥基层党组织的战斗堡垒作用,坚持不断抓好高级干部严于律己的示范作用,坚持不断推进全党和中央保持高度一致"②。论文《新中国成立 70 年制度治党的历史沿革与经验启示》提出,"加强党的制度建设改革,强化制度治党的政治保障,发挥人民群众监督作用等举措来进一步夯实制度治党的有效推进,让制度治党在完备的保障机制中得以正常运转和发挥作用"等经验,"对于推进新时代全面从严治党

---

① 周良书、李强:《新时代加强党的建设的宏观思路》,载《广西大学学报(哲学社会科学版)》2020 年第 2 期。
② 谭献民:《中共勇于自我革命的百年历程与基本经验》,载《广东党史与文献研究》2020 年第 3 期。

向纵深发展具有重要的现实价值"[①]。另有一篇基于历史演进逻辑对制度治党、全面从严治党进行解析的论文也具有重要启发意义,即《改革开放以来制度治党的历史演进及未来展望》一文认为,制度治党是改革开放以来"贯穿党的各项建设的一根红线",它经历了"初步构想、快速发展和全面推进三个阶段,理论形态日趋完备,各项规章制度趋于合理"。该文认为,"制度治党是中国特色社会主义进入新时代以来全面从严治党的最显著特点,是以习近平同志为核心的党中央就新时代如何加强党的建设作出的一项重大论断和理论创新"[②]。

向度三:对从严治党问题展开知识化探讨。论文《制度治党研究的回溯与展望——基于知识图谱的可视化分析》提供了制度治党研究的知识化向度。该文以1994年到2019年中国知网收录的381篇关于制度治党的期刊论文为样本,采用可视化分析软件CiteSpace绘制知识图谱,对国内制度治党研究的现状、热点以及趋势等内容展开分析。该文分析道:"从党的十八大提出全面从严治党以来,制度治党的主题研究呈现井喷之势,主要涉及制度治党的概念内涵、功能价值、实践困境与完善路径等方面。"同时指出,"制度治党研究面临的主要问题体现为基础理论研究推进缓慢、制度治党执行不力的原因有待深化和制度治党实践的整体性构建不足等"。并提出,"未来的研究应关注创新研究方法以拓展制度治党的研究主题、明确制度治党不同实施主体间的权责界限、推进更加完善的制度治党实践"[③]。

向度四:对从严治党与依规治党的关系展开研究。论文《论依规治党》阐释了依规治党的"必然逻辑",认为"依规治党是中国共产党推进全面从严治党的必然举措,是中国共产党推进自身现代化的必然路径,是中国共产党领导国家治理现代化的必然要求"。该文提出,"新时代深入推进依规治党应以习近平新时代中国特色社会主义思想为指导,以提高党内法规质量、完善党内法规制度体系、增强党内法规执行力、塑造党内法规文化、深入党内法规理论研究等为基本路

[①] 李雪:《新中国成立70年制度治党的历史沿革与经验启示》,载《理论导刊》2020年第8期。
[②] 孔庚、洪向华:《改革开放以来制度治党的历史演进及未来展望》,载《党政研究》2020年第4期。
[③] 王立峰、孙文飞:《制度治党研究的回溯与展望——基于知识图谱的可视化分析》,载《探索》2020年第6期。

径"①。此外,《依规治党是全面从严治党的根本路径》②《新时代从严治党与依规治党的内在逻辑》③等论文,都分析了从严治党与依规治党的内在联系,阐释了"治国必先治党,治党务必从严,从严必依法度"的观念,对于思考制度治党和依规治党问题有一定参考价值。

3. 关于中国共产党巡视制度研究

中国共产党巡视制度是全面从严治党制度的重要组成部分,对中国共产党巡视制度问题的研究已成一个确定的领域。尽管2020年直接体现该主题的研究文献不是很多,但仍有一批研究成果值得梳理与记载。

《中国共产党巡视制度研究的多重维度》一文,梳理了党的十八大以来学界研究和发表的关于中国共产党巡视制度的研究成果,提炼了相关研究的多重维度,认为对中国共产党巡视制度的研究"在理论基础、制度渊源、制度变迁、结构功能、运行困境、发展进路等方面取得了较为成熟的研究成果"。该文对研究的不足方面也进行了分析,指出"今后研究应更加注重研究的深入性和系统性,增强研究的历史厚度,创新研究视野和研究方法等"④。该文对于深入展开相关研究具有重要参考价值。

《中国共产党巡视制度研究路径述略——以民主革命时期为例》一文,从党史学视角分析了国内学界关于中国民主革命时期中国共产党巡视制度的研究动态,指出在相关研究中还存在性质功用监督说、概念定义同源说、路径分析党史说、发展阶段中止说等认识误区,以及史料运用碎片化、路径范式空泛化、研究结果平面化等突出问题。论文提出了"三重关系互动"的宏观分析方法,即"通过对党内早期巡视制度的路径起点、顶层设计、发展图景、实践特征、历史贡献等方面的细致解构,剖析民主集中制、群众路线、实事求是在规范、整合和厚植党内上下关系、政党与群团关系以及政党与社会关系中的作用,最终解释政党建设与中共革命中的巡视动员效应,并从中解读出政党建设的中共样本、'四个自信'的制度

---

① 周叶中、邵帅:《论依规治党》,载《学习与实践》2020年第2期。
② 刘群、徐德刚:《依规治党是全面从严治党的根本路径》,载《中国党政干部论坛》2020年第12期。
③ 潘歆、王中原:《新时代从严治党与依规治党的内在逻辑》,载《福州党校学报》2020年第2期。
④ 田启战:《中国共产党巡视制度研究的多重维度》,载《重庆社会科学》2020年第2期。

诠释、党史研究的理论内涵和新时代拓展巡视工作的历史借鉴"①。这是一个有重要学术意义的研究成果。

《传承与创新：党内巡视制度的历史性资源及创造性转化》一文，阐释了中国共产党巡视制度的特点和优势。该文认为，中国巡视制度的历史源远流长，形成了比较完备的制度体系，积累了丰富的巡视监督经验，如"巡视主体的独立性、巡视监督的权威性、巡视运行的规范性"等等，这些经验对党内巡视制度建设有可资借鉴的意义，是重要历史资源。该文论述道，当今"党内巡视制度在汲取历史资源和养分的基础上，进行创造性转化和创新性发展，构建了全面巡视和重点聚焦相统一的巡视布局，组织监督和民主监督相统一的监督模式，政治巡视与业务监督相统一的巡察内容，同体监督和异体监督相统一的监督机制，发现问题与解决问题相统一的巡视过程，形成新时代中国特色的党内巡视制度体系"②。

《新时代中国共产党巡视制度的出场逻辑——基于制度有效性视角》一文，就党的巡视制度何以有效以及如何使其更加有效的问题展开探讨。该文认为，"以党的十八大为标志，党内巡视制度呈现出系统构建与强化运行的发展新态势，成为全面从严治党的重要利器。审视新时代党内巡视制度强势出场的逻辑，可以发现：制度自身的适应性调整是激发巡视制度活力的内生性条件；新一届领导集体的政治担当是催发巡视制度高效运行的关键性要素；正面回应新时代执政党自身建设和国家治理现代化过程中的现实梗阻是引发巡视制度创新发展的外在性动力"③。

4. 关于全面从严治党具体制度的研究

结合全面从严治党制度的一系列文本，如《中国共产党章程》《中国共产党纪律处分条例》《中国共产党监督条例》《中国共产党问责条例》《公职人员政务处分暂行规定》《党组讨论和决定党员处分事项工作程序规定（试行）》《中国共产党巡

---

① 胡云生：《中国共产党巡视制度研究路径述略——以民主革命时期为例》，载《南都学坛》2020年第3期。
② 蔡文成：《传承与创新：党内巡视制度的历史性资源及创造性转化》，载《理论与改革》2020年第3期。
③ 田启战：《新时代中国共产党巡视制度的出场逻辑——基于制度有效性视角》，载《湖湘论坛》2020年第6期。

视工作条例》《中国共产党重大事项请示报告条例》等,多视角研究中国共产党运用全面从严治党具体制度来加强管党治党问题,特别是具体工作实务问题一直是全面从严治党研究中不可忽视的方面。基于2020年相关文献的出现频度,这里选取关于请示报告制度、责任及问责制度的研究文献以窥一般。

中国共产党请示报告制度形成于党领导的新民主主义革命历程中。在改革开放新的历史时期以及在中国特色社会主义进入新时代条件下,党内请示报告制度依然发挥了全面从严治党的重要作用。《党内请示报告制度的历史演进与启示——基于党章的视角》一文指出,"党内请示报告制度是中国共产党管党治党的重要制度。党章关于党内请示报告的规定,是党内请示报告制度最根本的依据"。该文通过系统考察中国共产党历次全国代表大会制定、修改的党章关于党内请示报告的具体规定、重点指向以及主要内容,总结道:党内请示报告制度经历了"从党内纪律意识到逐步形成制度规定,再到进一步健全完善的历史演进"的发展过程,成为中国共产党重要的优良传统。该文强调,"在新时代,面对新问题、新考验和新挑战,全党更要继承好党的优良传统,从处理好中央与地方的辩证关系、强化纪律的约束与惩戒、建设高素质专业化干部队伍等维度坚持和完善党内请示报告制度,为全面从严治党新常态提供更强有力的制度保障"[1]。此外,《毛泽东确立了我党的请示报告制度》[2]《加强纪律性是党的事业发展的重要保证——解放战争时期请示报告制度的运用》[3]以及《严格落实请示报告制度》[4]等论文及工作实务研究文献也从不同侧面研究了党的请示报告制度。

《全面从严治党责任制度的法理基础与逻辑判定》一文,从法理学视角来研究责任及问责制度,很有深意。正如该文所论:"全面从严治党责任制度,是全面从严治党制度体系的重要组成部分。"全面从严治党责任制度设计的目的,不是对普通党员行为失范的情况进行责任追究,"而是对党组织和党的领导干部不履行或者不正确履行管党治党职责的行为进行重点追责问责"。该文阐释道:"基

---

[1] 袁冬梅:《党内请示报告制度的历史演进与启示——基于党章的视角》,载《贵州社会科学》2020年第10期。
[2] 王春雷:《毛泽东确立了我党的请示报告制度》,载《前线》2020年第1期。
[3] 卢毅:《加强纪律性是党的事业发展的重要保证——解放战争时期请示报告制度的运用》,载《中国党政干部论坛》2020年第10期。
[4] 国家能源局综合司:《严格落实请示报告制度》,载《秘书工作》2020年第10期。

于身份的关键少数、集中统一的组织秩序、直面问题的自我革命是全面从严治党责任制度生成的三重根源。全面从严治党责任制度包括五个支点：规定问责主体、划定问责对象、明晰问责情形、规范问责方式、完善救济渠道，五者需要有机统一。"①论文《新时代党内问责体系的强化与完善:〈中国共产党问责条例〉解读》是篇专题解析 2019 年修订的《中国共产党问责条例》的文献。该文评价说："《中国共产党问责条例》的修订是在对党的十八大以来问责制度实践的经验反思基础上的制度更新"，它"进一步强化了新时代问责制度的精准性、科学性与实效性"。该文论证道："针对实践领域的问责泛化、问责失位和问责过度等困境，《中国共产党问责条例》突出了问责的政治方向、基本原则、适用情形、规范程序与裁量情节，从而保障了问责的合规、合纪与合理。"当然，进入新时代，在新的历史方位，随着全面从严治党实践的不断深化与发展，"问责制度体系仍需不断调适，以适应新时代党风廉政建设的现实需要"②。

党内法规虽然是研究的热点，但尚存在的问题也需要深入思考，正如学者所言：目前党内法规研究"存在着重解读轻理论、重内容轻体系、重现实轻历史的特点。因此，需要重点围绕党内条例的基础理论深化、党内条例体系的构建及学术视野的拓展加强研究，从而有利于不断丰富党内法规理论、完善党内法规体系，推动从严治党的纵向深入"③。

（三）全面从严治党的话语研究

全面从严治党是马克思主义政党在履行职责使命的实践中出现的新事物。在当今世界的政党之林，中国共产党提出全面从严治党，这是非凡的马克思主义政党的远见，是一种全新的事物。对新事物的认识乃至推进其实践的不断发展需要新话语。面对世界正经历百年未有之大变局，面对中国特色社会主义现代

---

① 石伟：《全面从严治党责任制度的法理基础与逻辑判定》，载《当代世界与社会主义》2020 年第 1 期。
② 王立峰：《新时代党内问责体系的强化与完善:〈中国共产党问责条例〉解读》，载《党内法规理论研究》2020 年第 1 期。
③ 李春华：《中国共产党党内条例研究热点的思维解读》，载《中共济南市委党校学报》2020 年第 2 期。

化国家建设的艰巨复杂的重任,面对长期执政的诸多风险挑战,中国共产党通过全面从严治党彰显了自我革命的决心与毅力,也展现了中国共产党的先进性质和马克思主义政党的优良品格。研究全面从严治党从提出到发展再到制度建设的过程,就是深刻理解全面从严治党话语发展与实践的过程。独特的事物必将深藏独特的话语构造机制与实践形式。研究全面从严治党话语,既要理解它内在包含的抽象与具体、秩序与分化的复杂张力,也要理解其制度性话语内核与实践逻辑的有机融通。

马克思指出:"对人类生活形式的思索,从而对这些形式的科学分析,总是采取同实际发展相反的道路。这种思索是从事后开始的,就是说,是从发展过程的完成的结果开始的。"①科学的理论体系与话语的建构,都必将通过对事物本质的揭示与逻辑的阐释来实现。全面从严治党的研究也必须遵循马克思主义的认识论和方法论来构建其话语体系。

2020年全面从严治党研究中,有关全面从严治党话语的研究开始凸显。其中,习近平党建思想、以人民为中心思想是研究焦点所在,贯穿2020年全面从严治党研究的全过程。"习近平党建思想的时代价值,在于其坚持从'以人民为中心'的逻辑起点出发,构建更加完善、更加科学、更加系统的党的建设新体系,同时为全球其他国家执政党提供可资借鉴的政党治理经验以及理论指导,使中国共产党真正走在时代前列,始终保持先进性政党的时代特征。"②而在研究中,也有学者对习近平全面从严治党研究中具有特色的话语进行分析。习近平在十八届中央纪委六次全会上的讲话中提道:"我们不舒服一点、不自在一点,老百姓的舒适度就好一点、满意度就高一点,对我们的感觉就好一点。"③这样平实的话语为全面从严治党刚性制度建设带去了柔性话语机制,更便于党员干部和广大人民群众深刻理解全面从严治党的成效需要坚持人民立场。另一方面,2020年全面从严治党话语研究中,各种特色话语、比喻等也被频繁运用,如"纸老虎""稻草人""破窗效应""扎紧篱笆"等为我们展现了更为贴近人民大众的关涉全面从严

---

① 《马克思恩格斯文集》(第5卷),人民出版社2009年版,第93页。
② 朱宪臣、陈宏:《习近平党建思想的理论渊源、生成逻辑与实践价值》,载《中国井冈山干部学院学报》2019年第12期。
③ 习近平:《在第十八届中央纪律检查委员会第六次全体会议上的讲话》,载《人民日报》2016年5月3日第2版。

治党的特色话语。话语映射实践,实践指导话语。深刻理解全面从严治党话语实践,即要坚持在管党治党过程中一切从实际出发、坚持走群众路线,依靠党和人民群众相结合的巨大力量,各项具体工作"要以人民满意为标准"。也有学者立足于全面从严治党的话语变化,探讨全面从严治党发展的内蕴逻辑,如有学者指出:"'不想腐、不能腐、不敢腐'发展到'不敢腐、不能腐、不想腐',这一变动内蕴着党对党风廉政建设规律的认识进一步深化,体现了党对实践决定认识、道德实践决定道德观念的认识论规律的深刻洞察,彰显着党对道德发展规律尤其是道德他律向道德自律演进的深刻把握。"①

对全面从严治党话语进行分析,应紧抓话语与实践的关系,认真梳理其发展过程中的独特经验与实践,并与新时代中国特色社会主义的发展进程进行合理的、合规的结合。有学者研究习近平总书记关于全面从严治党的论述,并提出:"习近平关于全面从严治党的论述有明确的科学含义:必须以党的政治建设为统领,必须践行初心、使命,必须从严管理干部,必须抓基层打基础,必须持之以恒正风肃纪,必须以零容忍态度惩治腐败,必须坚持制度治党、依规治党,以全面从严治党新成效推动国家治理体系和治理能力现代化。全面从严治党的总依据是党章,正确把握习近平关于全面从严治党论述的精神实质应当坚持整体性原则、动态性原则、客观性原则、比较性原则。"②

马克思和恩格斯在无产阶级政党成立之初就党的纲领策略、思想宗旨、性质特点和战略目标等一系列内容进行了严格规定。加强全面从严治党研究、完善全面从严治党制度,需要深入理解马克思主义政党学说,尤其是历史唯物主义,这为全面从严治党研究提供了理论话语的指导。历史唯物主义认为,社会意识被社会存在决定的同时也具有相对独立性,即对社会存在有反作用。同样,生产关系被生产力决定的同时对生产力也有一定的反作用,上层建筑被经济基础决定的同时对经济基础也有一定的反作用。习近平强调:"坚持和发展中国特色社会主义,必须不断适应社会生产力发展调整生产关系,不断适应经济基础发展完

---

① 韩超:《全面从严治党方略中"不敢腐、不能腐、不想腐"的内蕴逻辑》,载《领导科学》2020年第18期。
② 曹永森、袁航:《习近平关于全面从严治党论述的基本内容、核心要义与精神实质》,载《学习论坛》2020年第12期。

善上层建筑。"①恩格斯在《反杜林论》中说道:"历史唯物主义并不是一个封闭的、以最后真理为其终点的体系。"②从历史唯物主义视角来看,加强全面从严治党研究与制度建设是中国共产党在新的历史方位满足新时代生产力的发展变化与生产关系不能完全适应其发展变化的新要求的体现,是为应对国家治理体系和治理能力现代化背景下的经济基础与上层建筑之间的矛盾运动而作出的必然选择,是促进党的自我革命与社会革命相统一的应有之义。同时,全面从严治党也在党的建设过程中不断丰富和贯彻落实历史唯物主义。社会矛盾随着时代的发展在不断发生变化,在新的历史方位实现生产关系和生产力相适应的状态,必然需要对党所面临的内外部环境的变化进行深度理解,同时也要对世界的大趋势有明确的把握。正如有学者所言:"全面从严治党在新时代面临新形势和新要求,党的外部环境、组织架构、党员素质、执政基础发生了深刻复杂的变化。这些变化必然对执政党加强自身建设提出新的挑战,并且这些挑战是动态的、持续的,是不以人的意志为转移的。"③

全面从严治党话语的根基在"全面",这种全面是全方位的全域性话语,全面从严治党的精髓在延续,即这是一种全过程话语,意味着全方位、全过程不留死角,实现党建内容的全覆盖。党建内容经历了以下发展过程:从思想、组织和作风建设到思想、组织、作风和制度建设,再到思想、组织、作风、制度和反腐倡廉建设,再到党的十九大报告明确提出"5+1"的党建内容,即政治建设放在首位,思想、组织、作风和纪律建设并列其后,制度建设贯穿其中。全面从严治党的本质是依规,坚持用中国理念建构法理理论,全面从严治党的关键是"从严",强调了全面从严治党的根本方向与措施。习近平总书记指出:我们的制度体系还要完善,但当前最突出的问题在于很多制度没有得到严格执行。全面从严治党制度的践行是保障全面从严治党"永远在路上"的关键。狠抓全面从严治党制度的执行,就要坚持"实事求是"的中国理念,坚持一切从实际出发的原则。一切从实际出发是中国几代领导人始终秉持的基本原则,也是对马克思唯物史观的继承与

---

① 习近平:《坚持历史唯物主义 不断开辟当代中国马克思主义发展新境界》,载《求是》2020年第2期。
② 梅林:《保卫马克思主义》,洪吉译,人民出版社1982年版,第25页。
③ 涂小雨:《在历史唯物主义视域中完善全面从严治党制度》,载《学习论坛》2020年第10期。

发展。全面从严治党话语研究,带有鲜明的中国风格,始终将中国国情与民情放在第一位,是将"实践"与"理论"相结合的突出表现。加强对全面从严治党话语的研究,促使其"一以贯之"常态化,就要坚持全面从严治党研究的持续性,推进工作不断深化、成果不断扩大。但在全面从严治党话语实践的进程中,并不是不允许困难和问题出现,遇到制度问题、实践问题时,应秉持"摸着石头过河"的态度,这彰显了全面从严治党话语与实践不断交织、调整进而适配的过程,也就是全面从严治党制度化的过程。习近平总书记指出:"当代中国的伟大社会变革,不是简单延续我国历史文化的母版,不是简单套用马克思主义经典作家设想的模板,不是其他国家社会主义实践的再版,也不是国外现代化发展的翻版,不可能找到现成的教科书。"①全面从严治党话语是坚持马克思历史唯物主义,立足于原有的经验并通过具体的实践过程对新问题、新情况、新矛盾进行研究,通过全面从严治党制度将特殊经验升华为具有一般意义的科学的理论。

2020年6月29日,习近平同志在中央政治局第二十一次集体学习时强调:"我们党要长期执政、永葆活力,团结带领全国各族人民沿着中国特色社会主义道路实现中华民族伟大复兴,最重要的是把党建设得更加坚强有力。"②中华人民共和国成立以来,基于本国国情与发展状况,经历了具有中国特色的实践进程,产生了具有中国特色的话语理论。中国独特政治话语,作为中国特色社会主义发展的一种特殊实践形式,建构了知识生产、制度发展和文明进步等进程。在"百年未有之大变局"的时代,集合中国国情与独特经验,深入发掘中国独特制度话语尤为重要,全面从严治党即是其中例证,它的发展逻辑与形式,它所立足的中国国情与产生的独特经验,都能为我们理解现代政治的民主化进程、理解西方现代性所造就的话语体系的片面性提供了镜鉴。

(四)"例外状态"③:新冠疫情下全面从严治党的一场大考

2020年1月爆发的新冠疫情,在全球化的大背景下,由局部性的地区事件

---

① 习近平:《哲学社会科学工作座谈会上的讲话》,载《人民日报》2016年5月19日。
② 《习近平在中央政治局第二十一次集体学习时强调 贯彻落实好新时代党的组织路线 不断把党建设得更加坚强有力》,载《人民日报》2020年7月1日。
③ 西方左翼思潮中的一个重要概念,这里将其用于概括非常态状况。

迅速演变为国际性的重大突发公共安全事件,对各国经济发展和社会运行等各领域各方面都造成了冲击。在全球化时代,这样的重大突发公共卫生事件既不是第一次,也不会是最后一次,各种传统安全和非传统安全问题还会不断带来新的考验。疫情在我国发生后,以习近平同志为核心的党中央高度重视,迅速作出疫情防控部署,始终把人民群众生命安全和身体健康放在第一位,把疫情防控工作作为当前最紧迫、最重要的工作来抓,对疫情防控进行了全面动员、全面部署、全面加强。从党中央迅速成立应对疫情工作领导小组全面加强对疫情防控的集中统一领导、国务院建立联防联控机制、派出针对疫情严重地区的指导组,到各地成立主要负责人挂帅的领导小组、各党政军群机关和企事业单位紧急配合、医务及其他行业防控联动、基层广大群众团结奋战共克时艰,织成了上下一条心、协力奋进的疫情防控工作网。中国共产党领导的政治优势、组织优势和密切联系群众优势,是我们在与各种灾难作斗争的过程中锻造出的法宝,也是我们能够克服艰难险阻、应对复杂局面的"定海神针"。遵循党中央的统一指挥,广泛调动党、政、军、民、学各方面积极因素,使全党全国人民拧成一股绳,形成攻无不克的磅礴力量。由此,中国也成为世界上将新冠疫情控制得最好、最成功的国家。

在 2020 年全面从严治党研究中,不仅有对新冠疫情宏观形势与全面从严治党的分析,而且有学者将目光聚焦在更为微观的中国共产党组织建设之上,讨论新冠疫情中的临时党支部、功能型党支部的作用,并强调全面从严治党为"抗疫"的胜利提供了坚实的组织保障。我们看到,在这场"大考"之中,中国特色社会主义制度优势得到充分发挥,"以人民为中心"的思想得以充分彰显,"中国之治"的鲜明特色跃然眼前,这种"例外状态"更是对全面从严治党成效、巩固全面从严治党成果、了解全面从严治党问题提出了检验。

新冠疫情是中华人民共和国成立以来的一场非常战"役",是对我国治理体系和能力的一次"大考",也是对全面从严治党原则和方针的一次检阅。疫情防控形势的积极变化,是举国上下共同抗击疫情的结果,是党中央正确领导、科学调度,广大党员、干部冲锋在前、忘我工作的成果,是全面从严治党成果的彰显。

在全国上下抗击疫情的紧张态势之下,仍有党员干部违反疫情防控的纪律要求、顶风作案的事件发生。例如,2020 年 1 月 28 日,黑龙江省肇东市肇东镇建华村党支部副书记,违反省委关于疫情防控的纪律要求公然聚众赌博,随后,他被撤销党内职务并处以行政处罚。2月上旬,大理市截留湖北和重庆采购口罩的事情引发热议,大理市对市卫健局局长给予免职处理,对市工信和科技局局长给予政务记过处分。2月上旬,武汉市武昌区转运494名患者的过程中,出现衔接无序、组织混乱的情况,导致重症病人情绪失控,造成恶劣影响,武汉市纪委对有关责任人进行严肃问责。激浊扬清、大道之行。疫情这一"例外状态",似一面明镜立于面前,映照出全面从严治党发展过程中的问题,但同时,也更加反映出中国共产党坚持反腐败斗争无禁区、零容忍、全覆盖的态度,坚决夺取反腐败斗争压倒性的胜利,真正为中国共产党为什么"能"的时代命题提供了重要例证。2月下旬,世界卫生组织赴中国考察专家组组长布鲁斯·艾尔沃德说:"中国为世界树立了标准。"中华民族在疫情之中并没有被打倒,反而在做好本土疫情防控的同时,积极应对疫情所反映出的各种腐败问题,这与坚定推进全面从严治党进程密不可分;同时,疫情之中,中国共产党的所作所为也为特殊时期的反腐败斗争这一世界性政党治理难题提供了中国态度与中国方案。疫情的发生如一场"大考",考察我们的国家治理能力,也考察我们全面从严治党的效果。深入思考疫情中的事实,可避免使这场"大考"流于表面和形式。抗击新冠疫情是一场"大考",疾风知劲草,中国共产党带领中华民族与中国人民在这场"大考"中展现出的中国力量、中国精神、中国方案、中国智慧,赢得了世界卫生组织和世界各国的高度赞誉,为世界防疫树立了典范。

  全面从严治党看似绝对刚性的制度话语,但从中国共产党领导抗役斗争中对"以人民为中心"理念的坚守、对世界与人类发展的关照等,都能够发现,全面从严治党蕴含着对中华民族文明与文化的深刻领悟和继承发展,在其制度刚性背后所蕴含的软性文化基底更是我们研究中不可或缺的重要部分。伊格尔顿曾讲道:"文化可利用它漂流在社会之中这一事实,超越社会偏狭的界限,探究那些对全人类至关重要的事件。它可以具有普遍性,而非仅局限于狭窄的历史性。它能提出终极问题,而不仅仅是那些实用的或狭隘的问题。"[①]理念、思想、文化往往是行动的先导,有什么样的思想理念与文化,就会作出什么样的政治行为。全面从严治党所体现的中国共产党的党内政治文化,与一般的政党政治文化有

[①] 〔英〕特里·伊格尔顿:《理论之后》,商正译,商务印书馆2009年版,第95页。

很大差别,它是中国共产党在近百年的政治实践进程中所提炼与形成的革命、改革、建设文化,也是当代中国共产党自我革命精神的更新与复合。"新时代加强党内政治文化建设,应该以'弘扬和发展积极健康的党内政治文化,纠正与克服各种消极政治文化现象'为主题,正视受各种不良思想侵蚀而滋生的十种消极政治现象,坚持标本兼治、综合治理,以'是否有效地抵制与解决了各种庸俗腐朽的消极政治文化及其现象、形成风清气正的政治生态'作为检验标准,走良性循环、增量式发展的党内政治文化建设之路。"①全面从严治党制度与具体实践,是党内政治文化制度化、具象化的表现,党内政治文化与全面从严治党之间是相互映照、相互"反观"的,对两者进行深入思考有助于我们在制度刚性话语丛林之中理解软性文化要素的重要性、理解思想理念的重要性,也为全面从严治党的发展指明了价值方向。有学者提出:"把中国共产党建设成为中国特色社会主义事业的坚强领导核心,是全面从严治党制度的根本价值方向,是中国共产党人不忘初心、牢记使命的时代体现。这就意味着,全面从严治党必须坚持从广大人民群众的利益和福祉出发,坚定不移为全面深化改革和扩大开放扫清思想障碍,在新时代把中国特色社会主义推向历史新高度。可见,全面从严治党虽然在各个历史阶段有着不同的历史任务,但是中国共产党人的初心和使命始终蕴含其中,充分体现了中国共产党人的价值自觉和责任担当。"②

面对"例外状态",各国的反应完全不同,很多国家将"例外状态"作为常规政治范式的趋势越来越明显。而在中国,疫情并未阻止中国共产党的反腐败进程,全面从严治党经验与成就经受住了考验,全面从严治党制度体制机制得到了检验,全面从严治党思想价值得到了验证。制度刚性与软性理念交织在全面从严治党的制度与实践之中,为我们展现了理解与思考全面从严治党进程的新视角。

2020年注定是不平凡的一年,国家主席习近平在2020年新年贺词中说道:"2020年是具有里程碑意义的一年。我们将全面建成小康社会,实现第一个百年奋斗目标。2020年也是脱贫攻坚决战决胜之年。冲锋号已经吹响。"2020年,回头看有中华人民共和国成立70周年的辉煌成就带给我们的无穷力量,向后看

---

① 刘红凛:《党内政治文化的具象化与建设逻辑》,载《山东师范大学学报(社会科学版)》2020年第3期。
② 杨立志:《全面从严治党制度:价值自觉、逻辑理路与基本经验》,载《求实》2020年第4期。

有对中国共产党建党 100 周年的展望,当前,我国正处于"两个一百年"交汇期,既取得了令世界瞩目的成就,也面临重担。前行中的经验与成就不值得我们有丝毫怠惰,全面从严治党的发展也远未到大功告成之日,"永远在路上",指的是永远保持坚定理想信念,永远保持自我革命的精神,永远从实际出发,永远向前走。百年恰是风华正茂,只有坚定不移发展全面从严治党制度、话语、理念,不论面对何种"例外状态"都保持定力、不忘初心,我们党才能始终成为中华民族和中国人民的主心骨与顶梁柱,才能"面向未来,走好新时代的长征路"。

二、监察体制改革研究

达雅楠

中国共产党自成立以来就对加强党的纪律、提升组织建设进行了深入思考。从初步形成到曲折发展,再到恢复发展,逐渐形成了今天的党内监督体系。中华人民共和国成立以后,为了遏制违法、腐败现象,保证整个公务员系统勤政清廉,开始了监察制度的探索,从初建、重建到现今的法治化,形成了权威高效的国家监察体制。作为一项事关全局的党内监督体制改革,国家监察体制改革为新时代完善和发展中国特色社会主义制度、推进全面从严治党提供了制度保障。从2016年北京、山西、浙江3省市试点以来,国家监察体制改革已取得了许多成绩,监察法颁布执行、监察组织体系逐渐完备、监察程序相对完整科学合理等突出表现都已说明,国家监察体制改革基本实现了反腐败工作法治化、规范化。

随着国家监察体制改革进入深化阶段,改革实践与学术研究之间的互动也更加充分有效。本节在对2020年国内外关于国家监察体制改革问题的研究成果进行系统梳理的基础上,就其中存在的问题提出改善与拓展的可能性方向,以期为今后深入研究提供有益借鉴。

(一)研究概况:成果与数量

以中国知网(CNKI)数据库平台为例,2020年以"监察体制改革"为主题的研究文献有646篇,较2019年有所减少,文献类型情况如表1所示。

表1 文献类型

主题	期刊论文	硕博论文	社论
监察体制改革	363	222	61

主要研究关键词如表 2 所示。

表 2 关键词

排序	关键词	占比
1	监察机关	11.08%
2	监察委员会	8.15%
3	监察权	7.26%
4	监察法	6.39%
5	纪委监察	5.61%
6	公职人员	4.97%
7	职务犯罪	4.29%
8	纪委监察	3.95%
9	公权力	2.93%
10	监察调查	2.75%

学界2020年监察体制改革研究成果涉及监察机关、监察委员会、监察权、监察法、纪委监察等主题，涵盖法理学、宪法学、行政法、刑法、刑事诉讼法和政治学等多个学科，呈现了监察制度与监察法研究的广度和深度，体现了研究的水平和影响力。

在研究机构方面，以政法类院校和传统法学强校为核心，如中国政法大学、武汉大学法学院、中国人民大学法学院、北京大学法学院、清华大学法学院等著名高校和研究机构。

在研究队伍方面，核心作者群体凸显，被誉为"监察法研究第一人"的秦前红，以及吴建雄、张晋藩、江国华、杨宇冠、王立峰、吕永祥、陈宏彩、焦洪昌等均占有重要地位。

从论文的被引情况来看，秦前红发表于《法律科学》（西北政法大学学报）2020年第2期的《人大监督监察委员会的主要方式与途径——以国家监督体系现代化为视角》一文引用次数最高，达22次。引用超过10次以上的论文共15篇，如表3所示。

表 3　引用超过 10 次以上的论文

序号	篇名	作者	期刊	引用次数
1	人大监督监察委员会的主要方式与途径——以国家监督体系现代化为视角	秦前红	《法律科学(西北政法大学学报)》2020年第2期	22
2	政务处分法对监察体制改革的法治化推进	刘艳红 刘　浩	《南京师大学报(社会科学版)》2020年第1期	18
3	检察机关侦查权的部分保留及其规范运行——以国家监察体制改革与《刑事诉讼法》修改为背景	卞建林	《现代法学》2020年第2期	18
4	监察委员会职务犯罪调查的性质及其法治化	刘计划	《比较法研究》2020年第3期	18
5	刑事辩护全覆盖与值班律师制度的定位及其完善——兼论刑事辩护全覆盖融入监察体制改革	胡　铭	《法治研究》2020年第3期	17
6	监察委员办理职务犯罪案件程序问题研究——以768份裁判文书为例	韩　旭	《浙江工商大学学报》2020年第4期	17
7	检察机关提前介入监察调查之检讨——兼论完善监检衔接机制的另一种思路	封利强	《浙江社会科学》2020年第9期	14
8	监察管辖制度的适用问题及完善对策	钱小平	《南京师大学报(社会科学版)》2020年第1期	13
9	监察法与刑法的关系梳理及其症结应对	陈　伟	《当代法学》2020年第1期	12
10	《监察法》实施中的若干问题与完善建议	张云霄	《法学杂志》2020年第1期	12
11	论监察委犯罪调查的法治化	何家弘	《中国高校社会科学》2020年第2期	12
12	坚持和完善党和国家监督体系　为全面建成小康社会提供坚强保障——在中国共产党第十九届中央纪律检查委员会第四次全体会议上的工作报告	赵乐际	《中国纪检监察》2020年第5期	12
13	论刑事诉讼法与国家监察体制的衔接	施鹏鹏 马志文	《浙江工商大学学报》2020年第2期	12
14	监察体制改革"纪法衔接"的法理阐释及实现路径	夏　伟	《南京师大学报(社会科学版)》2020年第1期	10
15	对监督权的再监督——地方人大监督地方监察委员会的法治路径	周佑勇	《中外法学》2020年第2期	10

（二）研究现状：内容与观点

党的十九大提出，深化国家监察体制改革是健全党和国家监督体系的重要部署，是推进反腐败斗争法治化、制度化的治本之策，是推进国家治理体系和治理能力现代化的一项重要举措，为新时代完善和发展中国特色社会主义制度，推进全面从严治党提供了重要的制度保障。因此，作为一项事关全局的党内监督体制改革，学界主要围绕以下问题开展深入研究：为什么进行改革？改革应遵循什么原则？改革的目标和方向是什么？改革的内容如何？改革有什么意义？改革过程中有什么现实难题以及如何解决？等等。

1. 关于监察体制改革的动因、目的及意义的相关研究

习近平在中共中央政治局第十一次集体学习时强调，深化国家监察体制改革的初心，就是要把增强对公权力和公职人员的监督全覆盖、有效性作为着力点，推进公权力运行法治化，消除权力监督的真空地带，压缩权力行使的任性空间，建立完善的监督管理机制、有效的权力制约机制、严肃的责任追究机制。因此，学界对为什么要进行监察体制改革、改革什么、改革有什么作用等问题的探究具有鲜明的现实导向。

关于监察体制改革的动因，大多数学者认为，是党维护执政地位，消除权力真空等诸多困境，消弭反腐败工作体制机制缺陷。孔凡河认为，国家监察体制改革的现实动因是增强对公权力和公职人员监督全覆盖，推进权力运行法治化，消除权力监督真空地带，压缩权力行使任性空间，建构完善的监督管理机制、有效的权力制约机制以及严肃的责任追究机制。① 骆成明从宏观、中观、微观三个维度分析国家监察体制改革动因。宏观上看，改革是党为维护执政地位，应对"四大考验""四大危险"的战略选择；微观上看，改革是党加强自身建设，强化自我监督，推进国家治理体系和治理能力现代化的有效途径。② 还有部分学者从理论

---

① 孔凡河：《我国监察体制改革的现实动因与创新理路》，载《兰州学刊》2020年第4期。
② 骆成明：《国家监察体制需要直面的问题及深化改革建议》，载《西北民族大学学报（哲学社会科学版）》2020年第4期。

层面分析,认为监察体制改革的理论配套急需改进。如朱福惠从检察机关对监察机关调查取证的监督方面提出改革必要性问题,他认为,发挥人民检察院检察建议的监督作用,有利于监督监察调查人员的调查活动,不断推进监察机关职务犯罪调查的法治化与现代化进程。① 聂辛东认为,监察解释权的设立能保证其法治化推进。他认为,在实践中国家监察委员会正在行使的解释权部分来源于对被整合机关解释权的概括承继与转化升级,但如果监察解释权要从实践形成阶段跨入规范形成阶段,就必须通过正式授权完成法治化转型,即设立监察解释权,以保证法治化的推进。② 曾哲、丁俊文从地方监察立法问题入手梳理动因,认为地方概括性规定为监察权的行使提供便利的同时也极易引发滥用监察权的风险,与满足打击职务违法犯罪法治化的现实需求尚有一定差距。因此,建立以监察法为基础的地方监察立法体系是重要且迫切的现实命题。③

关于监察体制改革的目的,朱茜认为,加强党的领导是国家监察体制改革的重要目标。因此,要在坚持党的领导、人民意志和法治的有机统一基础上推进国家监察体制改革。④ 夏伟认为,促进"纪法衔接"是监察体制改革全面深化阶段的重要目标。在法治反腐意义上,党纪与国法之间不具有可比较性,正确发挥党纪与国法在法治反腐中的功能,就必须以两者为基本素材,构建体系化的法治反腐规则。⑤ 伊士国认为,国家监察体制改革的目的在于建立起一个独立权威高效的反腐机构,集中行使反腐权力,形成全面覆盖各级党组织、国家机关、企事业单位、基层群众自治性组织及所有行使公权力人员的国家监察体系,克服我国传统反腐机制长期存在的弊端,从体制与机制上根治腐败问题。⑥ 张正宇认为,中国特色社会主义监察制度的构建与完善是推进我国政治制度建设、完善国家治理体系中的重要一环。依据中国特色社会主义政治建设的核心要求,未来监察

---

① 朱福惠:《检察机关对监察机关移送起诉案件的合法性审查——〈人民检察院刑事诉讼规则〉解读》,载《武汉大学学报(哲学社会科学版)》2020年第5期。
② 聂辛东:《论监察解释权的法治化原理及其方案》,载《南大法学》2020年第4期。
③ 曾哲、丁俊文:《问题展开与路径阐释:依法监察理论与地方监察立法之证成》,载《河北法学》2020年第10期。
④ 朱茜:《加强党对国家监察体制改革的领导》,载《人民论坛》2020年第24期。
⑤ 夏伟:《监察体制改革"纪法衔接"的法理阐释及实现路径》,载《南京师大学报(社会科学版)》2020年第1期。
⑥ 伊士国:《国家监察体制改革的宪法学思考》,载《甘肃社会科学》2020年第6期。

制度应在坚持党对监察工作的统一领导、巩固人民当家作主、积极推进依法治国三个方面进一步完善与发展。① 陈宏彩提出,国家监察体制改革必须适时进行全面、科学的绩效评估,评估指标主要包括内部运行指标、外部影响力指标和反腐绩效指标。根据需要,可以由人民代表大会、监察机关自身或独立的第三方进行评价。②

关于监察体制改革的意义,学界主要从权力监督、党的执政合法性、推进实现国家治理体系与治理能力等发展方面展开论述。崔英楠、王柱国认为,国家监察制度的建立,标志着我国确立了迥然不同于西方"三权分立"的权力监督模式。权力监督是中国特色社会主义法治建设的重要一环,事关中国特色社会主义制度自信、理论自信的树立。更重要的是,国家监察模式将打破我国法律实效和法律权威的困境,通过监察实效来实现法律实效,从而捍卫宪法和法律的权威。③ 王建国、谷耿耿认为,监察体制改革的深化不仅体现了执政党壮士断腕实现反腐倡廉、巩固增强执政合法性的使命担当,而且通过改革形成权威高效的国家监察体系,有助于推进和实现国家治理体系法治化与治理能力现代化。④ 杨万顺认为,社会主义核心价值观是国家监察制度建设的根本价值取向,为深化国家监察制度建设发挥着价值目标指引和价值规范约束的基础作用,而深化国家监察制度建设则为培育和践行社会主义核心价值观提供着有效载体和内存空间,二者呈现出相辅相成、双向互动的逻辑格局。⑤

2. 关于监察制度变迁的相关研究

国内学者主要从时间和空间维度梳理中国监察体制改革的研究,在时间线索上集中于中国古代、民国时期和中华人民共和国成立以来这三个时间段进行阐述;在空间线索上对比中华苏维埃共和国的监察制度深入分析。

---

① 张正宇:《完善与发展中国特色监察制度的三个维度》,载《理论视野》2020年第7期。
② 陈宏彩:《国家监察体制改革绩效评估问题探析》,载《中州学刊》2020年第1期。
③ 崔英楠、王柱国:《法律思维、监察传统与国家监察的实效性》,载《北京联合大学学报(人文社会科学版)》2020年第3期。
④ 王建国、谷耿耿:《新时代监察改革深化的法治逻辑》,载《河南师范大学学报(哲学社会科学版)》2020年第2期。
⑤ 杨万顺:《国家监察制度建设的社会主义核心价值观基础》,载《中国矿业大学学报(社会科学版)》2020年第3期。

一是关于中国古代监察体制精髓的挖掘。李志刚对唐代监察制度的设置与实践运行进行研究,认为唐代御史台监察制度之所以成熟,是因为监察权力将自身、行政甚至君主纳入互相制衡的结构之中,以权力制约权力。这种分工明确、权力集中的有机监察体系以其相对独立和多维的运行制度在一定时期内维系了多民族国家的稳定和文明的传承。① 胡云、任锋通过对宋代监司政治进行分析,认为"不能仅限于对诸多现代理念与研究路径的追认和套用,而是要突破被化约为防范权力弊端与制衡行政权的简单逻辑","深入认识作为传统中国治理秩序之整合要义的监察集权"②。张金奎就明代锦衣卫监察的功能、特点及其演变问题进行分析,认为锦衣监察与科道监察具有大体一致的功能,且互相制约,共同组成大明帝国的监察网络。明末厂与卫主动放弃监察职能是明帝国行将灭亡的一个反映。③ 刘志松、王兆辉从清代"照刷文卷"律例渊源入手,以科道刷卷制度运转为关注点,通过对晚清衙门规避刷卷现象的制度分析,揭示清朝监察制度主体与客体之间存在"制约"与"反制约"现象,对清朝律例格局有更深的理解。④ 程俊霖、石路对清代监察制度的历史进行了严格梳理,清代监察制度是在承袭前代监察制度的基础上强化发展而来的。他们认为,清代监察制度具有政治上依附君主、机制上依律运转、功能上监督制衡和维持封建纲纪的特点。封建体制的衰落与西方文明的冲击倒逼晚清选择折中性变革,封建监察制度随之异化,并最终随着辛亥革命的爆发走向崩废。⑤ 刘社建对清代监察御史选拔制度进行深入探析,清代通过限定考选资格、严格考选程序等一系列措施,确保选拔忠君敢谏、勤敏练达、才品优长、刚正不阿的人员进入监察队伍,这样的严格选拔措施能够确保清代监察制度发挥相应作用。⑥

关于古代监察制度的整体性研究也有很多。常冰霞、艾永明认为,古代监察权的监督与制约为当前监察体制改革提供重要的借鉴与启示:监察权的独立性是监督与制约制度设计的前提与基础;多元化的监察体制与一元化的监察权之

---

① 李志刚:《唐代监察权运行中蕴含的制衡理念》,载《东岳论丛》2020年第7期。
② 胡云、任锋:《监察集权:从宋代监司政治透视强郡县国家的治理逻辑》,载《学海》2020年第4期。
③ 张金奎:《锦衣卫监察职能略论》,载《史学集刊》2020年第5期。
④ 刘志松、王兆辉:《清代监察体制运行的制约与反制约关系——以"照刷文卷"律为例》,载《西南大学学报(社会科学版)》2020年第3期。
⑤ 程俊霖、石路:《依附与失灵:清代监察制度的历史省察》,载《青海社会科学》2020年第6期。
⑥ 刘社建:《清代监察御史选拔制度探析》,载《社会科学》2020年第3期。

间存在不易调和的矛盾与冲突;监察权与行政权应具有清晰的权力行使边界;加强监察官自身政治修养及专业素质,更要强调对其实行外部监督与制约。① 赵晓耕、刘盈辛对中国传统御史监察制度进行梳理,认为监察制度体系的构建不仅要具有形式上的独立性和专门性,更要保证其运行机制的独立性、有效性和稳定性。中国传统监察制度的经验应引起我们对当代监察制度改革具体路径的思考。② 明辉系统梳理了古代御史监察制度历史沿革与实践运作,从动静双重视角考察御史构造及运作,并区分了御史制度中的人、制度及实践性要素,提出御史的弹劾及其实效、御史监察的独立性及其限度促进了人与制度的有效运转。③

二是关于民国监察实践启示的研究。张伟认为,民国监察院作为"五权宪法"和"廉能政治"下的重要一环,通过对人、对事、对财等的监督,整肃官邪、清明政治,使得国民政府的施政得到民众的认可,人民权利亦得以保障。检视这一贯通中西之监察"新模式"的实迹和实效,可为现今国家监察体制改革提供镜鉴。④ 张卫东通过对国民政府时期监察权配置不同方案的研究,认为"扩权"与"限权"相较而言,前者主张依据权威性原理扩充监察权限来提升监察效能,后者主张根据制约性原理限定监察权限来防止权力滥用。民国时期还没有形成一套符合中国国情的监察权权能配置理论,监察实践效果十分有限。⑤

三是对中华人民共和国成立以来监察体制演进的研究。颜德如、栾超通过对1949年以来中国监察体制变革的研究,提出环境与观念变迁导向的综合性驱动,法治、高效和集中的宏观结构驱动,关键节点影响下的理性选择驱动,制度稳定与变革间的平衡性驱动,独立、合作与权威导向的利益驱动,基于"计算"和"文化"方法的行为与价值选择驱动等因素是推动监察制度发展的动力。⑥

四是对苏维埃国家监察制度的梳理。庞振宇对中华苏维埃共和国国家监察

---

① 常冰霞、艾永明:《中国古代监察权的监督与制约及当代启示》,载《华侨大学学报(哲学社会科学版)》2020年第1期。
② 赵晓耕、刘盈辛:《中国传统御史监察制度的反思》,载《武汉大学学报(哲学社会科学版)》2020年第6期。
③ 明辉:《"御史监察"的历史构造与运转实效》,载《法学研究》2020年第4期。
④ 张伟:《民国监察权运行实效考察(1931—1949)》,载《法学评论》2020年第5期。
⑤ 张卫东:《"扩权"与"限权":国民政府时期监察权配置之不同方案》,载《江汉论坛》2020年第8期。
⑥ 颜德如、栾超:《当代中国监察制度变迁的动力分析》,载《社会科学》2020年第8期。

制度进行了系统性梳理,认为各级检察机关通过行使监督权、调查权和建议权,领导工农对苏维埃机关、国家企业及其工作人员进行监督,与一切行使公权力的工作人员的官僚主义、贪污腐化、怠工动摇等行为作斗争,增强民众对各级党组织领导力的政治信心。以其建设与实践经验,为完善国家监察制度和推进全方位的监督体系现代化提供借鉴。① 张廷在对列宁的党和国家监察思想进行剖析后发现其晚年提出的党政监察合并等思想观点与当前我国正在进行的国家监察体制改革的思路具有高度的逻辑契合性。同时通过总结提炼列宁的党和国家监察思想的基本内涵,分析列宁的党和国家监察思想对我国监察体制的建立和发展产生的影响,并以列宁的党和国家监察思想为指导对我国深入推进监察体制改革提出建议。②

3. 关于监察体制改革的架构研究

国家监察体制改革作为重大政治改革,需要相应的配套架构。当前,学界关于监察体制的架构研究主要集中在监察机关、监察程序以及监察职能三个方面。

第一,有关监察机关的研究。监察机关主要指监察委员会,它作为专门的反腐败机关,集中最具优势的反腐资源,重塑了职务犯罪追诉与惩治模式,形成了中国特色的腐败治理机制。从监察机关的性质来看,彭超提出,监察委员会在宪法定位上是国家机构,是行使国家监察职能的专责机关,其组织形式是党政合设;监察机关由本级权力机关产生,对其负责并受其监督,同时接受同级党委的领导和监督;监察机关之间在行使职权上遵循民主集中、分工合作的原则,监察机关与司法机关、执法部门的关系遵循互相配合、互相制约的原则。③ 伊士国将监察委员会定性为一种新型国家机关或第五种国家机关即监察机关。因为从宪法条文字面意思上看,监察委员会就是我国的监察机关,它与权力机关、行政机关、审判机关、检察机关一样,都是独立的国家机关。④

从监察机关面临的挑战及应对来看,陈宏彩认为,为了加强监察机关的内部

---

① 庞振宇:《中华苏维埃共和国国家监察制度的政治功能与时代意蕴》,载《江西社会科学》2020年第7期。
② 张廷:《论列宁的党和国家监察思想及其启示》,载《学校党建与思想教育》2020年第11期。
③ 彭超:《国家监察权的法教义学阐释》,载《中州学刊》2020年第5期。
④ 伊士国:《国家监察体制改革的宪法学思考》,载《甘肃社会科学》2020年第6期。

监督,有关方面已经建立了以分权制约权力、以民主制约权力、以程序制约权力、以督察制约权力的制度。但是,内部权力监督仍然发展不平衡。为此,必须加大巡视巡察力度、提升干部监督室的独立性、严格控制自由裁量权、实行请托事项报告制度等,激发监督活力,改善监督绩效。① 阳平认为,我国目前的监察管辖制度体系体现了"加强党对反腐败工作集中统一领导,实现监察机关对公职人员的监察全覆盖,建立权威高效的监察体系"的价值,但在规范监察权运行、有效衔接司法、保障被调查人权利方面仍存在不足。对监察管辖制度体系的完善应着眼于综合体现上述各种价值。② 刘畅认为,不同层级监察机关之间领导与被领导、监督与被监督的纵向结构调适提升了监察体系的系统性、权威性,但还应进一步加强上级监察机关对下级监察机关的业务领导、有效监督,并健全完善监察机关对其派驻或派出机构和专员的领导机制。③ 王建学认为,《全国人民代表大会常务委员会关于国家监察委员会制定监察法规的决定》的通过标志着监察体制改革正式步入监察立法权时代。目前,地方各级监委已纷纷从事立法活动,在合理的过渡期内应当容忍并规范地方各级监委所进行的立法试点,在具体探讨监察法规、监察规章和其他监察规范相互关系的基础上,提炼出监察机关立法权纵向配置的可复制的成功经验,从而为确立科学合理的监察立法制度奠定基础。④ 在提升纪检监察治理效能方面,谷斌、魏丽丽认为应将区块链技术运用于纪检监察体制改革实践,优化纪检监察工作流程。具体表现为基于区块链技术构建案件线索信息管理系统、纪检监察业务流程平台、信息共享机制以及智慧纪检监察体系。⑤

此外,还有一些研究成果涉及监察官的身份考核、职业伦理等。褚宸舸、王阳认为,"全员式"进入监察官序列的设计思路值得商榷。监察官属于特殊的监察人员,其范围应小于监察人员,监察人员不同于监察机关工作人员,应适当放宽监察官任职的身份限制。取得法律职业资格的人员可在初任监察官考试时享

---

① 陈宏彩:《强化监察机关内部监督的理论逻辑与制度建构》,载《河南社会科学》2020年第11期。
② 阳平:《我国监察管辖制度体系的构成及完善》,载《法治研究》2020年第6期。
③ 刘畅:《国家监察体系结构调适与功能优化分析》,载《学习与探索》2020年第11期。
④ 王建学:《监察机关立法权纵向配置研究——基于地方试点的视角》,载《四川师范大学学报(社会科学版)》2020年第5期。
⑤ 谷斌、魏丽丽:《基于区块链技术的纪检监察工作优化路径》,载《中国行政管理》2020年第1期。

有法律科目免试的待遇或将其作为未来晋升时的考量因素。① 陈光斌认为,监察官职业伦理的内容包括监察官职业伦理的原则、规则、具体规范三部分。其中,监察官职业伦理的原则包括坚持党的领导原则、以人民为中心原则、依法治国与依规治党原则、主动监督原则;监察官职业伦理的规则包括忠诚规则、独立规则、清廉规则、保密规则、坚韧规则和礼仪规则。研究监察官职业伦理,有利于完善监察基础理论体系,并为制定监察官法、监察委员会组织法等相关法律法规提供学理参考。② 李蓉、瞿目提出,要厘清监察制度与检察官惩戒制度的管辖范围,构建以检察官法和检察官职业伦理为核心的职业规范体系,明确监察制度与检察官惩戒制度管辖重叠的处理原则和方式,消解新监察制度与检察官惩戒制度的冲突。③

第二,有关监察程序的研究。从约束公权力运行的角度出发,监察程序对于法治具有基础性意义。为了促进不同程序目的、程序功能的有效实现,学界主要从微观层面对具体的移送案件、程序问题进行探究。楼丽从监察机关移送案件刑事立案程序展开探讨,认为这是统一诉讼理论和法律实施的需要,是我国刑事诉讼程序体例设置的内在要求,是启动刑事诉讼程序的功能需要。监察机关调查的职务犯罪案件刑事追诉时效延长的时间点应该前移至监察立案。④ 林艺芳、张云霄认为,在监察调查过程中,涉嫌职务犯罪的被调查人有权进行认罪认罚,并在符合特定条件的情况下接受从宽处罚的建议。然而,由于适用条件存在根本差异,监察程序中的认罪认罚从宽制度如果要与刑事诉讼程序中的认罪认罚从宽制度进行衔接,可能会发生程序上的断裂问题。⑤ 封利强对检察机关提前介入提出了更加合理的替代方案,其中包括增设刑事诉讼特别立案程序;通过对证据标准、事实认定、案件定性及法律适用等问题的实质审查发挥过滤功能;实现留置与强制措施的无缝衔接;完善检察机关内部提前介入机制以及允许律

---

① 褚宸舸、王阳:《我国监察官制度的立法构建——对监察官范围和任职条件的建议》,载《浙江工商大学学报》2020年第4期。
② 陈光斌:《监察官职业伦理:概念、渊源和内容》,载《法学评论》2020年第5期。
③ 李蓉、瞿目:《论监察体制改革背景下的检察官惩戒制度》,载《中南大学学报(社会科学版)》2020年第3期。
④ 楼丽:《监察机关移送案件刑事立案相关问题研究》,载《法治研究》2020年第6期。
⑤ 林艺芳、张云霄:《监察法与刑事诉讼法衔接视角下认罪认罚从宽的制度整合》,载《甘肃社会科学》2020年第2期。

师适度介入监察调查工作。①

第三,有关监察职能的研究。监察职能即监察机关履行的职能,学界主要从现实问题出发,围绕三个职能展开具体研究。曹鎏认为,《监察法》实施以来,问责泛化、虚化以及简单化等问题逐渐暴露。根据《监察法》,与传统责任追究机制不同,监察问责剑指兼具政治维度和道德维度的领导责任,具有较强的民主性特质。监察问责与党内问责构成中国特色问责制度体系的两大支柱,党内问责已经率先实现法治化,监察问责急需跟进,以实现党内问责和监察问责无缝衔接并合力整肃吏治的基本目标。② 陈伟认为,在监察职能行使过程中,监察建议应保证提出主体依法行使,在建议内容上实现具体与抽象的协调,注重监察建议实践运行的闭环路径,合理构建监察建议提出之后的救济机制,有益促进监察建议在监察实践中的规范有序运行。③ 陈胜强认为,监察职能应以优化组织形式、强化配套制度供给、厚植合法性基础为着力点向基层延伸,从而推动国家监察体制改革以来所形成的制度优势不断转化为治理效能,打通监察监督"最后一公里"。④ 井晓龙认为,监察机关与检察机关在公职人员犯罪、职务犯罪的调查及管辖上存在部分竞合关系。因此,在案件初次管辖权分配上应由检察机关对14个罪名行使优位管辖权,而在需要补充调查核实或补充侦查时则应当由检察机关对所有公权力人员职务犯罪行使优位管辖权。⑤

4. 关于监察权的研究

推进国家监察体制改革的完善和深化,需要通过监察权的发展与变革。目前,学界关于监察权的研究集中于属性、运行及监督三个方面。

第一,关于监察权属性的研究。伊士国将监察权定位为第五种国家权力即国家监察权,它与国家立法权、行政权、审判权、检察权处于平行的地位。⑥ 张梁

---

① 封利强:《检察机关提前介入监察调查之检讨——兼论完善监检衔接机制的另一种思路》,载《浙江社会科学》2020年第9期。
② 曹鎏:《论监察问责的基本法律问题概念澄清与构成要件解析》,载《中外法学》2020年第4期。
③ 陈伟:《监察建议在监察全覆盖中的表现形态与规范运行》,载《南京师大学报(社会科学版)》2020年第6期。
④ 陈胜强:《监察职能向基层延伸的成效、问题与优化路径》,载《中州学刊》2020年第11期。
⑤ 井晓龙:《监察调查权与检察侦查权衔接研究》,载《法学杂志》2020年第12期。
⑥ 伊士国:《国家监察体制改革的宪法学思考》,载《甘肃社会科学》2020年第6期。

认为,监察权具有的党的监督与国家监督相协同的"二维"属性,使国家监察监督在整个国家监督体系中具有十分突出的权威性和刚性。国家监察委员会的根本定位应是履行"权力监督"使命的"权力监督机关",这一特殊角色使其在国家治理中发挥积极而重要的作用。① 彭超对监察权的基本结构、内容属性和作用方式进行了系统梳理,认为监察权的基本构造呈复合型,即监督权、调查权与处置权"三权"一体,执纪权与执法权"两权"融合,教育权与惩戒权"两权"交融;其基本属性表现为政治性与法律性相统一、惩戒性与预防性相统一、创制性与执行性相统一,作用范围覆盖所有公职人员行使公权力的全过程。②

第二,关于监察权运行的研究。学界主要从监察权运行的独立性、监察调查及公民权利等视角展开研究。王建国、谷耿耿认为,监察权的行使应保证其独立性,需要清晰界定监察委员会监督与人大监督的辩证关系;处理好监察机关与党的纪律检查机关合署办公引发的国家监察权与党的监察权合二为一的权力行使方式问题;明晰监察权与检察权、审判权各个权力独立行使的边界衔接问题;妥当处理监察权与行政执法机关职能行使之间的配合关系。③ 在监察调查中,职务犯罪问题的研究较为集中。何静认为,职务犯罪追诉实践中,检察机关介入监察调查是一种常见的法律现象,落实"以审判为中心"的要求以及承担控诉职能的需要为其提供了理论依据,监检"配合制约"的法定原则是其规范依据,以实现法治高效反腐和监察调查目标。④ 李阳阳认为,为了保障职务犯罪调查活动顺利进行,维护监察权威,《监察法》已将有关人员作伪证、拒不配合监察机关调查等妨害监察的行为规定为犯罪。然而,现行《刑法》规定中存在漏洞,无法有效规制发生在职务犯罪调查过程中的证人作伪证、被留置人脱逃、有关单位拒不执行监察机关的监察决定等妨害监察行为。⑤

第三,关于监察权监督的研究。学者们大多达成共识,从内部与外部制约两方面展开研究。从内部来看,龙浩认为,监察机关对退回补充调查、不起诉决定、

---

① 张梁:《中国特色"二维"监察权:属性、使命与功能》,载《广西社会科学》2020 年第 2 期。
② 彭超:《国家监察权的法教义学阐释》,载《中州学刊》2020 年第 5 期。
③ 王建国、谷耿耿:《监察权独立行使的法治逻辑》,载《宁夏社会科学》2020 年第 6 期。
④ 何静:《检察介入监察调查:依据探寻与壁垒消解》,载《安徽师范大学学报(人文社会科学版)》2020 年第 6 期。
⑤ 李阳阳:《妨害监察行为刑法规制的困境及其疏解——基于〈监察法〉与〈刑法〉衔接的视角》,载《学术交流》2020 年第 10 期。

建议从宽处罚等方面的制约力度较强,且呈现出进一步增强的趋势。监察权应与检察权相互制约。因此,立足中国实践,结合域外经验,监察机关制约检察机关应当遵守依法独立行使检察权原则、"递进制约"原则、证据裁判原则,保持必要的制约限度。①

从外部来看,学者们较多以人大及其常委会监督作为主体深入考察。刘畅从权力结构理论视角审视国家监察体制改革,认为国家监察机关的设立在坚持人民代表大会制度的前提下实现了国家权力结构的调整与优化,形成了新的权力监督关系,即权力机关对监察机关单向且直接的监督和监察机关对行政机关平行且异体的监督。② 秦前红认为,《监察法》规定各级人大常委以听取和审议本级监察委员会的专项工作报告作为监督方式,在实践中需要明确:适时修改《监督法》等法律,在《监察法》第 2 章等规定中增加"人民监察委员会";《监督法》规定的听取和审议专项工作报告之外的其他监督方式,也可以适用于人大常委会监督。在人大常委会听取和审议本级监察委员会专项工作报告的实践中,需充分考虑监察委员会性质和职权的特殊性。③ 李云霖、银鹰、岳天明提出,人大及其常委会监督监察委员会的过程中,仍存在现行监督方式比较模糊、人大监督权与监察委员会监察权不完全协调、人大代表的专业监督能力有待提升等制约因素。这需要从完善人大监督监察委员会原则、释放人大对监察委员会监督的动力、区分监督相对人性质、丰富模式化监督行为、深化法律监督、提高监督素质等方面加以健全。④ 程衍认为,监察监督是国家监督体系中最重要的一环,监察监督体系的构建,需依循两条主线:首先是对权力本体的宏观监督,其次是对具体行权个人的微观监督。监察宏观监督以间接方式实现,以人大监督为依托,其功能定位是发现与提出,即发现被滥用的权力并提交行权主体或人大机关实现纠正,监察委员会无权直接否定与处置。监察微观监督应定位为"监察的再监

---

① 龙浩:《论监察机关对检察机关的制约及其必要限度》,载《新疆社会科学》2020 年第 5 期。
② 刘畅:《权力结构视域下的国家监察体制改革与优化》,载《行政论坛》2020 年第 5 期。
③ 秦前红:《人大监督监察委员会的主要方式与途径——以国家监督体系现代化为视角》,载《法律科学》2020 年第 3 期。
④ 李云霖、银鹰、岳天明:《人大及其常委会监督监察委员会的逻辑与作为》,载《湖南科技大学学报(社会科学版)》2020 年第 4 期。

察、监督的再监督",以"公权合规制度"为手段。① 张梁认为,新时代国家监察监督制度效能的提升重在实现监察权行使的主动性、高效性、全面性,保障监察权运行的公开化、程序化与法治化。同时还要遵循党内监督与国家监督、监察监督与其他国家监督、国家制度与法律制度协调互补的共治逻辑,强化法治约束和内外监督,解决运行中的关键问题,通过对公权力的有效规训应对风险社会的国家治理挑战。② 除此之外,王可利、刘旺洪还从监察信息公开角度考察监察监督,认为应遵循"以公开为常态,不公开为例外"的原则;应结合监察法的特殊性,坚持依法公开、诚实信用、比例平衡原则;应参照党务公开、政府信息公开、司法公开的范围,依据监察机关的职权内容,采取肯定列举加详列豁免范围的模式对监察信息公开范围进行立法。③

5. 监察法体系相关研究

随着监察实践的发展,在全国人大常委会通过《公职人员政务处分法》并且授权国家监察委员会制定监察法规以后,在法规范层面已经初步形成了监察法体系。监察法体系是我国监察体制改革和监察立法的重要成果。监察法体系以其特殊性成为法学研究的热点问题,当前研究成果多集中于以宪法为核心,与其他法律规范体系的融通与衔接问题。

第一,以宪法为核心的多层次监察法体系。随着最新宪法修正案与监察法的颁布实施,监察运行的合宪性与合法性均得到了极大程度的保证。陈伟认为,监察法的出台是在监察机构入宪之后的进一步规范化,是对宪法根本大法的具体深化与现实展开,所以其第 1 条明确载明"根据宪法,制定本法"。④ 朱福惠、聂辛东认为,宪法规范是部门法体系的核心规范,以宪法的创制性规范为立法依据,通过制定法律将宪法上的监察权和监察制度具体化。由于监察制度涉及国家权力监督体系的改革优化,属于监察法制的整体建构,因此需要一部全面而系

---

① 程衍:《论监察权监督属性与行权逻辑》,载《南京大学学报(哲学·人文科学·社会科学)》2020年第3期。
② 张梁:《新时代国家监察监督制度之建构理据、运行价值、效能增进》,载《西北民族大学学报(哲学社会科学版)》2020年第5期。
③ 王可利、刘旺洪:《监察信息公开范围初探》,载《江苏社会科学》2020年第2期。
④ 陈伟:《监察法与刑法的关系梳理及其症结应对》,载《当代法学》2020年第1期。

统地规定监察制度的法律,该法律是监察法体系的主干,而监察法则是监察法规范体系的纲领性法律,具有规范统领国家基本法律的作用与功能。① 秦前红、石泽华认为,监察法未来的法治化发展道路应按宪法→监察法律→立法解释→监察法规→监察解释→监察规范性文件的监察法法律规范体系继续探寻。② 聂辛东重点研究监察法规制定权限,通过"三维考察+三层掘进"的阐释模型发现,目前国家监察委员会既可以单独或者联合其他国家机关进行执行性立法,也可以就领导性管理事项进行创制性立法,还可以就法律的相对保留事项和监督性管理事项进行授权性立法。③

第二,监察法法律规范体系与其他法律规范体系的融通与衔接。监察法与其他部门法之间如何得以有效衔接,是监察法出台之后学界关注的重心所在,也是监察全覆盖动态化顺畅运行值得研究的重要课题。

一是关于监察法与刑法的衔接问题。监察法与刑法作为关联性法律,在理论与实践中存在非协调性与适用对接方面的困惑,这些问题如何解决在相当程度上会对监察法运行及监察体制改革的成效产生影响。因此,学者致力于厘清二者的关系,并对其中可能存在的问题仔细考察。李阳阳认为,基于法律秩序统一原则和新法优于旧法原则,为了实现刑法对妨害监察行为的有效规制,应当通过立法路径完善《刑法》相关规定,包括增设独立的"妨害监察罪"、修改相应犯罪中有关行为所处诉讼阶段的规定、将"监察人员""监察机关"新增到相应规定中、扩充打击报复犯罪对象的范围、将监察决定与监察建议补充规定为相应犯罪的对象、将被留置人补充规定为相应犯罪的主体或对象。④ 陈伟认为,监察法与刑法适用衔接中的症结表现在:在监察委员会调查职务犯罪及其实践运行过程中,会面临不同身份的混合性共犯、职务与非职务犯罪查处、监察调查中的时效适用、监察主体违法时的刑责等问题。需要在仔细辨清职务犯罪案件复杂性的同时保证监察法的顺利实施,在不违反刑事法治原则的前提下助推监察法反腐目

---

① 朱福惠、聂辛东:《论监察法体系及其宪制基础》,载《江苏行政学院学报》2020 年第 5 期。
② 秦前红、石泽华:《监察法规的性质、地位及其法治化》,载《法学论坛》2020 年第 6 期。
③ 聂辛东:《国家监察委员会的监察法规制定权限:三步确界与修法方略》,载《政治与法律》2020 年第 1 期。
④ 李阳阳:《妨害监察行为刑法规制的困境及其疏解——基于〈监察法〉与〈刑法〉衔接的视角》,载《学术交流》2020 年第 10 期。

标的渐进实现。①

二是关于监察法与刑事诉讼法的衔接问题。刑事诉讼法与监察法所规定的国家各级监察委员会所具有的职务犯罪监督、侦查和公诉职能存在程序性重叠。因此,二者的衔接引发学者高度关注。施鹏鹏、马志文认为,监察法与刑事诉讼法的衔接面临着深层次的内在诉讼价值冲突。监察法强调刑事司法的"犯罪控制价值",而刑事诉讼法力求"打击犯罪"与"保障人权"并重。内在价值的冲突让程序机制的衔接变得更为复杂,涉及"侦查"与"调查"的区分与衔接、职务犯罪案件的管辖衔接、强制措施衔接、退回补充调查的程序衔接以及认罪认罚程序的衔接等。②魏昌东认为,《监察法》在监察强制措施的立法设定方面存在审慎性上的缺失,由此导致监察调查权运行中的监察留置、监察调查以及监察强制候审措施等方面出现诸多理论与实践困境。应当融贯式借鉴刑事诉讼法的规定,构建"梯度式"监察强制措施体系,并增加"执业禁止类"强制措施。③陈辉、周东升认为,在权力腐败与黑恶势力犯罪的同步治理过程中,因监察法条款过于粗略、程序衔接条款相对匮乏等导致监察治理面临制度供给不足的问题,因此制定修改与监察法配套的法律制度,发挥宪法和刑事诉讼法对监察法漏洞的填补功能,健全涉黑职务犯罪治理的组织机构,是实现涉黑职务犯罪监察治理模式转型升级的有效路径。④

在职务犯罪问题方面,曹胜军、常保国认为,由于不同的法律职能的冲突,导致职务犯罪和腐败犯罪等适用法律的衔接上存在法律协同不明确、支撑理论散见等问题,应该明确以刑法和刑事诉讼法为主要理论支撑,从程序和职能上作监察法与这两部法律的衔接处理。⑤李昌盛认为,在确认职务犯罪嫌疑人的身份方面,监察法规定的调查程序与刑事诉讼法规定的诉讼程序存在一定差异,由此

---

① 陈伟:《监察法与刑法的关系梳理及其症结应对》,载《当代法学》2020年第1期。
② 施鹏鹏、马志文:《论刑事诉讼法与国家监察体制的衔接》,载《浙江工商大学学报》2020年第2期。
③ 魏昌东:《〈监察法〉监察强制措施体系的结构性缺失与重构》,载《南京师大学报(社会科学版)》2020年第1期。
④ 陈辉、周东升:《〈监察法〉实施背景下涉黑职务犯罪的治理模式及完善》,载《广西社会科学》2020年第12期。
⑤ 曹胜军、常保国:《监察法与刑法、刑事诉讼法的衔接问题研究》,载《社会科学辑刊》2020年第4期。

导致产生一系列法律理解和适用难题,应当确立涉案人员双重保障原则以合理解决此类问题。① 石经海认为,刑法在相应职务犯罪主体及相关犯罪对象、罪名体系、刑罚配置和认罪认罚从宽规定等方面,存在与监察法不相对接的诸多问题,需要分别采取相应的司法解释与立法完善路径以实现二者的全面有机对接。② 程龙认为,有必要将补充调查制度解释为检察机关与监察机关办理职务犯罪案件的共责条款,督促检察机关对职务犯罪案件作出实质性审查。检察机关的自行补充侦查是退回补充调查的例外,是职务犯罪案件补充的侦查手段。自行补充侦查虽不受制于监察调查的范围与内容,但也应在符合特定条件下实施。③

在认罪认罚从宽制度方面,林艺芳、张云霄认为,应当以国家监察体制和刑事诉讼程序的根本机理为出发点完善职务犯罪案件认罪认罚从宽制度,既要顾及党内监督与法律监督的相互关系,又要符合刑事司法的基本逻辑,统一适用前提,弥合程序裂缝,使之成为监察机关和司法机关合力共治、事先预防和事后矫治共同作用的有效模式。④ 孔令勇认为,新监察制度与认罪认罚从宽制度存在错位情况,应当将"认罪认罚"与"从宽"的适用在监察程序与刑事诉讼程序间进行合理分配;对认罪认罚的职务违法涉案人员适用从宽"处理";梳理、完善认罪认罚从宽在新监察制度中的启动条件,提高启动决策的参与度并降低启动标准。⑤ 孙国祥认为,与监察法粗疏和原则性的认罪认罚从宽规定相比,刑事实体法和司法解释对职务犯罪量刑情节的规定更加精细。监察机关在调查职务犯罪案件过程中,政策的灵活性考量与刑法的稳定性预期以及执行政策与依法办案的关系不能失衡。在涉及被调查人认罪认罚、自首、坦白和立功等从宽量刑情节的实体认定方面,需要依据刑法和司法解释的规定予以精准的专业把握。⑥

在监检关系方面,受制于监察调查案件的特殊性和监察权运行的科层化,

---

① 李昌盛:《监察体制改革后职务犯罪嫌疑人身份的确认》,载《湖北社会科学》2020年第5期。
② 石经海:《〈监察法〉与〈刑法〉衔接实施的基点、问题与路径》,载《现代法学》2020年第1期。
③ 程龙:《监督抑或共责:监察调查与刑事诉讼衔接中的补充侦查》,载《河北法学》2020年第2期。
④ 林艺芳、张云霄:《监察法与刑事诉讼法衔接视角下认罪认罚从宽的制度整合》,载《甘肃社会科学》2020年第2期。
⑤ 孔令勇:《新监察制度与认罪认罚从宽制度的错位及衔接》,载《安徽大学学报(哲学社会科学版)》2020年第4期。
⑥ 孙国祥:《监察法从宽处罚的规定与刑法衔接研究》,载《法学论坛》2020年第3期。

"退回或自行补查"的规范框架因成本过高而运行不畅。检察机关和监察机关转而达成了"边审查边补查"的非正式"契约",王怡然认为,在有限的审查起诉期限内配合完成证据补充和审查起诉工作,以"彼此交融"的形式实现利益兼得,塑造了证据补查的实践模式。对该模式的法理反思与评价,需摒弃僵化封闭的思维方式,以开放的态度观察其实践方式,分析其中的"变与不变",并探究其价值基础。① 吕晓刚认为,为解决监察调查与刑事追诉程序存在差异这一问题,检察提前介入机制被引入职务犯罪案件监察调查领域,针对介入过程中协助调查与公诉准备的角色定位冲突,在追诉职务犯罪目标统筹下予以平衡。② 卞建林认为,国家监察体制改革需要修改调整刑事诉讼法有关检察机关的侦查职权规定,进而解决监察制度与刑事诉讼制度的衔接问题。当前需从检察机关侦查权与监察机关调查权的协调、检察机关内部的分工与合作、检察机关侦查能力的培养与强化等方面着手。③ 吕泽华认为,现行监察法与刑事诉讼法规范下的监检关系呈现监察机关主导强势、法律监督缺省、侵权救济自监自纠等样态,与现行法治发展状态仍有差距,需要从立法上进一步明晰监检逻辑关系,理顺党委与监委关系,依靠实践理性推进监检关系的合理生成。④

三是关于监察法与行政法规体系的衔接研究。行政法没有统一的法典形式,主要由行政组织法、行政程序法、行政行为法、行政诉讼法等法律规范组成。目前,学界对政务处分法、国家赔偿法等法律与监察法的衔接较为关注。刘艳红、刘浩认为,政务处分法的制定是推进"纪法衔接"与"法法衔接"的重要环节。一方面通过构筑严密的职务违法惩戒法网以及完善的法治反腐规范体系,减少了"法法衔接"的阻力;另一方面有助于进一步明确党纪与国法之间的关系,并将监督执纪的"四种形态"充分运用到法治反腐实践中,有效地促进了"纪法衔接"。⑤ 彭思远、李照彬认为,在监察国家赔偿制度的过程中,监察法与国家赔偿

---

① 王怡然:《监察调查案件证据补查的理论模式及法理反思》,载《甘肃社会科学》2020年第3期。
② 吕晓刚:《监察调查提前介入实践完善研究》,载《法学杂志》2020年第1期。
③ 卞建林:《检察机关侦查权的部分保留及其规范运行——以国家监察体制改革与〈刑事诉讼法〉修改为背景》,载《现代法学》2020年第2期。
④ 吕泽华:《我国职务犯罪监察调查工作中的监检关系问题研究》,载《安徽大学学报(哲学社会科学版)》2020年第4期。
⑤ 刘艳红、刘浩:《政务处分法对监察体制改革的法治化推进》,载《南京师大学报(社会科学版)》2020年第1期。

法之间还存在一定的立法层面的滞后性,因此,有必要就监察法与国家赔偿法衔接中客观存在的规范粗略、心理抗拒和实践争议等问题进行深入检视,在深入分析监察赔偿案件未能受理的机制原因的基础上,立足国家赔偿实务层面,提出解决相关衔接问题的路径,构建监察赔偿案件基本审查的架构。①

6. 关于监察体制改革司法实践研究

面对深化纪检监察体制改革、健全党和国家监督体系的新任务,面对执纪执法贯通、有效衔接司法的新要求,学界进一步深入研究司法实践如何有效回应与调适国家监察体制改革,尤其是监察证据使用、审查起诉及留置措施等成为研究者们特别关注的问题。

第一,对监察证据使用的研究。在证据收集和使用上,赵冠男认为,职务犯罪监察调查程序中,在证据范围方面,刑事证据应遵循"宽进严出"的规则,保证纪检监察机关收集的材料均作为刑事证据得以出示;在证据收集方面,应遵循"就高不就低"的规则,提高纪检监察机关调查取证的法治水平;在非法证据排除方面,应以监察改革为契机,推动非法言词证据排除规则的进步,并建立有效的非法实物证据排除规则。②

在职务犯罪监察调查程序中,李海峰认为,在非法证据排除规则的运用方面,应通过厘清非法监察证据的本质与内涵、划定非法监察证据的排除条件、规范非法监察证据内部流转机制等途径,合理设定和完善非法证据排除规则适用的监察证据类别、监察排除模式以及监察排除规程,从而更好地实现非法证据在监察程序中的自我排除。③ 龚举文提出,应对非法证据排除的案件的关键在于转变办案理念和办案方式,切实提高审查调查能力和水平,在收集和固定证据上下功夫,在证明自身取证合法性和证据可采性上做文章,积极应对在审查起诉、庭审阶段可能出现的犯罪嫌疑人、被告人提出非法证据排除的情形。④ 张硕认

---

① 彭思远、李照彬:《监察国家赔偿案件受理机制研究》,载《四川师范大学学报(社会科学版)》2020年第6期。
② 赵冠男:《论职务犯罪监察调查程序中刑事证据规则的构建》,载《湘潭大学学报(哲学社会科学版)》2020年第5期。
③ 李海峰:《非法证据排除规则在监察程序中的价值预期与合理运用》,载《法治研究》2020年第6期。
④ 龚举文:《论监察调查中的非法证据排除》,载《法学评论》2020年第1期。

为,在法理上,监察法"监审一体化"的非法证据排除规则既有违监察规律,也不符合"以审判为中心"的司法改革方向,还涉嫌违反程序分离原则。因此,应完善以下四个方面:第一,在司法证据规则中,区分一般刑事案件与职务犯罪案件非法证据排除规则;第二,统一监察证据规则与司法证据规则中关于"监察非法证据"的认定标准;第三,在监察证据规则中,根据政务处分、职务犯罪处置等行为属性的不同,分别制定差异化的排除规则;第四,授权案件各个处理阶段的事实认定者根据个案情况,裁量决定是否排除非法证据。①

第二,对审查起诉问题的研究。一是对监察程序与审判程序之间矛盾的探讨。谢小剑等认为,职务犯罪监察调查制度中监察调查权强大,监察调查程序封闭,外部监督有限。为此,应当密切监察调查与公诉之间的配合关系,通过配合提高案件质量,满足审判中心的需要。② 陈小炜认为,监察委管辖的职务犯罪案件退回补充调查和自行补充侦查在实际运行中暴露出两者序位不清、自行补充侦查代替退回补充调查、退回补充调查时采取何种强制措施存在困惑、律师难以介入退回补充调查等问题。问题产生的原因既包括制度规定的残缺,也包括价值厘清的阙如,还包括检察机关对监察委制约手段的不足。③ 朱福惠认为,检察机关对监察机关移送起诉案件的合法性进行审查的过程中,只审查监察机关移送起诉案件的证据、事实和材料,并不判断监察立案和监察调查行为的合法性;如果检察机关审查后认为存在非法证据或者证据真实性存疑,则将案件退回补充调查或者要求监察机关履行补充证据和说明义务,但不能运用检察建议和纠正违法行为等法律监督方式。④

二是对监察程序与审查起诉程序衔接问题的研究。程龙认为,办案压力、侦诉权力具有控诉利益同向性的背景下,补充调查更可能体现出检察机关与监察机关相互配合、协作的功能,而非学界期望的监督制约功能。⑤

三是对留置措施的研究。国家监察体制改革用留置措施取代"两规"措施,

---

① 张硕:《监察案件非法证据排除制度体系:法理解构与实践路径》,载《政法论坛》2020年第6期。
② 谢小剑、李鹏云:《以审判为中心改革中监察案件的办理》,载《江西社会科学》2020年第12期。
③ 陈小炜:《监检关系视野下退回补充调查与自行补充侦查》,载《北方法学》2020年第6期。
④ 朱福惠:《检察机关对监察机关移送起诉案件的合法性审查——〈人民检察院刑事诉讼规则〉解读》,载《武汉大学学报(哲学社会科学版)》2020年第5期。
⑤ 程龙:《监督抑或共责:监察调查与刑事诉讼衔接中的补充侦查》,载《河北法学》2020年第2期。

留置措施体现了从党内措施到国家监察措施的转变,成为监察机关采取的限制人身自由的强制性措施。学者们以客观审慎的态度,对留置措施的性质、适用程序、提请程序、决定程序等一系列问题展开研究。孔祥承认为,目前学界对监察部门留置措施的性质尚未形成共识,无法指导实践。因此,应当以法律保留原则和比例原则作为权力运行的边界,以法律解释、法律漏洞填补作为规范充实的路径,对现行留置措施进行整合。一方面可以将留置区分为普通留置与重罪留置,另一方面可以将留置要件区分为作为基础要件的证据要件、作为否定要件的罪责要件以及作为核心要件的社会危险性要件。[①] 韩旭以 768 份裁判文书为例,发现监察法对留置措施的规定显得过于笼统,不利于对被调查人的人权保障。如我国监察留置措施平均期限为 2 个月左右,与羁押无异。在留置场所方面,自监察体制改革以来,随着检察机关反贪、反渎等部门整体转隶,留置场所出现原"两规"场所和看守所并存的局面。[②] 陈伟、郑自飞认为,应在程序对接中强化检察机关对被留置人的羁押必要性的司法审查机能,通过检察机关的外部监督强化监察机关适用留置措施的合法性和正当性,加强对被留置人的人权保障价值,突出检察机关的独立审查功能。[③]

7. 其他方面研究

这主要包括不同层面监察体制改革研究以及"两委"合署办公问题研究。

一是不同层面监察体制改革研究。陈朋对县域监察体制改革的实践进行探索,提出县域监察体制改革的三大实践策略为服从中央主导的政治策略、解决现实问题的切入策略和刚柔并济的行动策略。[④] 秦前红、石泽华系统梳理了我国高校监察制度的性质、功能与改革愿景,提出在廉政监察之外,国家监察不宜直接介入高校内部监督工作,可以通过强化对在高校学术专业发展方面具有监管职能的政府部门和专业性人民团体的监察,进一步推进高校内部监督法治化、规

---

① 孔祥承:《监察留置要件规范化研究》,载《学术交流》2020 年第 10 期。
② 韩旭:《监察委员会办理职务犯罪案件程序问题研究——以 768 份裁判文书为例》,载《浙江工商大学学报》2020 年第 4 期。
③ 陈伟、郑自飞:《监察机关职务犯罪调查案件的检察衔接及其制约》,载《湖北社会科学》2020 年第 6 期。
④ 陈朋:《县域监察体制改革的策略及其效能提升》,载《行政论坛》2020 年第 4 期。

范化。① 王旭认为,在套取高校科研经费行为的治理中,高校从事管理的人员被列为各级监委监督调查处置对象,国家监察法成为规制此类现象的前置法律依据。实现从刑法主导向国家监察法主导的归责模式转变,准确解释国家监察法相关条款并构建符合高校治理要求的监察程序,是合法规制高校科研经费套取行为的关键。②

二是"两委"合署办公问题研究。监委与纪委合署办公,既是继承以往纪检监察机关合署办公的经验,又是贯彻"在省市县对职能相近的党政机关探索合并设立或合署办公"的要求。但监察体制改革后,监察权从行政权中独立出来,监委也成为与"一府两院"并列的国家机构。因此,"两委"合署办公必然会引发一系列新问题。学者们主要对"两委"合署办公产生的问题及改进措施展开研究。骆成明提出,面对当前国家监察体制改革中出现的问题,应采取明晰监委与纪委职责衔接边界、赋予国家监委充分的立法权限、严密规范监委执法程序、增加监委必要的执法权限、加强对监委的监督约束五项举措予以解决。③ 何家弘认为,监委与纪委合署办公具有"政治属性"和"法治属性"双重属性。因此,在由立法机关、执法机关、司法机关组成的法治功能系统中,监察机关是重要的组成部分。④ 蒙慧、胥壮壮认为,纪委与监委合署办公体制的构建主要涉及机构设置、职责配备、办案程序以及制度保障等内容,应在"一套机构、纪法贯通、衔接配套"的框架设计下,规范纪委与监委组织机构的职责配备,建立纪委执纪与监委执法衔接机制,完善以监察法为中心的配套制度体系,进一步健全和完善纪委与监委合署办公体制。⑤

---

① 秦前红、石泽华:《我国高校监察制度的性质、功能与改革愿景》,载《武汉大学学报(哲学社会科学版)》2020年第4期。
② 王旭:《论套取高校科研经费治理的〈国家监察法〉适用》,载《法学杂志》2020年第7期。
③ 骆成明:《国家监察体制需要直面的问题及深化改革建议》,载《西北民族大学学报(哲学社会科学版)》2020年第4期。
④ 何家弘:《论监察委犯罪调查的法治化》,载《中国高校社会科学》2020年第1期。
⑤ 蒙慧、胥壮壮:《监察体制改革背景下纪委监委合署办公体制的构建》,载《中州学刊》2020年第7期。

(三)研究评价:贡献与不足

通过文献梳理可知,学界已从国家监察体制改革的动因、目的、意义、变迁、架构、监察权、监察法体系以及司法实践等方面进行了较为全面的论述,初步建立了相关理论体系。但同时也需认识到,研究中仍存在着一定的不足,需要在今后有所加强。

关于国家监察体制改革这一主题,已有研究成果的学术贡献主要表现在以下方面:

第一,深化监察体制改革研究空间。与往年相比,2020年监察体制改革研究成果在制度变迁及现实境遇方面更加深入,不仅以时间线索对中国古代、民国时期以及中华人民共和国成立以来的监察制度演变、经验及启示进行了较为系统的梳理,还结合改革中不断出现的新问题展开反思和对策研究,丰富了研究内容。

第二,重大问题上逐渐形成学界共识。如对监察体制改革的动因研究,学者们普遍提到了维护党的执政地位、提升国家治理体系和治理能力现代化、消解风险等关键词,并结合习近平总书记相关讲话,进行深刻阐释。又如对监察体制改革司法实践的研究,多集中于留置措施、审查起诉、监察证据这三个最具现实意义的议题上。学界共识的达成有助于形成学术热点,引发重大问题的系统性、深入性挖掘。

第三,为现实问题提供理论思路。监察体制改革不仅是制度层面的变革,还是现实层面的反腐败斗争。研究者们以国家监察体制改革中的重大现实问题作为主攻方向,产生了数量颇丰的学术成果,为监察权和监察法的合理形式提供了理论支持。不少研究观点或改进制度设计,或更新解决方案,为监察体制改革提供了有益的素材。

对当前学术贡献给予充分肯定的同时,我们也必须认识到研究仍存在一定不足,主要表现在以下几个方面:

第一,基础问题探究有待深化。其一,文本阐释研究多于理论创新研究。已有研究成果中的问题提出、必要性以及目的研究,在很大程度上仍禁锢于"跟随政策"或"文本阐释",理论方面的创新性成果较少。其二,理论体系研究不足。总体上呈现出就某一个具体的领域或方面展开探讨分析,缺乏全面性和系统性。如在理论借鉴方面,很少提及国外基本理论,本土化倾向更重。其三,相似性研究多于独特性研究。大多数研究成果在内容和形式上比较相似,借鉴性多于争鸣性。如对监察委员会职能的研究,多数集中于调查及监督方面,对处置方面的研究成果较少。

第二,研究视角有待拓展。其一,对策性研究多于根源性分析,对官方提出的问题关注较多,对不易察觉的现实问题关注较少。以上问题直接导致学界研究的实践导向,以"有用论"为原则的研究成果直接导致理论深度不足,甚至出现"模式化"倾向。其二,单学科研究集中。目前,相关研究以法学学科为主,对监察法、法律体系、司法实践等问题较为关注。然而,从机构改革、政治实践来看,监察制度改革也是事关全局的重大政治改革,因此,监察制度改革的政治学甚至跨学科研究仍待进一步深化。

第三,研究方法有待创新。在对已有文献的梳理方面,大部分文章都使用理论推演与文本分析的研究方法。然而,监察体制改革研究不仅是宏观理论阐述,而且要对中微观领域具体问题展开实证、案例、比较和系统研究,强化其现实和实践意义。

(四)研究展望:路径与方向

国家监察是全新课题,深化国家监察体制改革是一项长期而艰巨的政治任务。在新起点上深化国家监察体制改革,将触及更多深层次矛盾和问题。因此,学界必须不断加深对监察体制改革过程中遇到的新情况、新问题的研究,紧盯新时代背景下监察体制改革的关键议题。

1. 关于研究路径

深化监察体制改革研究,既要强调理论基础,又要观照现实,既要从西方改革经验中得出启示,又要关注政治文化的重要作用。因此,应该着重把握以下路径:

第一,加强国家监察体制改革基本理论的创新性研究。理论的产生离不开历史渊源和现实背景的构建,建议从反腐败、党的建设、政治制度改革、法律体系等方面作国内外理论的系统梳理,增强学理性和说服力,优化理论体系的系统性和完整性。

第二,加强不同学科对国家监察体制改革的独特性研究。就研究现状中存在的学科单一化问题,建议从不同学科领域出发,强化对国家监察体制改革问题多角度的研究。如在政治学领域可以加强对监察权性质与内涵的理论构建,结合中国共产党百年历程、历史成就和重大经验说明党的领导与国家监察体制改革的内在逻辑,运用历史学研究监察体制的演变,运用审计学对国家监察与国家审计的协作机制进行探讨等。

第三,强化定性描述与定量分析相结合的研究方法。2016 年三省市监察体制改革试点至今,改革实践过程中已积累了一批来源可靠、具有较高研究价值的数据。未来对国家监察体制改革实践的研究不妨借助互联网统计工具,结合具体数据进行定量分析,就基层或某一特定范围内监察体制改革实效进行统计分析,为改革效果评判编写量化标准。

2. 关于深化研究方向

建议研究者从以下方向深化监察体制改革研究:

第一,加强政治学、马克思主义理论学科的解释框架研究。在解释监察体制改革的内涵逻辑时,学界普遍以政策文本或西方理论作为直接阐释内容,这与改革现实及要求有些许差异。可借鉴政治学或马克思主义理论学科中丰富的解释框架与辩证思维,充分运用权力与法律关系理论、权力制约理论等内容为监察体制改革提供科学而系统的理论支撑。

第二,深化政治文化层面的理论研究。国家监察体制改革并非简单的、机械的制度与实践问题,其中还涵盖着我国"人情社会"下的政治文化问题。如"金钱政治""红包文化""圈子文化"等支配下的监察腐败现象,值得进一步深思和研究。建议研究者对腐败文化进行清晰的界定,从文化角度加强对监察体制改革的理论研究。

第三,深化监察体制改革的因果逻辑研究。为了回答监察体制改革中出现的现实问题,提升建设对策的准确性,研究者应该深入思考为什么会出现问题以及为什么用某种对策。解决了为什么的问题,才能在表象的起因与结果中找到联系,构建逻辑。

第四,深化辩证思维的关联性研究。研究者应该不断以发展的思维,对国家监察体制改革的历史演变与现实启示进行研究;也要以联系的思维方式拓展相关问题的论证分析,从全局观整体看待国家监察体制改革给中国监督制度、全面深化改革以及中国特色社会主义事业整体布局带来的重要影响。

三、腐败治理研究的回顾与展望

张益森

腐败是人民的公敌,古今中外执政者中的有识之士从未放弃探寻治理腐败之道。腐败治理是国家治理现代化的重要组成部分。赵乐际在十九届中央纪委四次全会上所做的工作报告中指出,十九届四中全会对坚持和完善中国特色社会主义制度、推进国家治理体系和治理能力现代化作出重大战略部署,对坚持和完善党和国家监督体系、强化对权力运行的制约和监督作出重大制度安排。这是推动中国特色腐败治理体系继续完善与发展的基本遵循。

2020年是全面建成小康社会和"十三五"规划收官之年,推进反腐败斗争意义重大。中国共产党不断深化全面从严治党,坚持和完善党和国家监督体系,强化对权力运行的制约和监督,一体推进不敢腐、不能腐、不想腐,为决胜全面建成小康社会、决战脱贫攻坚提供了坚强保障。长期以来,中国学界就腐败治理这一主题,围绕党和国家需要、社会舆论关注度高的许多现实问题,开展了大量卓有成效的研究工作,取得了不少成果。为更好地厘清中国腐败治理的研究现状和发展脉络,本章对2020年度学界的相关文献进行回顾与梳理,并尝试提炼研究成果和有益经验,提出对未来研究的展望。

(一)腐败治理体系的宏观理论研究

1. 一体推进不敢腐、不能腐、不想腐体制机制的相关理论研究

党的十八大以来,以习近平同志为核心的党中央在全面从严治党的实践过程中和总结党的建设历史经验的基础上,提出一体推进不敢腐、不能腐、不想腐的思想。一体推进不敢腐、不能腐、不想腐,是反腐败斗争的基本方针,也是新时

代全面从严治党的重要方略。这一重要指导思想在学界引起强烈反响,学界对此展开了持续的讨论。

朴林指出,坚持一体推进"三不腐"具有重要时代意义,它是对反腐败历史经验的重要总结、对反腐败思想理论的高度提炼、对反腐败现实情况的深刻把握、对国际反腐败经验的有益借鉴。贯彻落实这一方针的基本要求包括:加强一体推进"三不腐"的统一领导、贯通运用监督执纪的"四种形态"、提升一体推进"三不腐"的工作效能及其融合协同。要构建一体推进"三不腐"的体制机制,必须健全党和国家的监督体系、完善权力配置和运行制约机制、优化纪检监察监督机制、建立"三不腐"融合的具体制度。[①]

王世谊等认为,以习近平同志为核心的党中央提出新时代不敢腐、不能腐、不想腐建设的总要求是基于长期反腐败斗争正反两方面经验和教训的深刻总结。"三不腐"是辩证统一的有机整体,它包含的是法律、道德、制度的逻辑。党的十八大以来,全党高度重视新时代"三不腐"建设,取得了显著成效,积累了一定的成功经验。"三不腐"体制机制一体推进的实践路径是:健全问责机制,强化"不敢腐"的自律;加大制度供给,内化"不能腐"的自省;完善思想建设,深化"不想腐"的自觉。要以党的政治建设为统领,进一步完善国家监督体系,一体推进"三不腐"体制机制建设。新时代"三不腐"一体化推进的灵魂,就是要把旗帜鲜明讲政治贯穿于一体化的全过程,不断推动全面从严治党向纵深发展。[②]

夏丹波等认为,"三不腐"在反腐败目标、主体、状态、措施、力量与资源等方面相互贯通,浑然一体。一体推进"三不腐"有着马克思主义廉政观、中华民族优秀传统廉政文化以及中国共产党廉政文化等深厚的理论渊源。同时,作者总结提炼了习近平总书记在地方工作时的反腐败斗争实践经验,精准把握了党的十八大以来反腐败斗争的实际需要和实践逻辑,敏锐回应了新时代人民群众对廉洁政治的热切期盼,具有坚实的现实基础。[③]

黄晓辉等指出,不敢腐、不能腐、不想腐有各自不同的内涵和生成机理。由

---

① 朴林:《一体推进"不敢腐、不能腐、不想腐"的理论思考》,载《理论探讨》2020年第5期。
② 王世谊、周琴:《一体推进不敢腐、不能腐、不想腐体制机制研究》,载《廉政文化研究》2020年第5期。
③ 夏丹波、吴大华:《一体推进不敢腐不能腐不想腐:内在机理、理论渊源与现实基础》,载《宁夏社会科学》2020年第3期。

于建立起严密的监督制度和实施严厉的惩治措施,形成强大的外部震慑,权力主体不敢腐;由于科学配置权力和完善各项制度机制,把权力关进制度的笼子里,权力主体不能腐;由于实行合理的分配制度和开展有效的教育宣传,权力主体在"不必""不愿"和"不屑"的综合作用下达到不想腐。不敢腐、不能腐、不想腐既相对独立,又相互联系、相互促进,共同推动反腐败斗争深入开展。①

吴丽萍等认为,构建一体推进不敢腐、不能腐、不想腐体制机制是十九届四中全会明确的重要目标和任务,彰显了以习近平同志为核心的党中央在反腐工作上的大胆创新和坚定决心。不敢腐、不能腐、不想腐是一个有机整体,是标与本、惩治与预防、自律与他律的有机统一。当前,构建一体推进不敢腐、不能腐、不想腐的体制机制还存在系统理念未形成、体制机制不健全、反腐实践不充分不协调不平衡等问题,需要在党委统一领导下,树立"一盘棋"思想,在严明法纪、加快体制机制构建、加强廉政文化建设上形成闭环,持续发力,实现政治效果、法纪效果和社会效果有机统一,由不敢腐迈向不能腐、不想腐的新阶段。②

刘诗林认为,党的十八大以来,党中央坚持全面从严治党,向"不敢腐、不能腐、不想腐"的目标迈进,取得了显著成效。从实践来看,目前不敢腐的震慑已充分彰显,不能腐的笼子已初步构建,而不想腐的自觉还有待加强。作者对纪检监察干部开展了大样本问卷调查。调查结果显示,纪检监察干部普遍认为,在一体推进不敢腐、不能腐、不想腐体制机制的战略部署下,惩治丝毫不能松劲,监督权力的制度建设有待加强,警示教育仍十分重要,同时需要加强"三不腐"各类措施之间的相互融合,一体推进,使之同向发力。③

蒋来用就如何在国有企业构建一体推进不敢腐、不能腐、不想腐体制机制开展了问卷调查,发现国有企业一体推进不敢腐、不能腐、不想腐效果明显,反腐败力度大,腐败增量得到有效遏制,职工对企业纪检监察部门信任度较高,监督执纪有效,作风建设成效明显,关键人员廉洁度高,党建工作有效,职工对反腐败成

---

① 黄晓辉、高筱红:《论不敢腐不能腐不想腐的生成机理及相互关系》,载《中州学刊》2020 年第 12 期。
② 吴丽萍、王蔚:《构建一体推进不敢腐不能腐不想腐体制机制研究》,载《湖湘论坛》2020 年第 6 期。
③ 刘诗林:《"不敢腐、不能腐、不想腐"视角下的腐败治理成效与对策建议》,载《学校党建与思想教育》2020 年第 9 期。

效满意度高。但调查也发现,担心反腐败对企业发展造成影响,助长腐败的社会心理因素仍然较多,当前社会重利轻义倾向明显,领导人员八小时之外监督条件不充分、传统价值观念丢失严重、遏制腐败对策针对性不强等阻碍了"三不腐"的一体推进。调查结果表明,未来反腐败需要加大惩治力度,多用非刑罚手段精准惩治,多用身边案例开展警示教育,多措并举实现"不能腐";同时,增强法纪意识,加强制度约束力,进一步上下结合开展监督。①

2. 习近平关于党风廉政建设和推动反腐败斗争等方面的重要思想研究

在新时代、新形势下,抓好党风廉政建设和反腐败斗争,不断增强拒腐防变和抵御风险能力,对切实提高党的执政能力和领导水平具有重要作用。习近平同志对做好这方面的相关工作留下了许多重要指示。学者们普遍认为,习近平关于加强党风廉政建设和反腐败斗争的重要论述有着丰富的理论内涵,是习近平新时代中国特色社会主义思想的重要组成部分。

张荣臣认为,党风廉政建设和反腐败斗争是党的建设的重大任务,进入新时代,习近平继承和发扬了党的光荣传统和优良作风,对中国共产党今天的党风廉政建设和反腐败斗争进行了理论和实践上的发展与创新,形成了关于加强党风廉政建设和反腐败斗争的重要论述。在以习近平同志为核心的党中央持续努力下,全党锲而不舍落实中央八项规定精神,抓住管党治党"牛鼻子",严明政治纪律和政治规矩,净化党内政治生态,始终保持惩治腐败高压态势,持续形成强大威慑,不断把党风廉政建设和反腐败斗争推向新阶段。②

徐行认为,习近平关于高压反腐重要论述有着丰富的理论内涵,其核心涵盖了从严治党、有贪必肃、筑牢防线、标本兼治,把权力关进制度的笼子里等内容。党的十八大以来,习近平关于高压反腐重要论述在实践中取得了卓越成效,党内法规日益完善、党风逐渐好转,反腐败方式方法得到创新、巡视工作不断加强,国际追逃追赃工作取得了令人瞩目的成就,反腐败斗争取得了压倒性胜利。未来

---

① 蒋来用:《一体推进"不敢腐、不能腐、不想腐"状况研究——基于某国有公司问卷调查的分析》,载《行政管理改革》2020年第4期。
② 张荣臣:《把党风廉政建设和反腐败斗争进行到底——学习习近平总书记关于党风廉政建设和反腐败斗争重要论述》,载《湖湘论坛》2020年第5期。

要继续深入贯彻习近平关于高压反腐重要论述,需要一体推进不敢腐、不能腐、不想腐的长效机制,进一步强化对"一把手"的监督,制度治党与思想教育相结合,党内监督与党外监督相结合。①

汪少华、纪燕基于《习近平关于党风廉政建设和反腐败斗争论述摘编》中与廉政有关的语料,运用架构理论对其中的廉政话语进行认知分析。作者提取、分析语料中的隐喻性表层架构、非隐喻性表层架构和深层架构,归纳出廉政话语架构模式。廉政话语的构建以隐喻和架构为手段,围绕廉政建设议题,体现公正和法治的价值观,依据"人民利益至上"的基本原则,以多种话语表达凸显廉政工作者与腐败分子的多重对立角色,遵循捍卫人民利益、严惩腐败违法行为以实现公平正义的推论。依据该模式中的认知规律,作者总结出三个廉政话语架构的构建策略,即以价值体系为基石、遵循内在认知逻辑以及彰显中国文化特色。②

毕霞、林飞认为,只有深入推进反腐败斗争,减少腐败存量、遏制腐败增量,才能提高全党的凝聚力、号召力与执行力,将中国特色社会主义事业不断向前推进。党的十八大以来,以习近平同志为核心的党中央以作风建设为突破口,坚决反对和防止腐败,加强党内政治生态建设,取得显著成效,党内政治生态明显改善,不敢腐、不能腐、不想腐的体制机制逐渐形成,反腐败斗争取得压倒性胜利。作者发现,学界有关习近平党风廉政建设和反腐败斗争的研究成果呈爆发式增长,国内外学者较多从习近平党风廉政建设和反腐败斗争的背景条件、主要内容、特点以及现实价值等方面展开研究,成果丰硕。作者认为,其中的部分观点仍需加以商榷,研究领域和研究方法存在拓展与创新的空间。③

吕光明等指出,习近平党风廉政思想是习近平新时代中国特色社会主义思想的重要组成部分,它是在继承和发展中国共产党党风廉政建设和反腐败斗争经验并结合自身工作实践的基础上形成的系统完整、逻辑严密的治理体系。它

---

① 徐行:《习近平关于高压反腐重要论述的理论内涵与实践成效》,载《治理现代化研究》2020年第3期。
② 汪少华、纪燕:《中国廉政话语的架构研究——以〈习近平关于党风廉政建设和反腐败斗争论述摘编〉为例》,载《北京第二外国语学院学报》2020年第3期。
③ 毕霞、林飞:《习近平党风廉政建设和反腐败斗争研究的回顾与展望》,载《徐州工程学院学报(社会科学版)》2020年第3期。

指明了党风廉政的坐标,丰富了廉政治理的内涵,夯实了治国理政的基础。①

阳财婷等认为,习近平关于廉洁政治建设的重要论述,传承和发展了中国传统文化中的廉洁文化、马克思主义廉政理论和中国共产党治党经验,是对无产阶级革命斗争和建设实践经验的深入发展,具有深刻的历史渊源和丰富内涵。科学把握其核心意蕴,对于筑牢筑实党员干部的思想防线、推动构建完善的反腐倡廉体制机制、营造良好的社会文化氛围、提高中国共产党执政能力具有重要作用。②

(二) 腐败治理研究的热点领域

1. 脱贫攻坚与乡村振兴背景下的基层腐败治理

习近平同志在十九届一中全会上强调,全面建成小康社会要得到人民认可、经得起历史检验,必须做到实打实、不掺任何水分。脱贫攻坚工作是全面建成小康社会的重中之重,全面打赢脱贫攻坚战是中国共产党向全国人民作出的郑重承诺。扶贫工作中出现的基层腐败现象直接影响着扶贫成效乃至农民的获得感,成为新时期反腐败工作的重点。

廖金萍等基于交易成本政治学的分析框架,对基层扶贫工作中的"微腐败"现象进行了研究。作者认为,在多重、复杂的委托—代理关系和扶贫任务繁重的背景下,信息拥堵、机会主义和资产专用性引发了政治交易成本,同时诱发了"微腐败"问题。要改变这种政治效率低下、"微腐败"高发的状态,就要找到降低政治交易成本的方法。研究表明,可以从建立承诺机制、引入差异化竞争激励机制、完善乡村治理规范体系以及建设大数据共享平台四个方面解决基层扶贫"微腐败"问题,提高精准扶贫成效。③

---

① 吕光明、王茜、秦利民、康璇:《习近平党风廉政思想的历史根基、科学内涵与时代价值》,载《中共乐山市委党校学报(新论)》2020年第2期。
② 阳财婷、刘纯明、李青嵩:《习近平关于廉洁政治建设重要论述的渊源、意蕴、启示》,载《攀登》2020年第6期。
③ 廖金萍、廖晓明:《基层扶贫"微腐败":生成逻辑与治理路径——基于交易成本政治学分析框架》,载《求实》2020年第2期。

许晓等认为,在脱贫攻坚的收官阶段,村干部集体腐败现象威胁到贫困治理目标的实现。从类型学上看,精准扶贫领域的村干部集体腐败主要有横向腐败同盟及混合腐败同盟两种。前者的形成与关系型的乡村社会紧密相关,后者的形成则是压力型体制下各级基层干部非正式互动长期累积的结果。同时,二者均内生于失衡的村庄权力格局之中,因而具有极强的顽固性。治理这一系统性问题,可以从上下两个方向推进,既要依靠嵌入乡村治理结构的外部力量,充分发挥驻村干部的监督控权效力,推动国家监管力量下沉,也要注重村庄内部村民主体作用的提升,形成自觉抵制腐败的社会风气。①

徐铜柱认为,有效治理村干部腐败问题是乡村治理现代化的应有之义。村干部腐败主要体现为:在承接国家资源和管理集体资源的过程中呈现出滥用职权、克扣私分、虚报冒领等形式;村干部在治理村级事务和实施村民自治的过程中表现出吃拿卡要、拉票贿选等不同的腐败方式。应从资源和秩序的视角探讨村干部腐败治理对策,包括通过党建引领、构建防腐机制、加强政策渗透力、建立"三资"管理机制、预防"利益联盟"等途径治理村干部侵占公共资源的腐败行为;运用廉政教育、职能监管、健全"四个民主"的运行机制等方式治理村干部破坏乡村公共秩序的腐败行为。②

李芳凡等认为,村干部合谋腐败主要表现为合谋截留、合谋贪污、合谋骗套、合谋造假。村干部合谋腐败的原因是个体腐败无法适应当前农村现实,以及合谋腐败较之个体腐败具有获取高额不正当利益、腐败成本较低和腐败行为较隐蔽等优势。从村干部合谋腐败的形成机理分析,权力观念的异化和群体间"官场规则"的影响使村干部形成合谋团体,村干部之间的声誉机制及腐败行为的重复发生使村干部合谋团体得以维持,制度漏洞、村级腐败查处力度有限、农村现实情况使村干部合谋行为不断社会化。治理村干部合谋腐败,应加强村集体财务审计与管理,发挥基层组织作用,增加村级政务信息透明度,提升"拍蝇"频率,加大惩处力度,加强基层反腐倡廉教育。③

---

① 许晓、季乃礼:《精准扶贫中村干部集体腐败的形成机理及治理路径》,载《湖北民族大学学报(哲学社会科学版)》2020年第2期。
② 徐铜柱:《资源与秩序双重维度下的村干部腐败及其治理研究》,载《社会主义研究》2020年第1期。
③ 李芳凡、叶杜诚:《村干部合谋腐败的机理与治理路径分析》,载《领导科学》2020年第2期。

郝端苗认为,村干部在乡村振兴中扮演着重要的角色,是农村建设发展的推动者。然而,近年来,村干部贪污腐败问题逐渐凸显,助长了基层社会不正之风,不得不引起社会的高度重视。作者基于理性选择制度主义视角,将村干部视为一个"理性经济人",通过对村干部腐败的成本—收益分析、行为选择分析,重点探索影响村干部腐败的制度成因。作者提出了完善村干部选拔制度、构建社会多元监督体系、加大法律惩罚力度等多维治理路径。①

2. 高校腐败治理

高校是培养德智体美劳全面发展的社会主义建设者和接班人的重要阵地。把全面从严治党、反腐倡廉各项要求落细落小落实,贯穿管党治党、办学治校全过程,营造风清气正的校园政治生态十分重要。

伍海泉基于公权视角对大学场域各类权力进行审视。在不同学科的语境下,大学存在不同的权力谱系与权力来源。大学场域的公权力包括国家公权力、社会公权力和国际公权力。大学公权力是国家公权力的让渡与赋权,是大学作为公共组织行使的能影响师生与社会公众权利义务的能力。大学本应是传播高尚文化的清廉净土、社会文明的灯塔,但商业文明催生的利己主义、拜金主义不断侵蚀着校园。在权力机制作用下,大学公权力的寻租与腐败具有一定的隐蔽性和破坏性。大学公权力治理的关键是加强大学自身的治理体系与治理能力建设,积极推进大学公权力治理与完善国家监察体系相结合以及大学公权力治理与大学学术治理相结合。依法界定国家监察与大学内部治理的边界,既要防止出现监察盲区,又要避免国家监察权越位滥用。这需要加强学术自律,防止学术权力的寻租与腐败;深化政府"放管服"改革,遵从大学的学术逻辑与学术规律,回归学术本位。②

徐国冲等借鉴"腐败市场"理论,研究中国高校的腐败是否遵循权力定价规律。腐败金额反映了腐败人员在腐败市场上获取自身利益的能力,也反映了行

---

① 郝端苗:《乡村振兴背景下村干部腐败的成因及治理路径——基于理性选择制度主义的视角》,载《六盘水师范学院学报》2020年第5期。
② 伍海泉:《大学公权力:概念、溯源与治理——基于国家监察治理的视角》,载《教育研究》2020年第10期。

贿者进行交易所付出的成本。该研究基于对2000—2018年中国高校腐败数据库的实证分析,发现不同的业务领域、高校所在地区、腐败人员职务级别对涉案金额具有显著的影响。从涉案数量来看,基建和财务领域是高校腐败的高发区;从地区差异来看,东部地区相较中西部地区案件数量更多;从涉案人员职务级别来看,院级领导的涉案数量更多;从高校类型来看,"985"高校的涉案金额中位数明显高于其他类型高校。研究表明,高校腐败金额的结构性差异基本符合"腐败市场"理论的预设——公权力的价格会受到腐败领域、高校所在地区经济环境以及公职人员手中权力大小的影响。①

徐国冲等通过对2000—2018年608份司法裁判文书的分析,比较了六种腐败类型的分布差异,试图夯实高校腐败研究的微观基础。研究结果表明:华东地区腐败案件数量最少;财务和基建领域腐败案件数量最多,且财务领域贪污和挪用公款案件明显高于其他腐败类型;重点高校的腐败案件数少于普通本科和专科院校;院级人员涉及的腐败案件远高于办事员和校级人员;在窝案串案中,贪污案件发生频次最高;个体腐败中,滥用职权案件发生频次最高。未来高校廉政建设既要从高校腐败的地区、领域、学校类型、罪犯职务等方面着手进行精准化反腐,又要从正式制度和非正式制度两方面双管齐下。②

李莉莎通过研究2007—2019年高校腐败犯罪裁判文书发现,高校腐败犯罪经历了从快速增长到逐步回落的过程,在数量变化、罪名分布、地域分布、发生层级、犯罪形式、主体职级以及案发领域等方面呈现出独有的样态特征。作者运用犯罪遏制论分析高校腐败犯罪样态成因,认为高校腐败犯罪总量变化与国家对腐败犯罪"外部遏制"的增强、大量腐败犯罪暗数被揭露有关;与高校职务人员抗御腐败犯罪"外部拉力"减弱、自身腐败犯罪"内部推力"增加有关;与高校以制度控制和文化引领为主要内容的腐败犯罪"外部遏制"减弱有关。数据统计研究和典型个案剖析表明,高校腐败犯罪随"外部遏制"与"内部遏制"强弱变化而有规律地起伏。据此,在国家加大腐败犯罪"外部遏制"的背景下,增强腐败犯罪的高

---

① 徐国冲、乔琳、谭超:《从涉案金额透视我国高校腐败特征——基于权力定价的视角》,载《辽宁行政学院学报》2020年第2期。
② 徐国冲、唐谢丽、吴筱薇:《我国高校腐败的结构化特征——基于608份司法裁判文书的文本分析》,载《莆田学院学报》2020年第1期。

校"外部遏制"和职务人员"内部遏制",是提升高校腐败犯罪预防效能的应然之举。①

黄清波通过挖掘"不想腐"在宏观、中观和微观层面的深层意义,梳理"三不腐"的逻辑演进,将"不想腐"划分为心态上的"不安腐"、认知上的"不必腐"、意愿上的"不愿腐"和立场上的"不屑腐"四个层级,并据此提出了全方位监督、全要素激励、全流程管控、全覆盖教育的四维路径建构。"不想腐"意味着高校教师精神境界的提升和道德情操的升华,在宏观、中观和微观层面保持反腐意识的先进性和纯洁性。②

"不想腐"作为反腐斗争的最高境界,并非一蹴而就。主观层面"不想腐"目标的达成,需要客观层面"不敢腐"和"不能腐"的支撑,通过外部的制度约束促进内部能动意识的提高。因此,"不想腐"并非大而化之的抽象概念,而是有着内生性的逻辑和层次。具体而言,技术层面要加大监管力度,增加腐败成本,使得高校教师"不安腐";经济层面要优化激励手段,瓦解腐败动机,使得高校教师"不必腐";制度层面要强化流程管控,压缩腐败空间,使得高校教师"不愿腐";意识层面要重塑信念教育,划清腐败红线,使得高校教师"不屑腐"。

3. 国有企业腐败治理

国有企业是中国特色社会主义的重要物质基础和政治基础,是党执政兴国的重要支柱和依靠力量。促进国有企业健康发展是事关国家治理现代化的重大课题。十九届中央纪委四次全会强调,要加大国有企业反腐力度,加强国家资源、国有资产管理。这对深化国有企业腐败治理提出了新的目标和要求。

陈健认为,随着新一轮国企改革的启动,只有坚定走中国特色的现代国有企业道路,进一步构建符合新时代要求的国企反腐倡廉和监督的新常态,才能推动国企治理体系和治理能力现代化,确保国企改革沿着正确的方向前行。为构建适应时代发展的国有企业腐败治理机制,要从全面从严治党高度来加强顶层设

---

① 李莉莎:《遏制论视野下高校腐败犯罪大数据分析——基于 2007 至 2019 年高校腐败犯罪的实证》,载《兰州学刊》2020 年第 8 期。
② 黄清波:《高校教师"不想腐"的逻辑演进及路径建构》,载《福建师范大学学报(哲学社会科学版)》2020 年第 4 期。

计,从推进国企治理体系和治理能力现代化的角度来深刻谋划,坚定理想信念,筑牢思想堤坝,创新选人用人机制,把好关口,运用大数据等新技术磨砺反腐利器,坚持零容忍、全覆盖,保持震慑常在。①

姚桂艳基于交易成本政治学的视角对国有企业高管腐败的生成逻辑与治理路径进行探索。政治交易成本概念是美国经济学家、历史学家诺斯在其文章《交易费用政治学理论》中首次提出的,文章将经济领域的市场引入政治领域并形成政治市场,承认交易成本不仅存在于经济市场,而且也存在于政治市场。交易成本政治学就是以政治效率为主题,利用政治交易成本这一解释变量,阐释公共权力行使部门的治理机制问题,以实现政府的有效治理和资源的优化配置。相关理论认为,降低政府治理过程中的交易成本,通过建立承诺机制、引进竞争激励机制、完善信息透明机制等手段,可以遏制权力行使主体的腐败行为。从交易成本政治学的视角看,在复杂的政治合同委托代理关系中,机会主义、资产专用引发了国有企业高管腐败问题,增加了政治交易成本。要改变国有企业效率低下、腐败高发的状态,就要降低国有企业政治交易成本。可从建立承诺机制、引入激励竞争机制和完善信息透明机制三个方面来解决国有企业高管腐败问题,切实提高国有企业治理水平。②

一些学者采用定量分析方法对国有企业的腐败现象及其治理开展实证研究。应千伟等就腐败治理与国有企业代理成本的关系等问题进行研究。如何有效降低国有企业的代理成本既是重要的理论问题,又是社会普遍关心的现实问题。基于十八大以来全面反腐倡廉这一准自然实验的实证检验结果显示:腐败治理显著降低了国有企业的代理成本,并且这种效应在地区腐败程度较高、腐败治理力度较大的国有企业中更为显著。进一步研究发现,腐败治理对国有企业代理成本的抑制作用主要体现在高管晋升预期较强的企业中,这说明强化外部监督与优化晋升激励相互配合在国有企业治理中具有重要作用。③

陈林荣等研究了国有企业高管腐败的诱因。他们认为,中国国有企业高管

---

① 陈健:《完善国有企业腐败治理长效机制》,载《中国党政干部论坛》2020年第5期。
② 姚桂艳:《国有企业高管腐败的生成逻辑与治理路径——基于交易成本政治学的视角》,载《领导科学》2020年第12期。
③ 应千伟、杨善烨、张怡:《腐败治理与国有企业代理成本》,载《中山大学学报(社会科学版)》2020年第6期。

具有准官员性质,对职务晋升有着很高的预期。同时,作为降低公司内部各层级代理成本的内部控制存在缺陷。他们以 2010—2018 年国有上市公司高管腐败的数据为样本,探究公司内部控制缺陷、政治晋升预期与高管腐败之间的关系。研究发现,公司内部控制缺陷会诱使高管进行更多的腐败行为,政治晋升预期与高管腐败呈显著负相关关系,并且政治晋升预期可以在一定程度上缓解公司内部控制缺陷诱发的高管腐败行为。其研究结论为政府相关管理部门建立合理的激励机制以综合治理高管腐败行为提供了有益的启示。[①]

覃予、李宗彦的一项研究基于 A 股 301 家国有上市公司 2010—2016 年的平衡面板数据,检验了反腐败治理中高官落马如何改变国企高管显性货币薪酬与隐性超额在职消费对公司业绩的激励效率。结果表明,与央企的双重激励对公司业绩始终无明显影响不同,高官落马人数越多的地区,地方国企高管的超额在职消费对业绩的激励效率越高,但高管货币薪酬的激励效率却越低,且该现象突出体现在党的十八大后。这是因为地方国企高管在高官落马的震慑下更倾向于用显性激励替代隐性激励。进一步研究表明,在高官落马人数多的地区,地方国企高管的超额在职消费可通过提高投资效率最终实现业绩增长。这表明,反腐败仅是提高国企高管隐性激励效率的治标之策,只有同时完善内部治理环境,方能从根本上提高国企高管整体激励效率。[②]

4. 高级干部、"一把手"等关键少数的腐败及其治理

"关键少数"身处关键领域、关键岗位,是全面推进国家治理体系和治理能力现代化的组织者和推动者。[③] 抓住高级干部等"关键少数"是新时代中国共产党治国理政的重要途径。以"一把手"腐败为代表的关键少数腐败往往是关涉广泛、危险程度很高的腐败,也是最难以治理的腐败现象之一。这也引起了学界的高度关注。

---

① 陈林荣、叶余华、石佳妮:《内部控制缺陷、政治晋升预期与高管腐败》,载《财务与金融》2020 年第 4 期。
② 覃予、李宗彦:《腐败治理能改善国企高管双重激励的效率吗?——基于高官落马视角的实证研究》,载《当代经济管理》2020 年第 1 期。
③ 田长生:《系统论视域下"关键少数"在政治生态净化中"关键作用"的系统发挥》,载《系统科学学报》2020 年第 3 期。

金鸿浩、胡丹认为,为提高惩治和预防腐败工作的现代化、科学化、精细化水平,有必要厘清领导干部腐败生成规律的一些误区。该研究统计了十八大以来(2012年11月至2017年11月)125名涉嫌职务犯罪的省部级及以上领导干部的腐败案例,对腐败的预备行为、实施行为和相关腐败预防措施的公共认知进行实证评价。从这125名高级领导腐败案例来看,人们对腐败成因"性恶论"的认知具有局限性,"性恶论"观点缺乏实证数据支持,领导干部特别是高级领导干部腐败的根因与制度缺失有关。领导干部特别是高级领导干部腐化,不能单以"性恶论"来"盖棺论定"。分析发现,这125名高级领导干部并不是一直腐败,大多数在成长初期是相对廉政和能力突出的。对于腐败成因的分析,有必要采取新制度主义的分析范式进行深入探讨。比如,理性选择制度主义理论就很好地解释了腐败成因。当制度发生变化时,受信息的影响,包括领导干部、行贿者在内的关系人会经过计算作出相应的行为选择。"高压反腐"模式对阻却腐败生成存在一定的局限性,应坚持阻断腐败供给、腐败需求和腐败扩散多策并举,通过标本兼治实现廉洁政治。①

金鸿浩、童庆庆认为,全面从严治党向纵深发展迫切需要总结腐败的规律性特征,提升当前和下一阶段反腐败工作的精准性、科学性和及时性。十八大以来,部分高级领导干部的政治腐败、经济腐败、生活腐败相互交织,具有明显的主体特征、时间特征、空间特征、类型特征,汇聚成高级领导干部腐败犯罪的"大数据画像"。政治权力异化内因、政治生态恶化诱因和政治监督弱化外因是腐败犯罪生成的重要原因。要强化腐败惩治增强"不敢腐"的法治震慑,优化腐败预防增强"不能腐"的机制保障,改进廉政教育增强"不想腐"的政治自觉,一体推进廉洁治理。②

田国良通过对改革开放以来移交司法机关查处的370个高级干部(包括"中管干部"和副省部级以上干部、部队少将以上干部)腐败案例的研究,分析高级干

---

① 金鸿浩、胡丹:《关于领导干部腐败生成规律三个认知误区的探讨——基于对十八大期间125名高级领导腐败案例的分析》,载《领导科学》2020年第8期。
② 金鸿浩、童庆庆:《高级领导干部腐败犯罪的"大数据画像"及廉洁治理对策——基于十八大以来125个腐败案例的实证分析》,载《中共天津市委党校学报》2020年第3期。

部腐败的现象和原因,提出防止高级干部腐败的对策措施。作者认为,高级干部腐败的治理是一项极其复杂而重要的工程,需要从筑牢组织堤坝、扎紧制度篱笆、坚固思想防线三个方面综合施治,从根源上铲除腐败发生的土壤。具体来说,可以从六个方面着手:以德为先考察选拔领导干部、辩证看待年轻后备干部培养、杜绝"带病提拔"领导干部、对权力实行全方位制约和监督、重点监督"一把手"、强化党性修养以坚固思想防线。①

李剑指出,由于"一把手"的特殊性,与其他类型的党政干部比起来,其腐败的程度,包括腐败率和腐败情节都会更加严重。"一把手"违纪违法最易产生催化、连锁反应,甚至造成区域性、系统性、塌方式腐败。因存在职务犯罪主体长期心理病变、事中监督机制未有效运行、事后缺乏执法的严格问责机制等因素,以及受体制机制不完善、"一把手"特殊位置等因素影响,对"一把手"的监督仍存在一些问题。在高压反腐态势下,仍有一些主要领导干部不收敛不收手、甘于被"围猎",并表现出受贿金额大、节日腐败等特点,其贪腐行为所形成的腐败圈,破坏了基层政治生态。治理"一把手"腐败问题,须从源头抓起,既要加强对其教育管理监督,又要坚持靶向整治、精确惩治,从思想预防、制度预防、监督预防等方面齐头并进,深化标本兼治,一体推进不敢腐、不能腐、不想腐。②

何旗指出,"一把手"腐败是政治生态严重的"污染源",正因如此,党的十八大以来,党把"关键少数"作为治理腐败的重中之重。基于对党的十八大后 36 名省级党委书记腐败案例的研究发现,与一般省部级"老虎"相比,作为执掌一方权柄的省级党委书记,其腐败行为的共性特征主要表现为:拉帮结派,更容易结成腐败圈子;边腐边升,更容易导致腐败潜伏;权力外溢,更容易形成家族腐败;政经交织,更容易产生严重政治危害;贪图享乐,更容易形成腐败温床;"前腐后继",更容易损害地方政治生态;跨省感染,更容易大面积蔓延,极易产生巨大且持久的蝴蝶效应。在其渗透污染下,扭曲政治文化的型构向度,污染政治生态植被;严重削弱政治制度的规制功能,腐蚀政治生态肌体;破坏权力运行的生态平衡,导致政治生态恶化。要全面净化修复被污染的政治生态,必须把抓反腐与促

---

① 田国良:《高级干部腐败现象分析及治理对策》,载《中国领导科学》2020 年第 4 期。
② 李剑:《一把手腐败:案件特点、生成模式与治理路径》,载《黔西南党校论坛》2020 年第 1 期。

改革作为标本兼治之策,既要做好政治原生态变异的修复,又要做好政治新生态的培育。①

(三)腐败治理的制度设计

1. 纪法关系的讨论:促进纪法衔接与纪法协同

2020年6月20日,十三届全国人大常委会第十九次会议表决通过《公职人员政务处分法》。这是中华人民共和国成立以来第一部全面系统规范公职人员惩戒制度的国家法律。通过立法健全完善政务处分制度,是强化对公职人员监督的需要,也是完善党和国家监督体系、推进国家治理体系和治理能力现代化的重要内容和重要保障。一些学者也借此契机对腐败治理实践中的纪法关系展开讨论。

夏伟认为,以监察体制改革为界线,党纪与国法之间的关系经历了从"纪法分离"到"纪法衔接"的变迁历程。法治反腐不能仅依靠国法,因为法的空缺性决定其腐败预防的不及时性及腐败治理的不全面性;而法的开放结构,又为国法接纳党纪,共同服务于法治反腐实践奠定了法理根基。在坚持法治反腐理念的前提下,充分利用中国特色反腐实践过程中积累的党纪资源优势,促进"纪法衔接",是监察体制改革全面深化阶段的重要目标。在法治反腐意义上,党纪与国法之间不具有可比性,因此,不论是强调"党纪高于国法"还是认为"国法高于党纪",都是伪命题。正确发挥党纪与国法在法治反腐中的功能,就必须要以两者为基本素材,构建体系化的法治反腐规则。②

蒋凌申认为,纪法协同作为监察体制改革的核心环节,是腐败治理体系内党纪规范系统与监察法律系统的协同,本质是监察工作领导主体利用自身的纪检机关与党纪规范治理党员干部的优势,依循法治规律,以监察法律为核心,支持监察机关推进监察职能效能化,同时依托监察体制的法治平台实现依法从严治

---

① 何旗:《一把手腐败与政治生态污染及其修复——基于党的十八大后36名省级党委书记腐败案例的剖析》,载《理论探索》2020年第1期。
② 夏伟:《监察体制改革"纪法衔接"的法理阐释及实现路径》,载《南京师大学报(社会科学版)》2020年第1期。

党之使命。《监察法》制定后,监察职能效能化将有效治理与实质法治化作为努力方向,纪法协同以实现两者的有序平衡为基本要求。纪法协同是党政协同治理模式向腐败治理领域的延伸,其制度背景是纪法同源。监察法的诸多机制乃行之有效党纪制度的法律化,具有深厚的实践基础,但目前依然存在"纪法融合""纪法平等""法治教条主义"及"法治虚无主义"等观念误区,需克服监察职能效能化法律规范不足、纪法转型遗留问题较多等实践障碍。纪法协同需进一步理顺纪法关系,突出"纪法贯通",并明确领导主体和执行主体的关系;增强监察法对纪法协同的指引效果,在党纪规范中加重"法治纪律"之要求;加强纪法协同的成果转换,将行之有效的党纪规范法治化,推进留置等监察措施的实质法治化,从纪法复合角度完善纪检监察人才队伍的建设。[1]

刘艳红等认为,制定政务处分专门法律是推进"纪法衔接"与"法法衔接",完成监察体制改革全面深化阶段目标的重要环节。《公职人员政务处分法》具有前承党规党纪、后接刑事法律的功能,它的制定有力地推动了政务处分的法治化与规范化。该法对国家监察体制的法治化推进主要体现在对"法法衔接"与"纪法衔接"的推动上。一方面,该法通过构筑严密的职务违法惩戒法网以及完善的法治反腐规范体系,减少了"法法衔接"的阻力。另一方面,该法有助于进一步明确党纪与国法之间的关系,并将监督执纪的"四种形态"充分运用到法治反腐实践中,有效地促进了"纪法衔接"。[2]

王军仁指出,推进国家监察体制改革,改"纪"为"法",传统政纪处分制度由此嬗变为新的政务处分制度。在概念上,"政务处分"实现了对"政纪处分"的超越,结束了长期以来聚讼不已的"行政处分"(政纪处分)的广狭定义之争,也弥合了长期以来立法与实践的巨大反差,使得公职人员惩戒制度从立法到实务都统一到"政务处分"这一概念上,做到了真正意义上的名实相副。相较于政纪处分制度,新确立的政务处分制度既继承了其有益成分,又在处分依据、处分主体、处分对象等方面有所创新,并使政务处分责任的制度要素日趋清晰。新的

---

[1] 蒋凌申:《论监察体制改革中的纪法协同》,载《南京大学学报(哲学·人文科学·社会科学)》2020年第3期。
[2] 刘艳红、刘浩:《政务处分法对监察体制改革的法治化推进》,载《南京师大学报(社会科学版)》2020年第1期。

政务处分制度不但增强了外部化、法律化,还在制度要素上表现得更加清晰,日益摆脱处分依据模糊不清、处分主体到底是谁、处分对象宽窄不一的争论,走上健康发展之路。随着党和国家监督体系的进一步健全完善,政务处分制度在与党纪处分制度相匹配的同时,越发凸显出规制职务违法的独立制度价值。①

2. 腐败治理与审计监督

国家审计是国家治理的重要组成部分,腐败治理是国家治理的重要课题。国家审计在腐败治理中具有独特优势和重要作用,并已经在揭露查处腐败行为、促进建立健全反腐倡廉机制和领导干部廉洁自律等方面发挥了积极成效。审计监督也有利于政府问责的规范化和责任政府的建立,政府问责的有效开展可以遏制腐败的发生,为腐败治理提供有效的途径。

高晓霞等认为,国家廉政体系实质上就是国家治理过程中形成的权力监督与问责体系。审计监督作为国家治理体系中一项重要的政治制度,是权力监督体系的一个基本组成部分,也是腐败治理体系的支柱之一。国家审计既是国家治理体系中的一种权力监督机制和问责制度,同时也是一种信任增进机制。国家审计是基于委托人对代理人的合理怀疑而实施的审计监督,其发挥作用的一个前提是委托—代理关系下公众对政府公共权力行使者的不信任。如果说信任是建设民主政治的基础,那么问责就是审计监督存在的理由。国家廉政体系中的审计监督通过风险预防、绩效评价、权力控制和信息公开等机制发挥信任增进功能进而涵育信任文化。因此,审计监督可以增进信任,但是信任不能代替监督,更不能削弱作为民主治理基石之一的问责。②

陈丽红等认为,健全的腐败审计理论框架是指引国家审计发挥腐败治理作用的关键基础。可以从六个方面构建国家审计推动腐败治理的理论框架:一是结合国家审计改革的目的以及党和政府对腐败治理的要求,明确腐败审计目标;

---

① 王军仁:《论政务处分制度对传统政纪处分制度的扬弃与超越》,载《安徽师范大学学报(人文社会科学版)》2020 年第 6 期。
② 高晓霞、钱再见:《在信任与问责之间:国家廉政体系中的审计监督研究》,载《南京社会科学》2020 年第 7 期。

二是界定腐败审计主体与客体;三是拓展腐败审计模式与方法;四是完善腐败审计报告和公告制度;五是健全腐败审计结果运用机制;六是完善腐败审计整改落实机制。①

黄苏芬等认为,国家审计是国家监督体系的重要组成部分,是腐败治理的关键环节。腐败治理离不开国家审计,但审计效用的有效发挥必须明确自身的独立定位。国家审计对履行公共责任过程中因公共权力运行可能引发的腐败问题担负着重要的监督责任。公共责任有很多种,但国家审计主要监督的是国有资源经管责任,主要包括使用国有资源完成相关目标过程中因财务责任(财政财务收支)和业务责任催生的腐败问题。为了更好地建立国家的廉政体系,充分利用国家审计的反腐功能,可以采取以下国家审计参与腐败治理的具体措施:完善法律,用法律来保障国家审计的独立性;明确国家审计参与腐败治理的职责和界限;完善国家审计公告制度,加强问责制度的建设等等。②

靳思昌认为,目前,国家审计主要采取事后审计模式,缺乏事前预防和事中控制,难以有效遏制公共资金、公共权力、公共政策腐败。审计机关应突破事后监督的思维桎梏,前移审计关口,推进从事后审计向全流程审计转变,加强对公共资金使用、公共权力运行及公共政策执行全过程的监督,及时发现各个领域、各个环节存在的违规违纪问题,及时实施审计整改,从而建立一个有震慑力的监督机制,提升国家审计治理能力,最大限度维护国家利益和社会公共利益。③

(四) 党史国史上的腐败治理研究

中国共产党是立党为公、执政为民的马克思主义政党。中国共产党的性质和宗旨决定了党同各种腐败现象水火不容。党在中国共产党史和中华人民共和国史上留下了同腐败现象作斗争的丰富经验。罗国亮认为,中华人民共和国成

---

① 陈丽红、朱懔怡、李明艳:《国家审计与腐败治理:一个理论框架》,载《审计月刊》2020年第11期。
② 黄苏芬、刘钢:《基于腐败治理视角下的国家审计定位与效用研究》,载《福建广播电视大学学报》2020年第6期。
③ 靳思昌:《全流程国家审计腐败治理的机理与路径》,载《财会月刊》2020年第24期。

立后,中国共产党将革命时期的优良传统继承下来并发扬光大,逐渐形成以惩治腐败、制度建设、政治教育为主要方式的党风廉政建设格局。腐败与经济改革和社会转型具有高度关联性,只有通过制度改革和治理转型才能有效克服。加强党风廉政建设,必须增强党的执行能力,强化公职人员的公共精神,祛除交易原则在政治领域的不良影响;既要通过惩治减少腐败存量,又要通过改革铲除腐败土壤;既要用法纪限制公职人员的权力符号、生活待遇及经济行为,利用智能化手段使腐败无以遁形,又要通过教育提升党员干部的理想信念和人民情怀,提升其官德、公德和私德,通过人文教育达到心灵唤醒和价值重塑的目的,带动党风民风和整个社会政治生态的优化。①

陶厚勇认为,消除腐败、践行廉洁政治是中国共产党的鲜明政治立场和优良传统。中华人民共和国成立以来,反腐败斗争经历了中华人民共和国成立初期的有益探索、社会主义建设初步探索时期的曲折发展、改革开放时期的创新发展三个阶段。反腐败斗争与各个历史阶段的时代主题和党的中心任务紧密结合,经历了从群众运动式反腐到思想制度与监督相结合的源头治理、综合治理的重大飞跃。经过不懈探索,中国共产党逐步探索出一条中国特色的反腐倡廉道路。新时代条件下,需要科学分析和辩证看待当前反腐败斗争面临的新形势,增强高压反腐不放松的忧患意识,进一步提高思想认识和政治站位,筑牢拒腐防变的思想道德防线,锻造更加锐利的反腐利剑,强化反腐败斗争与廉政制度建设,扎牢防逃篱笆,织密海外追逃"天网"。②

肖扬伟、张海英认为,从1931年11月中华苏维埃共和国成立至1934年10月中国工农红军长征,以毛泽东为代表的中国共产党人在以江西瑞金为中心的中央苏区开展了不敢腐、不能腐、不想腐机制建设的探索。这些探索主要表现为强化惩戒警示,建立不敢腐的机制;强化制度建设,建立不能腐的机制;强化反腐倡廉教育,建立不想腐的机制。这些探索对于当下构建不敢腐、不能腐、不想腐长效机制的启示是:从初衷上要牢记宗旨,不忘初心;从战略上要统筹谋划、一体

---

① 罗国亮:《党风廉政建设70年:历程与启示》,载《江苏海洋大学学报(人文社会科学版)》2020年第1期。

② 陶厚勇:《新中国成立以来中国共产党反腐败斗争的理论与实践探析》,载《盐城师范学院学报(人文社会科学版)》2020年第4期。

推进;从方法上要上下联动、内外合力。①

王传富指出,中国共产党是工人阶级先进政党,始终坚持全心全意为人民服务的宗旨,绝对不允许自身存在腐败问题。中国共产党在鄂豫皖苏区毫不留情地揭露腐败问题,综合运用思想根源反腐、法治反腐等措施,重点整治财经、男女关系等腐败问题,组建专兼结合反腐败斗争机构,初步形成了较为完善的反腐败斗争方略,在较短时间内取得了公职人员不敢腐、不能腐,具有坚定理想信念的革命者不想腐的巨大成绩,这为当前反腐败斗争提供诸多有益启示。②

王冬美认为,延安时期中国共产党廉政建设的经验对当前加强党的作风建设和反腐倡廉建设具有重要的借鉴意义。文章通过总结分析延安时期党建工作取得的重要成绩,为新时代加强思想建设,开展干部廉政教育,精兵简政建立廉洁高效政府,完善民主和法律制度,发展党的监督检查机制等工作提供理论参考。延安时期党建工作对新时代全面贯彻落实党的十九大关于党建工作的总要求,推动全面从严治党向纵深发展,夺取反腐败斗争压倒性胜利,具有重要的现实意义。③

李丹、胡新峰认为,中央苏区的廉政文化建设是一个有组织的、相对完整的系统工程。苏区党政齐抓共管,多管齐下,通过思想统领、制度的约束和保障、具体行为实践以及物质文化载体的有效宣传教育,实现了党的执政历史上首次文化反腐实践的伟大胜利。中央苏区反腐防腐的探索实践与基本经验,蕴含着丰富的文化内涵,具有重要的当代价值,为当前廉政文化建设提供了文化自觉、文化自信的重要思想基础,为中国共产党反腐倡廉建设提供了宝贵的思想文化资源,对于推进新时代廉政文化建设具有重要借鉴意义。④

---

① 肖扬伟、张海英:《中央苏区时期中国共产党的反腐败机制》,载《赣南师范大学学报》2020年第2期。
② 王传富:《鄂豫皖苏区反腐败斗争的方略及启示》,载《信阳师范学院学报(哲学社会科学版)》2020年第2期。
③ 王冬美:《延安时期党的廉政建设对新时代党建工作的启示》,载《思想政治教育研究》2020年第2期。
④ 李丹、胡新峰:《中央苏区时期廉政文化建设经验的当代价值》,载《思想政治教育研究》2020年第3期。

（五）腐败治理的区域国别与比较研究

近年来，拉美地区腐败大案要案接连发生，拉美的腐败和腐败治理成为全世界关注的焦点。然而，拉美国家之间存在差异，其腐败程度有高有低，腐败治理的成效和趋势也不尽相同。李菡发现，随着腐败案件频繁曝光和腐败新类型不断出现，拉美地区的腐败现象更加复杂，公众对腐败问题的感知也发生变化。拉美公众对腐败感知的变化源于新中间阶层兴起及其社会动员能力加强、公民对腐败容忍度下降、反腐斗争不断深入、国际社会对拉美腐败问题进行关注，以及媒体等社会监督作用加强等多种因素。这些因素又成为拉美国家进一步推进腐败治理的重要动力。①

袁东振发现，拉美国家腐败现象较复杂，遍及政治、经济和社会领域，涉及公共部门和私人部门，既有外源性或非制度性腐败，也有内源性或制度性腐败；既有行贿受贿、渎职、裙带关系、权钱交易等具体形式，也有大腐败和小腐败等规模形式。在腐败多发、高发、频发态势下，拉美国家腐败治理也呈现新趋势。许多国家加大对腐败行为和腐败者惩治力度，竭力打破有罪不罚的传统，加强腐败治理的制度和法律体系建设，寻求反腐败国际合作，营造全民反腐的气氛和环境，改善国家形象。②

刘天来认为，哥斯达黎加的腐败呈现高层腐败影响巨大、长时间缺乏舆论监督、腐败与毒品犯罪牵连的特点。国内外形势的变化、本身反腐败的需要、加入经合组织的要求迫使哥斯达黎加加强腐败治理。为打击腐败，哥斯达黎加从打击贿赂的角度入手，不断完善反腐败立法，还采取构建政府信息公开制度、完善司法制度、支持民间社会组织发展、加强国际合作等措施来加强腐败治理。哥斯达黎加的腐败治理取得了一定的成效，成为中美洲最清廉、拉丁美洲腐败治理排名前列的国家，但也存在打击贿赂失之偏颇、有些反腐败措施存在缺陷等

---

① 李菡：《拉美国家腐败特点及腐败感知变化的初步分析》，载《西南科技大学学报（哲学社会科学版）》2020年第2期。
② 袁东振：《拉美国家的腐败问题与腐败治理趋势》，载《西南科技大学学报（哲学社会科学版）》2020年第3期。

缺点。①

欧庭宇对瑞典的腐败治理进行了研究。瑞典作为世界公认的清廉国家，在推动防治腐败方面作了系列探索，取得了腐败发生率极低、行政效率较高、社会环境清朗等良好成效。现阶段，瑞典形成了健全的防治腐败立法体系、廉洁自律的社会道德文化、透明高效的政府运行机制、完善的多元主体监督机制等亮点措施。通过梳理与总结防治腐败的"瑞典模式"，能够为推动中国反腐败斗争与廉政建设提供重要启示：加强廉政文化教育，推进"阳光政府"建设；重视反腐败立法，建立凸显"防重于治"的制度体系；发挥各方力量，建立多元主体参与的监督治理体系。②

徐国冲研究了日本的腐败治理模式。日本作为全球清廉指数排名前列的亚洲国家，其反腐模式尚未得到学界的足够关注。日本以法律为基础的全过程监督的法治反腐模式值得分析借鉴。作者通过构建机构、人员、制度与环境的四要素分析模型，解剖日本的法治反腐模式。日本的法治反腐特点是：机构设计上交叉并行、改革上立法先行、司法上追求精密与高标准、伦理教育上确保公务员队伍廉洁、公民理性适度参与，以及发挥媒体"扒粪者"功能。但日本反腐模式也存在与民主选举制度相伴而生的种种弊端，如公务员的相对廉洁与政治腐败突出共存、"铁三角"模型存在桎梏等。中国在全面推行依法治国的背景下，可以借鉴日本法治反腐的理念和思路，深化反腐败机构改革、完善法律体系建设、加强公务员廉洁教育、营造法治文化环境，从而构建中国特色的反腐模式。③

徐国冲还对新加坡的反腐模式进行了研究。反腐败是各国在国家治理现代化进程中面临的共同难题。目前，学界和实务界多推崇新加坡的反腐模式，而作者旨在破除对新加坡反腐模式的过度迷信，展示其弊端。从绩效的角度来评估，新加坡反腐模式面临投入产出比递减、边际成本递增的低效率窘境，表现为反腐强度过分依赖领导人的反腐决心、高薪养廉的非普适性、信息不公开的殖民保密传统、把最优秀的精英吸引到政府而产生的挤出效应等缺陷。作者不主张模式决定论，认为应该博采众长，在对反腐模式祛魅的基础上，围绕"法治反腐"构建

---

① 刘天来：《哥斯达黎加腐败治理研究》，载《学术探索》2020年第6期。
② 欧庭宇：《瑞典防治腐败经验与启示》，载《中共桂林市委党校学报》2020年第4期。
③ 徐国冲：《法治反腐：日本模式与中国路径》，载《理论与改革》2020年第6期。

中国特色的反腐模式。①

尚俊颖、何增科认为,可持续的廉洁政治是国家治理的重要追求,取得反腐败阶段性成功的国家不在少数,但能巩固反腐败成果的国家凤毛麟角。作者将取得反腐败阶段性成功后腐败复发的现象称为"反腐败回潮",旨在探究反腐败回潮为何发生、如何发生。作者基于14个国家1995—2017年的数据,借助定性比较分析(QCA)方法探究国家治理体系对反腐败回潮的影响。研究发现,反腐败回潮往往由重大政局变动诱发,其深层原因是国家能力、法治或民主的衰变和由此导致的不协调。通过三个关键案例得到如下结论:(1)利比里亚自由化导向的民主建设未能强化国家能力以至于弱国家无力贯彻领导人反腐决心;(2)意大利法治建设多次受挫,无法约束根深蒂固的庇护政治;(3)土耳其在强人政治格局下发生民主倒退,法治也因此遭到践踏。作者提出并阐释了反腐败回潮这一概念,为反腐成败研究提供了新的视角,揭示了国家治理体系衰变与反腐败回潮的联系,为评估、预测一国反腐败现状与前景提供了初步的分析工具。②

(六)腐败治理新技术

随着大数据、区块链等新技术的快速发展,学界越来越关注这些新技术能否以及如何运用于腐败治理。邬彬、肖汉宇对大数据应用于腐败治理进行了个案研究。目前的研究仍然处于初级阶段,这篇文章主要回答了大数据的应用如何影响腐败治理。该研究以H省开展的互联网+监督大数据应用作为典型个案,通过深度访谈和田野调查发现大数据应用能够有效地提升基层政府的反腐败效果。大数据应用主要通过两个机制影响腐败治理:公开透明以及规则建设。首先,通过数据的收集与共享,大数据技术在公共部门的应用可以实现更有效的社会公开以及政府内部数据的分析与比对,进而更有效地发现腐败线索。其次,大数据应用与腐败行为惩处、基层权力监督机制相结合,强化政府的问责机制。通

---

① 徐国冲:《新加坡反腐模式的祛魅与启示》,载《中国行政管理》2020年第7期。
② 尚俊颖、何增科:《国家治理体系衰变如何引起反腐败回潮?——基于14个国家的定性比较分析》,载《公共行政评论》2020年第6期。

过上述两个机制,大数据在政府部门的应用提升了政府的政策执行能力以及基层政府腐败治理水平。①

董石桃认为,大数据反腐就是通过组织整合,推动大数据技术执行,实现对腐败的整体性治理,其逻辑可以概括为"技术执行的组织整合"。"技术执行的组织整合"在功能定位上强调大数据反腐的功能再造;在基本内容上包括目标整合、结构整合、信息整合和主体整合四个层面;在总体目标上是为了实现腐败的整体性治理中工具理性和价值理性的统一。从内在动因上看,技术认知扩散是深化大数据反腐目标整合的前提,组织职责扩展是大数据反腐的结构整合基础,信息开放共享是推进大数据反腐信息整合的关键,多元协同治理强化大数据反腐主体整合的方向。②

潘宁等认为,大数据技术与正风肃纪监督融合所带来的技术优势,能对公职人员腐败侥幸心理与从众心理产生强大的震慑作用,从源头上铲除腐败滋生与蔓延的土壤。某市在实践中探索出将大数据技术与正风肃纪监督有效融合的工作机制,将以纪委监委为主体的"自上而下"监督与以群众为主体的"自下而上"监督相结合,实现了监督方式由传统到智能、监督主体由单一到多元的转变,起到了遏制腐败风气、改善党群关系、提升公职人员廉政勤政意识的良好效果。该市治理腐败的实践表明,树立大数据治理腐败的工作理念、加强大数据治理腐败的顶层设计、完善大数据治理腐败的预防与惩处机制是实现腐败问题数据治理的有效路径。③

唐衍军和肖长春认为,区块链拥有分布式账本、共识机制、数字签名等核心技术,能够促进廉政信息共享、保障信息真实、缓解信息不对称,实现以新技术手段治理腐败的目的。以区块链网络传输廉政数据能够提高腐败案件查处效率、增强腐败线索获取力度、提升隐性腐败治理效果。区块链非对称加密技术能够保护数据隐私,时间戳能够助力信息溯源,智能合约能为网络反腐平台建设提供

---

① 邬彬、肖汉宇:《大数据应用与腐败治理:基于"互联网+监督"的深度个案研究》,载《暨南学报(哲学社会科学版)》2020年第10期。
② 董石桃:《技术执行的组织整合:整体性治理视域下的大数据反腐》,载《电子政务》2020年第11期。
③ 潘宁、叶子鹏、朱博闻:《大数据技术推进腐败治理创新——基于L省S市的实证分析》,载《岭南学刊》2020年第2期。

低成本的技术基础设施。以区块链网络反腐平台建设为契机加强制度建设,对腐败行为进行事前预警、事中监控及事后惩处,可助力开创"技术—制度"协同反腐的新局面。①

周冬指出,区块链作为下一代全球信用认证和价值互联网基础协议,越来越受到各国政府的重视。政府反腐败部门可以通过区块链技术的应用,构建一套基于公民参与的腐败治理体系,凭借其分布式记账、不可篡改、智能合约等技术优势,实现公共资产可追踪和政府信息公开、助力审计监督、完善惩防机制,以此推进"透明政府"建设。公民参与腐败治理,是实现国家治理体系和治理能力现代化背景下的必然趋势,是公共行政民主化的现实选择。公民参与在腐败治理中扮演着重要的角色,但政府作为公民信息交换平台,必须担负策略功能,发挥治理绩效。在腐败治理网络中,纪检监察机关居于网络核心位置,并通过整合现有相关部门,建立政府内外部横向伙伴网络关系,使信息快速流通,达到有效管理和整合的目的。区块链技术可以把政府、机构和公民连接起来,构成腐败治理节点,利用区块链技术优势,克服搭便车、回避责任或机会主义,以取得持久性的反腐败效果。②

王方方指出,区块链具有网络化、公开透明、数据可靠、匿名性等特点。运用区块链技术可以提高政府权力运行的透明度、扩大监督信息的共享范围、缩短委托代理环节、减少腐败机会、监控资金流向。在反腐败工作中,可以通过区块链建立监督信息共享机制,监督公职人员的行为,改进案件线索管理。为了更好地提升运用区块链技术治理腐败的效果,应进一步提升党政领导干部的廉政领导力,推动行政体制创新,并有效破解区块链的安全性问题。③

(七)小　　结

2020年是不平凡的一年。面对错综复杂的国际形势、艰巨繁重的改革发展

---

① 唐衍军、肖长春:《区块链助力网络反腐:技术—制度协同视角》,载《理论导刊》2020年第10期。
② 周冬:《公民参与腐败治理:基于区块链技术的实现方式》,载《北京航空航天大学学报(社会科学版)》2020年第4期。
③ 王方方:《区块链技术在反腐中的功能及其应用》,载《廉政文化研究》2020年第2期。

稳定任务,特别是突如其来的新冠疫情,党的纪律检查机关和国家监察机关坚定稳妥推进全面从严治党、党风廉政建设和反腐败斗争,充分发挥监督保障执行、促进完善发展作用,为决胜全面建成小康社会、实现第一个百年奋斗目标提供了坚强保证。

总的来说,2020年国内学界对腐败治理的研究,紧紧围绕年内的社会热点和迫切需要阐释的课题,取得了不少时效性较强且有价值的研究成果。从研究方法上看,呈现出规范研究与实证研究并存的局面。部分学者运用定量研究方法,对一些领域腐败现象的成因及腐败治理取得的成效等展开实证研究。研究内容丰富,包含腐败治理宏观指导理论、腐败治理热点领域、腐败治理具体制度、国外腐败治理实践等多层面主题。随着党和国家腐败治理体系的日臻完善,关于腐败治理具体制度设计的研究也开始走向深入,不再限于宏观的制度框架。一些研究者对腐败治理具体制度的设计及其法理阐释作了较有意义的研究和思考。

同时,也能看到中国腐败治理研究仍有很大的发展空间。第一,学界对腐败治理历史维度和国外腐败治理的研究还有不足。中国腐败治理研究尚缺乏国际视野,国内学者的研究兴趣大多集中于中国当下。同时,一些有限的相关研究往往拘泥于个别国家的制度建设和反腐经验层面,缺乏比较研究。中国是最大的发展中国家,在目前的时代变局之下对国际治理负有重要责任。中国学界有理由把发展中国家的腐败治理现状与本国经验研究结合起来,但目前学界对发展中国家腐败治理的共性问题研究不足。第二,一些研究偏重文本解读,理论的挖掘深度不够。毛立红回顾了1949—2019年中国知网2090篇期刊文献,认为从知识累积和学术话语构建视角来看,目前中国腐败治理的一些研究在学术承继意识方面还有欠缺,文献之间缺乏有效的学术对话和知识累积性。总的来说,对西方学界现有腐败治理相关理论的批评、反思和吸收还没有很好地在当前国内学界的研究成果中体现出来。①

要想提升理论研究水平,有力阐释和弘扬中国腐败治理的有益经验,离不开充分吸收人类文明的一切优秀成果,在学术对话基础之上守正创新。未来,可以

---

① 毛立红:《腐败治理研究的回顾与反思:基于CiteSpace的知识图谱分析》,载《行政与法》2020年第10期。

在借鉴国际社会腐败治理经验的基础上，立足于中国实践，吸收多学科理论知识，将实证研究与规范研究相结合，推动中国的腐败治理研究不断走向适应新时代的新局面。中国坚持人类命运共同体理念，坚持中国人民根本利益与世界各国人民根本利益的统一，弘扬和平、发展、公平、正义、民主、自由的全人类共同价值。腐败治理是人类政治文明史上的共同挑战，中国应当且能够对国际腐败治理研究做出自己更大的贡献。

四、高校腐败治理专题研究

韩金明　王　展

（一）历史与现状：高校腐败与反腐败概述

教育是"国之大计、党之大计"，实现中华民族伟大复兴，教育的地位和作用不可忽视。党和国家历来高度重视教育事业，中华人民共和国成立以来，我们党对教育地位和作用的认识不断深化和升华。1950年，毛泽东同志在《人民教育》创刊号上题词："恢复和发展人民教育是当前重要任务之一"。1986年，邓小平同志明确提出，教育是一个民族最根本的事业，搞现代化建设离不开教育，教育必须为现代化建设服务。20世纪90年代，江泽民同志站在国运兴衰和民族振兴的战略高度强调，"百年大计，教育为本"。进入21世纪，胡锦涛同志指出，要充分发挥教育在党和国家事业中的基础性、先导性、全局性地位和作用。

党的十八大以来，以习近平同志为核心的党中央高度重视教育工作，围绕培养什么人、怎样培养人、为谁培养人这一根本问题提出一系列富有创见的新理念、新思想、新观点，系统回答了一系列方向性、全局性、战略性重大问题，为教育事业发展提供了根本遵循。党的十九大从新时代坚持和发展中国特色社会主义的战略高度，作出了优先发展教育事业、加快教育现代化、建设教育强国的重大部署。

高等教育发展水平是一个国家发展水平和发展潜力的重要标志。办好中国的事情，关键在党。勇于自我革命，从严管党治党，是我们党最鲜明的品格。我们的高校是社会主义高校，必须全面贯彻党的教育方针，把立德树人作为根本任务，培养德智体美劳全面发展的社会主义建设者和接班人。高校的全面从严治党工作成效，关系到为党育人、为国育才的中心任务能否顺利完成。

在世界各国,高校素来被人们看作教书育人、传播知识、传递正能量的场所。在中国,高校一向被视为纯洁的"象牙塔"。然而近年来,随着高等教育的快速发展,尤其是高校规模的扩张和办学自主权的扩大,发生在"象牙塔"里的权力寻租现象日渐暴露出来。高校在深入推进党风廉政建设和反腐败斗争的进程中,违纪违法、贪污腐败、破坏校园政治生态等行为时有发生,已经引起中央的高度重视。

据不完全统计,自2012年12月至2020年末,中央纪委国家监委网站至少对全国160名高校领导干部违纪违法问题进行了通报,其中,党委书记64人,校长(院长)43人。如此密集的案例充分说明"天涯无净土",高校也非清净之地。高校腐败案件频发,体现了反腐力度不断加大,也凸显高校腐败问题的严峻复杂,"净土"不"净",在让人痛心的同时,也促使我们深思问题产生的根源。

当前,我国高校腐败有以下主要特征:腐败种类繁多,且多隐身于灰色地带或"合法"的外衣之下;腐败主体多元化,腐败窝案较多;贪腐程度相对有限,社会影响却相对恶劣。① 有问题并不可怕,关键是对症下药、有效施策。打赢反腐败这场正义之战,高校是一个重要战场,决不能失守。②

党风廉政建设永远在路上,反腐败斗争永远在路上。本节以"高校腐败治理"为主题,以党的十九大以来即2017年11月至2020年12月期间相关研究成果为主要依据,对高校全面从治党的研究进行梳理、分类、分析,以厘清高校全面从严治党的时间历程,并对研究现状和出现的问题进行评价、思考,以期推进相关研究工作更高质量地开展。

(二)改革与使命:高校全面从严治党总体研究

1. 高校深入推进全面从严治党的重要意义

全面从严治党是新时代党治国理政的一个鲜明特征,治国必先治党,治党务必从严。目前,学界对高校全面从严治党重要意义的研究,主要是以高校目标任

---

① 谢宝富:《警惕披着"合法"外衣的高校腐败》,载《人民论坛》2019年第8期。
② 鲁源:《高校反腐决不能失守》,载《中国纪检监察报》2017年1月14日。

务为导向，阐释全面从严治党在推进办学治校中的重要作用。

崔春花、丁贞栋认为，高校深入推进全面从严治党，是办好中国特色社会主义大学的政治保证，是加强和改进高校党的政治建设的必然要求，顺应了师生员工所期所盼、汇聚发展力量的时代大势。只有深入推进全面从严治党，贯彻好党的全面领导要求，才能推动高校各项事业稳步前进，确保高校事业发展不偏向、不歇劲。①

在全面从严治党的视域下，通过探究全面从严治党对党建工作的促进作用，印证了全面从严治党的重要意义。刘德安认为，高校党建是党的建设新的伟大工程的重要组成部分，在党的建设中具有特殊而重要的地位。推进高校全面从严治党，是办好中国特色社会主义大学的根本保证。②

加强高校政治生态建设，是高校健康发展的必要保障。以习近平同志为核心的党中央在全面从严治党实践中，高度重视加强党内政治生态建设，多次强调要培育风清气正的政治生态、营造廉洁从政的良好环境。有学者从政治生态的角度，深刻说明了全面从严治党对净化高校党内政治生态的意义。颜奇英、王国聘指出，高校廉政生态是高校党风廉政建设和发展软环境的集中反映，是高校党风、校风、师风、学风的真实写照。③

2. 高校全面从严治党状况分析

习近平总书记在十九届中央纪委四次全会上强调，党的十八大以来，我们以前所未有的勇气和定力推进全面从严治党，推动新时代全面从严治党取得了历史性、开创性成就，产生了全方位、深层次影响。

改革开放以来，我国高等教育在取得巨大成就的同时，也积累了大量亟待解决的问题。陈荣武回顾和审视了改革开放以来高校党建的发展历程与历史衍变，指出党的十八大以来中央及地方党委对高校的巡视结果表明，一些高校的基层党组织软弱涣散、党内政治生活不严格，存在廉政风险和逐级弱化等现象，也

---

① 崔春花、丁贞栋：《关于高校深入推进全面从严治党的若干思考》，载《思想教育研究》2020 年第 10 期。
② 刘德安：《推进高校全面从严治党 打造坚强可靠育人阵地》，载《中国高等教育》2017 年第 22 期。
③ 颜奇英、王国聘：《新时代高校廉政生态建设刍论》，载《学校党建与思想教育》2020 年第 18 期。

发现了一些党员干部腐败和违法犯罪问题,给高校党的建设和事业健康发展带来负面影响和不利因素。① 马贵生总结了在全面从严治党方面高校亟待破解的五方面问题,即管党治党不严、办学治校不严、抓班子带队伍不严、监督执纪不严以及对全面从严治党要求日益强烈等。②

刘德安以打造坚强可靠育人阵地为切入点,提炼出推进高校全面从严治党的逻辑起点、工作落点、突破重点、核心节点,即党的领导是高校全面从严治党的逻辑起点,立德树人是高校全面从严治党的工作落点,制度规范是高校全面从严治党的突破重点,关键少数是高校全面从严治党的核心节点。③

韩继超指出,高校全面从严治党向纵深发展是党的教育路线的重要内容。实现高校全面从严治党向纵深发展,前提条件和关键环节是要深刻认识高校全面从严治党的科学内涵。他认为,高校全面从严治党的最终目标是建成社会主义现代化强国,本质特征是锻造优良党风政风和校风教风学风,根本体现是风清气正的高校政治生态。④

3. 高校纪检监察体制改革的实践探索

国家监察体制改革是党的十八大以来最为重要的政治体制改革之一,是强化党内监督、国家监督和全面从严治党的重要体现,是一项重大决策部署。监察委员会派驻监察制度是《监察法》在总结党内派驻监察制度基础上进行的一项重要制度创新,是党内派驻监察制度的规范化、法治化。2018年10月,中共中央办公厅印发《关于深化中央纪委国家监委派驻机构改革的意见》,党委书记和校长列入中央管理的高校纪检监察体制改革拉开序幕。目前,31所中管高校纪委书记的提名、考察,由中央纪委国家监委会同主管部门党组进行,对中管高校纪委书记的考核工作由中央纪委国家监委进行。在地方,省属高校纪检监察体制改革也在紧锣密鼓地进行。

对高校进行监察全覆盖是强化党的领导,推进全面从严治党向纵深发展的

---

① 陈荣武:《改革开放40年高校党建的历史衍变和重要启示》,载《思想理论教育》2018年第10期。
② 马贵生:《高校要做全面从严治党模范践行者》,载《中国高等教育》2018年第18期。
③ 刘德安:《推进高校全面从严治党 打造坚强可靠育人阵地》,载《中国高等教育》2017年第22期。
④ 韩继超:《推进高校全面从严治党向纵深发展的思考》,载《学校党建与思想教育》2018年第17期。

必然要求。张瑜认为,高等教育的重要地位决定了高校监察工作的特殊重要性,高校监察体制存在的诸多局限急需通过改革加以破除,监察对象的扩展使高校监察体制改革更加迫在眉睫。他在国家监察体制改革深入推进背景下,针对高校监察工作中存在的体制不顺、权威性和实效性不够等问题,提出增加契约标准、划定国家监察对象范围、建立健全派驻制度、加强纵向监察领导体制机制、强化行业监察等改革措施,探路权威高效的中国特色社会主义高校监察体制的近景和远景顶层制度设计。①

上级监察机关向高校派驻纪检监察机构(包括监察专员)是深化监察体制改革的重要方式。李雷通过理论分析和实证研究,论证了向高校派驻纪检监察机构的必要性:一是我国高校监察对象群体规模庞大,向高校派驻纪检监察机构具有客观需求;二是针对当前我国高校存在的腐败问题,通过向高校派驻纪检监察机构以"增强异体监察力量、克服同体监察之不足"的必要性日益凸显;三是纪委监委监察力量短缺,派驻制度有利于盘活纪委监委人力资源存量,提高监察效能,提高纪检监察干部专业化水平,增强监察效能。②

王洪玉、崔来成基于对全国184所高校纪检监察组织监督职能执行情况的调查分析,研究了纪委"多任务性"对高校纪检监察组织监督履职能力的影响。研究结果表明,明确纪委书记分工和清理纪委参加的无关议事协调机构,从而改善纪委的多任务性,的确能够提升高校纪检监察组织的监督履职能力。同时,研究发现,在纪委同级监督中,相较于高校纪检监察组织对学校同级党委的监督,对学校领导班子成员的监督更难。③

(三)职责与担当:高校全面从严治党责任制研究

建党管党治党,说到底是个压实压紧责任的问题。习近平总书记在十九届

---

① 张瑜:《国家监察体制改革背景下高校监察制度模式设计探索》,载《国家教育行政学院学报》2018年第6期。
② 李雷:《向高校派驻纪检监察机构的必要性及规范完善路径——以深化国家监察体制改革为背景》,载《社会科学家》2020年第3期。
③ 王洪玉、崔来成:《纪委多任务性对高校纪委监督履职能力的影响——基于全国184所高校调查数据的分析》,载《辽宁大学学报(哲学社会科学版)》2018年第4期。

中央纪委四中全会上发表重要讲话强调,"要督促落实全面从严治党责任,切实解决基层党的领导和监督虚化、弱化问题,把负责、守责、尽责体现在每个党组织、每个岗位上。"推进全面从严治党,落实管党治党政治责任是关键。闫东指出,部分高校存在落实党风廉政建设主体责任意识不强、监督机制不完善、考评问责机制不足、激励机制不健全等方面的问题。对此,高校党委要不断增强主体责任意识,推动党风廉政建设的制度完善与工作机制创新,把组织领导、监督执纪、考评问责与有效激励建成相互衔接与科学联动的循环系统,深入落实党风廉政建设"两个责任"。① 主体责任和监督责任也是相辅相成的,离开党委的坚强领导,纪委的监督作用就难以发挥;没有纪委的监督,主体责任这个"牛鼻子"也就难以抓住。

1. 高校党委主体责任研究

落实全面从严治党主体责任是以习近平同志为核心的党中央提出的管党治党重大战略思想,是对新形势下党的建设规律特点的深刻把握和理论升华。习近平总书记2019年1月11日在十九届中央纪委三次全会上的讲话中指出,"各级党委(党组)特别是书记要强化政治担当、履行主体责任,把每条战线、每个领域、每个环节的党建工作抓具体、抓深入"。

党的十九大以来,国内关于高校落实全面从严治党主体责任的理论研究已经取得了比较丰富的成果,但主要集中于主体责任的落实机制和高校各级党组织落实从严治党主体责任的制度建设上,在研究内容的深度、研究视野的广度、研究方法的力度(主要是缺乏实践研究和比较研究)上,仍有很大提升空间。②

按照"问题+路径"的研究逻辑,曹锡康认为,尽管高校党委在落实全面从严治党主体责任上已经取得一定成效,但对照新时期全面从严治党的总体要求,还面临不少困境和难题,即有待进一步加强责任意识,有待进一步强化"四责协同",主体责任制度执行有待进一步落到实处,主体责任监督有待进一步加强,因此提出高校党委落实全面从严治党主体责任的着力点与实施路径:一是要着眼

---

① 闫东:《高校落实党风廉政建设"两个责任"探讨》,载《学校党建与思想教育》2020年第4期。
② 卜浩然:《高校落实全面从严治党主体责任研究综述》,载《北京教育(高教版)》2020年第11期。

于提高责任主体的意识和能力;二是要着眼于组织体系建设,夯实组织基础;三是要着眼于健全运行机制,确保责任落实。① 许杰等指出,经过多年实践,高校落实全面从严治党主体责任已基本完成制度体系架构,实现了清单化、流程化管理,建立了廉政风险防控长效机制,但制度链条还未完全闭合,有些制度在设计上存在"最后一公里"现象,干部理想信念和党性修养教育需要久久为功。他认为,全面从严治党要求下的高校党委主体责任落实,要以完善党内政治生活制度体系为重点,增强不想腐的自觉;以建立高校党内监督制度体系为重点,强化不敢腐的震慑;以廉政风险预警防控制度建设为重点,扎牢不能腐的笼子。②

坚持党委领导下的校长负责制是社会主义大学的必然属性。钱道赓、赵守超认为,在必要性上,落实高校党委监督的主体性不仅是坚持党委领导下的校长负责制的应然选择,更是有效遏制高校腐败的必然要求,并为"双一流"高校建设保驾护航。在构建路径上,为切实遏制党委腐败现象,首先要明晰党政职责划分,增强党委统筹监督能力;其次要改革创新监督机制,提高党委廉洁自律水平;最后要完善党委自身建设,严格执行党内监督制度,规范党委内部权力运行。③

2. 高校纪委监督责任研究

目前,学界关于高校纪委监督责任的专题研究还不多。于海棠基于高校内部治理体系,以结构化为视角,通过高校内部权力结构、高校党内监督体系、高校纪委监督权内部结构,逐层透视高校纪委监督权在高校治理体系中的角色地位和职能特征,进而围绕党章赋予高校纪委的职责,分别探究高校纪委监督、执纪、问责三项职权的配置方式。他得出结论,在我国高校内部权力结构中,中央纪委均"在场",但其权力影响有时被弱化。当前,主体责任和监督责任是整体存在

---

① 曹锡康:《全面从严治党视域下落实高校党委主体责任的思考》,载《中国高等教育》2019年第2期。
② 许杰、邓叶芬、何雅:《完善高校落实全面从严治党主体责任制度体系的思考》,载《思想理论教育》2018年第9期。
③ 钱道赓、赵守超:《高校党内监督中的党委主体性探究》,载《学校党建与思想教育》2019年第2期。

的,纪委监督权上下左右有界受控,并且高校内部监督合力逐步增强。[①]

3. 高校深化"四责协同"机制研究

为深入贯彻落实习近平总书记关于全面从严治党的重要指示精神,2017年以来,上海市探索建立"四责协同"机制。"四责协同机制以形成全面从严治党工作合力为目标,把党委主体责任、纪委监督责任、党委书记第一责任和班子成员'一岗双责'的横向协同协作与纵向压力传导结合起来,推动知责明责、履责督责、考责问责等各个环节形成闭环,构建主体明晰、有机协同、层层传导、问责有力的全面从严治党责任落实机制。"[②]

2018年5月9日,在上海市全面从严治党"四责协同"机制建设推进会上,时任市委书记李强强调,要进一步落实习近平总书记对上海提出的在全面从严治党上有新作为的指示要求,在实践中不断健全完善"四责协同"机制,知责明责更清晰、履责尽责更到位、督责问责更有力,以管党治党责任的落实推动各项工作责任的落实,着力营造风清气正的政治生态和干事创业的良好氛围。[③]

关于"四则协同"机制的内涵,上海市时任纪委监委研究室主任王旭杰作了一个形象的比喻:"责任落实就像'系统化'作战,胜过各责任主体'单兵'作战。其中,党委擅长找准目标,动员力量,纪委善于发现问题,备足'弹药',分管领导熟悉分管领域或部门,知晓风险点所在,具体指挥责任落实,一把手冲锋在前,发挥'头雁效应'。四个责任主体构成合成作战体系,形成落实责任的合力。"[④]

2019年11月底,上海市教卫工作党委、市纪委监委驻市教委工作党委纪检监察组、市纪委建委驻市卫生健康委纪检监察组联发印发了《关于深化细化全面从严治党"四责协同"机制的实施意见》,推动"四责协同"机制在高校落地落实。

[①] 于海棠:《高校纪委监督权的配置——基于高校内部治理体系的分析》,载《国家教育行政学院学报》2019年第4期。
[②] 廖国勋:《以四责协同机制建设为抓手推动全面从严治党不断取得新作为》,载《学习时报》2018年5月28日。
[③] 《上海市全面从严治党"四责协同"机制建设推进会举行》,载《解放日报》2018年5月10日。
[④] 白广磊:《让管党治党责任在深化细化中落实——上海市推进全面从严治党"四责协同"机制工作综述》,载《中国纪检监察》2018年第10期。

（四）重点与抓手：高校监督、执纪、问责实践研究

1. 有关监督的研究

其一，关于监督体系。

在党和国家各项监督制度中，党内监督是第一位的。党的十九大对健全党和国家监督体系作出部署，目的就是要加强对权力运行的制约和监督。根据《中国共产党党内监督条例》有关规定，高校党内监督体系包括党委全面监督、纪委专责监督、党的工作部门职能监督、基层党组织日常监督、党员民主监督。

焦国伟、白大范认为，要完善高校内部权力监督机制，就必须重点构建好高校决策权力、行政权力、学术权力、监督权力间的系统机制，建立党委领导下的高校董事会制度，明确行政权力管理者角色，贯通学术权力组织机制设计以及完善高校监事会制度。① 李和中、王宜灏从清单制度切入，提出对权力清单、责任清单与廉政清单的功能加以整合优化，形成监控清单式管理模式，进而形成高校党内整体性监控体系。其中，"监控清单"制度可以从监控绩效评估制度、廉洁风险防控制度两个方面对高校党内监控机制进行阐释和设计。"监控清单"设计的关键在"清"字，根本在于"属实"，重心在于"落实"。"监控清单"必须以权力清单的规范为前提，以责任清单为主线。② 左伟认为，在监督权力运行过程中，存在着党内监督工作机制缺乏、行政监督执纪缺位、群众监督意识缺失等诸多问题，致使各种监督形式发挥的功能和作用不充分。为改善这种局面，要坚持党委统一领导、监督全面覆盖、监督全员参与、监督权威高效的原则，健全党内监督工作机制，强化行政监督职能，提升群众监督实效，建立多维联动的监督和制约体系。③

---

① 焦国伟、白大范：《"双一流"建设背景下高校内部权力监督机制的完善》，载《中国高校科技》2018年第9期。
② 李和中、王宜灏：《以监控清单为制度戒尺建构高校党内监督规范》，载《学校党建与思想教育》2018年第14期。
③ 左伟：《中国特色现代大学制度视阈下高校内部权力监督体系研究》，载《东北师大学报（哲学社会科学版）》2018年第5期。

第一,党委全面监督。孟新、沈蓓绯认为,要通过压实监督责任,强化组织监督、政治监督的效力;创新校内监督形式,形成监督合力;发挥校内民主监督的作用,提高师生参与大学治理的主动性等举措,探索监督合力体系的构建,推进高校权力运行制约机制的形成。①

第二,纪委专责监督。刘灵光、周伊辰认为,新形势下,高校纪委履行监督职责时面临不少困难和挑战,必须大胆面对,通过增强监督意识、强化政治监督、紧盯监督重点、突破监督难点、改进监督方式、推进体制机制改革、加强队伍建设等有力措施,切实提升自身的监督质效。②

第三,党的工作部门职能监督。党的工作部门是党委(党组)主体责任在不同领域的载体和抓手。张德祥、韩梦洁指出,职能部门是重大事务流的重要节点。在权力场域,权力不是仅由高校的职能部门所承载的,而是从高校的顶层决策机构,流经中层职能部门的重要关口,进而纵向贯穿到底层的院系层级,甚至在职能部门和院系层级上横跨不同的部门或院系,从而形成一个纵横交错的复杂权力网络。③ 因此,党的工作部门要严格执行各项监督制度,既要加强对本部门本单位的内部监督,又要强化对本系统的日常监督。

第四,基层党组织日常监督、党员民主监督。高云鹏、江蓓认为,高校党的基层组织和党员重点环节的监督主要表现在落实"两个主体责任"和抓住"关键少数"两个方面。高校系统以日常监督为主的常态化监督和以巡视巡察为主的动态化监督的有机契合,是构建严密的高校党内监督网络的关键。④ 张莉等认为,监督的制度化是全面从严治党的重要内容。高校党组织和党员监督建设作为全面从严治党的重要内容,总结起来主要包括监督规则的制度化建设、监督方式的规范化建设和监督行为的常态化建设,由此形成一个有效的高校党组织和党员监督系统。⑤ 杜云素等通过对高校基层党组织和教师党员的监督现状进行调

---

① 孟新、沈蓓绯:《高等院校运用监督执纪"四种形态"的优化路径》,载《中国党政干部论坛》2019年第6期。
② 刘灵光、周伊辰:《高校纪委监督质效探析》,载《社会科学家》2019年第10期。
③ 张德祥、韩梦洁:《权责 程序 透明 监控 问责——高校内部权力运行制约与监督机制》,载《中国高教研究》2018年第1期。
④ 高云鹏、江蓓:《加强高校党内监督刍议》,载《学校党建与思想教育》2019年第2期。
⑤ 张莉、刘雅、程宏伟:《高校党组织和党员监督"三化"建设探析》,载《学校党建与思想教育》2019年第18期。

研，提出在全面从严治党背景下，高校基层党组织和教师党员监督应从优化高校治理结构和激发个体积极性两方面入手，促进党员个体与环境的良性互动，从而营造风清气正的高校政治生态。①

其二，关于监督路径。

党的十九大指出，要构建党统一指挥、全面覆盖、权威高效的监督体系，把党内监督同国家机关监督、民主监督、司法监督、群众监督、舆论监督贯通起来，增强监督合力。从监督方式上看，目前的研究主要集中在巡视巡察监督、审计监督等方面。

第一，巡视巡察监督。巡视是"国之利器、党之利器"，在全面从严治党进程中发挥着"显微镜"和"探照灯"的作用。黄娇、杨昌华认为，高校巡视监督基于其所具有的"巡按式""体检式"和"点穴式"监督特点，在加强党对高校领导中具有独特优势。强化高校巡视监督应当以健全和完善监督运行机制为抓手，通过完善动力保障机制、健全组织协调机制、优化信息流通机制、加强成果转化机制和建立监督制约机制系统展开。② 任祥聚焦意识形态领域的巡视监督，提出要从理念、实践、运行三个监督维度出发，以思想引领、工作机制、队伍建设、方式创新、整改落实为问题导向，积极推动高校意识形态领域巡视监督的思维转向、组织协调、队伍建设、监督手段优化及整改责任压实。③

巡察是巡视向基层的延伸和拓展，巡视巡察是党内监督的战略性制度安排。宋伟认为，为了更好地推动高校全面从严治党向纵深发展，高校应当更加注重发挥巡察监督的作用。推进高校巡察监督高质量发展，要坚持以习近平新时代中国特色社会主义思想为指导，建立健全高校巡察监督制度体系，探索专项巡察监督模式，提升巡察监督的精准性，推动高校巡察监督与其他监督形成合力。④ 杭育新认为，巡察监督要突出政治性、人民性、规范性、联动性、实效性，从而强化党对高校的全面领导，打通全面从严治党"最后一公里"，有效增强高校基层党组织

---

① 杜云素、尹业香、贾廷秀：《高校基层党组织监督与教师党员监督的实证研究》，载《学校党建与思想教育》2019 年第 13 期。
② 黄娇、杨昌华：《强化巡视监督：加强党对高校领导的有效路径》，载《思想理论教育导刊》2018 年第 1 期。
③ 任祥：《高校意识形态领域政治巡视监督的逻辑构建论略》，载《思想教育研究》2020 年第 11 期。
④ 宋伟：《新形势下高校巡察监督：逻辑理路与优化进路》，载《中国高等教育》2020 年第 6 期。

凝聚力、战斗力。①

习近平在十九大报告中指出,"深化政治巡视,坚持发现问题、形成震慑不动摇,建立巡视巡察上下联动的监督网"。斯阳尝试构建基于上下联动的高校巡察监督路径,并提出进一步完善联动监督的原则和具体方法,即健全上下联动的领导体制和工作机制,建立和完善上下联动的制度体系和落实机制,加强上下联动的条件保障,强化上下联动的成果运用。② 范卫宏从巡察的方位入手,指出高校要积极构建巡视巡察上下联动、部门学院协同配合的巡察工作协调配合机制,完善政治监督网络格局,让巡察成为党内监督、民主监督、群众监督、舆论监督在基层的有效链接点,通过健全全覆盖、高效能的监督体系,推动落实立德树人根本任务。③

第二,审计监督。审计是制度安排,是监督的有效方式。程家旗认为,高校内部审计监督和服务是相辅相成、互为一体的。查处和揭露问题始终是审计的首要职责,但不是唯一目的,通过监督为高校的科学发展提供服务才是最终目的与归宿。通过理念创新,真正做到内部审计为学校发展服务,使审计成为维护高校健康、保证高校发展的卫士。④ 刘晓华、丁洪飞指出经济责任审计的监督作用,认为经济责任审计是预防和治理腐败、促进领导干部廉洁自律、加强高校廉政建设的一项重要措施,同时也是保护领导干部的特殊手段、警示领导干部的重要途径、监督评价领导干部的重要依据以及预防和治理腐败的有效措施。⑤

文丽从打造合力层面,指出作为高校经济运行监督部门(内部审计)和党政专职监督部门(纪检监察),内部审计侧重技术防控廉政风险,纪检监察强调制度防控廉政风险,应在廉政风险防控中形成协同机制,即从机构设置上着手建立两个部门间的协同机制,从廉政风险防控体系的建立上体现协同机制,在审计成果

---

① 杭育新:《高校内部巡察工作要准确把握"五个性"》,载《中国高等教育》2020年第10期。
② 斯阳:《教育治理现代化视域下高校巡察监督体系的构建——以沪上部分高校为例》,载《华东师范大学学报(教育科学版)》2019年第5期。
③ 范卫宏:《推进新时代高校巡察工作高质量发展》,载《中国高等教育》2020年第15期。
④ 程家旗:《高校内部审计职能与工作理念再思考——基于内部审计的本质属性和功能转型》,载《国家教育行政学院学报》2019年第1期。
⑤ 刘晓华、丁洪飞:《党风廉政建设视角下高校经济责任审计研究》,载《财会通讯》2017年第31期。

运用和责任追究上强调协同机制。①

2. 有关执纪的研究

纪检监察体制改革以来，高校监督执纪的"腰杆"更硬了，底气更足了，增加了执纪的强度、力度。因为执纪情况的特殊性，公开层面的实证研究成果不易获取，目前学界对于执纪的研究主要在于监督执纪的"四种形态"。

《中国共产党党内监督条例》第7条规定：党内监督必须把纪律挺在前面，运用监督执纪"四种形态"，经常开展批评和自我批评、约谈函询，让"红红脸、出出汗"成为常态；党纪轻处分、组织调整成为违纪处理的大多数；党纪重处分、重大职务调整的成为少数；严重违纪涉嫌违法立案审查的成为极少数。2017年10月，经党的十九大审议通过，监督执纪"四种形态"写入党章，成为党内监督工作的基本遵循，成为全面从严治党、严明党的纪律的必然要求和重要保障。

孟新、刘江认为，要在科学把握"四种形态"在高校的价值与特点的基础上，构建职责清晰的协同机制、批评教育的引导机制、制度刚性的约束机制、本领高强的提升机制，以期实现"四种形态"运行的联动共融、规范高效，达到政治效果、纪法效果和社会效果相统一。② 张辉从"四种形态"内涵入手，具体分析了高校纪委在思想认识、内部结构、政策界定、能力素质等方面存在的问题，进一步探析高校纪委通过突出政治引领、注重主要环节、精准监督执纪、完善制度机制、强化队伍建设等落实党风廉政监督责任的路径。③

3. 有关问责的研究

问责作为现代高等教育系统中一项正式的制度安排，是对高校内部权力进行制约与监督的一种主要路径。高校内部权力问责是指向他人报告、解释、证明

---

① 文丽：《高校廉政风险控制中内部审计与纪检监察协同机制研究》，载《财会通讯》2018年第19期。
② 孟新、刘江：《高校践行监督执纪"四种形态"的价值指向与运行机制探究》，载《国家教育行政学院学报》2018年第5期。
③ 张辉：《高校纪检监察监督方法研究》，载《学校党建与思想教育》2019年第14期。

和回答内部权力是如何运行以及产生了何种效果的一种责任与义务。作为一种动态关系的表达,高校内部权力问责的实质是通过制度化的途径和手段对高校内部权力运行进行制约和监督,保障和促进权力的有效运行。完善高校内部权力问责制是完善中国特色现代大学制度的基本要求,是高校健康运行的制度保障,是提高高等教育质量的必然要求。① 这里从问责路径和问责面向两个方面对相关研究成果进行梳理。

问责路径方面的研究成果可按以下研究向度整理:

第一,巡视问责。凌健、商晶晶认为,中国高校问责的一种新的实践,即由纪委监察部门组织"巡视",高校迅速反应和"整改"的"巡视问责"范式正在形成。这种富有中国特色的高校问责范式,一方面比较全面地契合了《高等教育法》第四章对于高校办学过程中必须履行责任的内在要求;另一方面也以高校的迅速反馈和整改,高效率地回应了政府对高校办学的现实期待。他们以全国21个省(区、市)的335份地方高校巡视报告文本为基础,运用扎根理论研究方法归纳出巡视问责的五个核心领域——党委核心领导能力、干部监管、校园财务监管、基建后勤监管、学校内部治理。巡视问责的有效性,在一定程度上暴露出高校自我约束机制尚不够完善,因而,巡视问责的一个重要目的应当是推动高校逐步建立和完善自我约束机制,自动自发地回应政府和社会对于大学公共责任的期待。②

第二,审计问责。苗连琦等强调审计问责的纠偏作用,认为全面深化改革的背景下"双一流"建设经费绩效审计问责本质就是对深化改革特定举措的纠偏和矫正。"双一流"建设经费要落到实处,要建出成效,最终体现在完成相关建设任务和改革任务方面。高校要承担起全部职责,明确双层制问责体系,一层是国家审计对高校的问责(异体问责);另一层是高校对内部具体承建"双一流"建设项目的单位和部门的问责(同体问责)。③

---

① 苏永建、李冲、李易飞:《高校内部权力问责:内涵、动因、问题与改进路径》,载《现代教育管理》2018年第11期。

② 凌健、商晶晶:《"巡视问责":中国地方高校问责的一个实践范式》,载《复旦教育论坛》2018年第1期。

③ 苗连琦、袁少茹、胡亚敏:《高校"双一流"建设经费绩效审计问责机制研究》,载《财会通讯》2020年第23期。

第三,法治问责。张继明、冯永刚认为,在高等教育实践中普遍存在治理失灵问题,要由治理失灵走向有效治理,需要在高等教育治理中遵循系统化原则,因为系统化是高等教育的基本属性和存在方式。在实施高等教育系统化治理过程中,做好顶层设计是关键环节。现实中,我国高等教育的科层制模式阻碍着顶层设计的有效传导和整体推进,为了确保顶层设计的贯彻落实,在当前我国制度和文化框架下,急需深入推进依法治教,通过法治化来强化问责,以促使顶层设计有效传导和整体推进,促进高等教育系统化治理。①

第四,社会问责。陈·巴特尔、马智慧认为,高校提高教育质量需要从建立高等教育质量保障机制与高校社会问责机制入手。变革是高校社会问责机制完善的应有之义。高等教育质量保障为高校社会问责机制提供变革契机,而社会问责机制变革是实现高等教育质量保障升级的重要途径。高校和社会应重新审视社会公众参与高校内部质量保障的能力与权责理念;政府和高校需协力推动实现内容层面和联结性层面的高等教育质量保障制度和法律建设;在实践层面,高等教育质量保障要从激励方式、问责内容、社会参与渠道等方面实现创新。②

问责面向方面的研究成果可从教育质量和学术科研两个维度来整理:

关于教育质量问责,梁传杰、邓宸认为,现代治理体系下高校研究生教育由行政、学术、市场三类主体共治,责任共担。行政类主体对外适性质量负责,学术类主体对内适性质量负责,市场类主体对个适性质量负责。高校研究生教育外适性、内适性和个适性三维质量,应由不同主体分别制定质量标准并进行质量问题判定,在三维质量细化基础上进行责任主体界定并进行质量问责。③

王超等认为,质量问责从政府问责到社会问责的转型实质是牵涉公民与社会组织问责权能、路径与方式的法律制度建设以及如何处理大学与政府、大学与社会关系的制度安排。对此,我们不仅需要制定与完善相关政策与法律,明确与完善高校质量问责制度,而且需要整合政府评估与质量问责机制,关注高校公共

---

① 张继明、冯永刚:《高等教育有效治理的系统化原则及其实践——基于顶层设计与法治问责的视角》,载《江苏高教》2020年第5期。
② 陈·巴特尔、马智慧:《"双一流"建设背景下高等教育质量保障探析——基于高校社会问责机制变革视角》,载《大学教育科学》2019年第6期。
③ 梁传杰、邓宸:《高校研究生教育质量问责:理念、标准与主体》,载《研究生教育研究》2018年第1期。

危机事件,推动高校质量问责的完善。①

关于学术科研问责,陈亮通过调查全国 15 所具有代表性的高校实施学术不端行为问责的情况发现,大学学术不端行为问责存在问责主体职责未得到确证、问责客体间的连带责任追究不详,问责目标尚存错位,责任追究模糊、方式单一、问责程序尚不健全等问题。他认为,在全面推进依法治学、深化学术治理的关键期,健全大学学术不端行为问责主客体体系,明晰大学学术不端行为问责目标,厘清大学学术不端行为问责程序以及划清大学学术不端行为问责责任类型,将成为提升大学学术不端行为问责效力的可靠保证。②

祁占勇、李莹指出,当前我国大学学术问责面临着问责主体单一、问责客体模糊和问责程序不明确等治理困境。大学学术问责的治理困境主要由监管的行政性与学术的专业性的矛盾、学术研究的私密性与公益性的矛盾、问责主体与客体的利益的矛盾等现实缘由造成。应通过学术问责治理形成有效的学术问责成果,由学术出版机构推动营造良好的科学研究氛围,通过学校及相关行政主管部门的多元联动形成内外互促的学术问责支持体系,进而实现学术"善治"。③

(五)规律与方略:高校"三不"一体推进研究

在高压反腐的同时,党中央高瞻远瞩,对反腐败"标本兼治"的本质和机理进一步深入剖析,制定建设"不敢腐、不能腐、不想腐"体制机制的目标,并安排了切实可行的实施路径。④ 党的十九届四中全会明确提出,构建一体推进不敢腐、不能腐、不想腐体制机制……不仅是反腐败斗争的基本方针,而且是新时代全面从严治党的重要方略。

关于"三不"一体的重要性无须赘言,目前学界对于高校"三不"一体的研究

---

① 王超、覃红霞、樊媛:《论我国高校质量问责的转型与完善》,载《当代教育科学》2018 年第 10 期。
② 陈亮:《大学学术不端行为问责的实证研究》,载《高教发展与评估》2020 年第 3 期。
③ 祁占勇、李莹:《大学学术问责的治理困境及其实践路径》,载《复旦教育论坛》2018 年第 2 期。
④ 刘诗林:《"不敢腐、不能腐、不想腐"视角下的腐败治理成效与对策建议》,载《学校党建与思想教育》2020 年第 9 期。

可分为整体和局部两个层面。整体层面,主要是探索"三不"一体推进的优化路径;局部层面,是对不敢腐、不能腐、不想腐分别进行具象研究,主要集中在对"不想腐"的研究,或者说,集中在对高校反腐倡廉建设的研究。

1. 整体研究

郭世杰认为,高校腐败治理机制应当进一步完善:在惩处上,及时查处高校腐败案件,提高侦破概率,增强惩罚力度,剥夺非法利益,从而警诫潜在的行为人,达致"不敢腐";在制度上,力争消除现存制度弊端,健全权责一致的现代大学制度,建立公平公正的信息公开制度,完善相关的教育法律制度,进而建章立制,实现"不能腐";在思想上,抵制拜金主义和极端利己主义价值观,巩固思想教育的基础地位,以纪律和法律为重点、以师德教育为突破口开展腐败治理的主题学习,从而提升抵制腐败的综合素质,达到"不想腐"。①

黄晓辉、高筱红从不敢腐、不能腐、不想腐的生成机理入手,探讨"三不"之间的相互关系。从个体上看,"三不"中的每一个"不"都具有自己的独立内涵和生成机理,在反腐败斗争中具有各自独特的功能。从整体上看,"三不"相互影响、相互依存、相互促进,构成一个有机统一的整体。单个"不"的推进虽然也可以在一定程度上起到阻止腐败的作用,但其效果有限,是不牢固的、不长久的。只有统筹联动,"三位一体",才能增强反腐败的整体效能。②

刘力维、王盛开围绕"把权力关进制度的笼子里"这一重要思路,通过剖析现行高校权力运行结构体系、制约和监督机制,提出高校贯彻落实"把权力关进制度的笼子里"的实践路径:加强高校思想政治工作,强化高校各层级监督意识;通过内外监督合力形成不敢腐的惩戒机制、不能腐的防范机制、不易腐的保障机制;重点加强对高校关键少数和一把手的监督;科学设计高校权力运行制约和监督制度并强化制度执行。③

---

① 郭世杰:《司法惩戒、制度保障与源头治理——新形势下高校腐败治理机制的完善研究》,载《南方论刊》2018年第8期。
② 黄晓辉、高筱红:《论不敢腐不能腐不想腐的生成机理及相互关系》,载《中州学刊》2020年第12期。
③ 刘力维、王盛开:《试析高校如何贯彻落实"把权力关进制度的笼子里"》,载《学校党建与思想教育》2018年第10期。

2. 局部研究

任建明等指出,先后实现不敢腐、不能腐、不想腐,既是十八大以来党中央制定的反腐败斗争路线图,也是取得反腐败斗争胜利的三个递进阶段,其中,实现不敢腐是关键的一步。他结合产生不敢腐效果的因素和机理,反腐败的惩治职能所依赖的主要要素,以及现阶段我国反腐败的具体特点,提出实现不敢腐的框架模型;并对照模型审视目前的差距,提出实现不敢腐需要具备四个方面的条件或标准,即反腐败的法律和纪律科学完备、反腐败机构执行得力、惩治腐败行动能够遏增量和去存量、惩治腐败的行动特别是结果能够实现透明和公开。①

黄清波通过挖掘"不想腐"在宏观、中观和微观层面的深层意义,梳理"三不腐"的逻辑演进,将"不想腐"划分为心态上的"不安腐"、认知上的"不必腐"、意愿上的"不愿腐"和立场上的"不屑腐"四个层级,并据此提出全方位监督、全要素激励、全流程管控、全覆盖教育的四维路径建构。② 巢陈思、丁颂以高校教师为出发点,认为高校教师是否能够树立正确的廉洁观念直接影响着大学生廉洁素质的养成,并从完善顶层设计、提高思想认识、构建长效机制三方面提出高校教师廉洁教育的科学路径。③

3. 高校反腐倡廉建设研究

第一,关于廉洁文化建设研究。庞晓红等认为,高校党员廉洁既是高校党员的底线性制度要求,也是高校党员个体的基本美德,是高校党员的"最低伦理要求"。高校党员廉洁的养成与培育和践行社会主义核心价值观一脉相承,是加强高校思想政治工作建设的题中之义。高校党员廉洁建设,一方面要完善制度规约,提高高校党员腐败的代价和成本;另一方面要加强自律教育,让高校党员个

---

① 任建明、熊志航:《实现不敢腐:标准、差距与对策》,载《理论探索》2018 年第 3 期。
② 黄清波:《高校教师"不想腐"的逻辑演进及路径建构》,载《福建师范大学学报(哲学社会科学版)》2020 年第 4 期。
③ 巢陈思、丁颂:《为高校教师筑牢"不想腐"的思想堤坝——新时代推进高校教师廉洁教育的路径选择》,载《人民论坛》2019 年第 15 期。

体养成廉洁的美德。①

彭长华认为,高校廉洁文化具有重要的伦理价值,可以促进师生将廉洁意识入脑入心并转化为自觉行动。依据高校廉洁文化建设的伦理价值和伦理特征,探索高校廉洁文化建设的伦理方略,可以通过建设积极的校园文化、启迪师生的道德觉悟、重视媒介的载体功能、发挥群团工作的优势、树立榜样典型等方式,推动高校廉洁文化蓬勃发展,营造风清气正、昂扬向上的校园氛围。②

徐静聚焦"话语",指出在移动互联时代,高校廉洁文化的话语特性凸显,话语创新成为廉洁功能实现的内在要求。借鉴话语理论,移动互联时代高校廉洁文化话语创新应当清醒认识在话语自觉、话语体系等方面面临的诸多挑战,从打造话语体系、强化话语传播、把握接受习惯、提升话语能力、构建话语空间等方面搭建基本架构,从凸显中国特色、呼应时代特点、彰显高校特质、契合师生生活等方面探索基本路径。③

第二,关于廉洁教育路径优化研究。张文杰、姚志敏从分析大学生廉洁教育工作中存在的突出问题切入,结合大学生成长积极性特点,对新时代高校提升大学生廉洁教育工作实效性给出对策建议,即教育环境全域化,形成社会、高校、家庭一体化运行的支持体系;教育内容递进化,形成显性教育与隐性教育融合发展的教育体系;教育目标科学化,形成社会价值与个体需求有机结合的供给体系;教育模式创新化,形成载体多样、形式新颖、双向互动的路径体系。④

卞程秀、邓小明认为,大学生廉洁教育是由系列要素所组成的一个完整、有机的系统。大学生廉洁教育要素既赋予大学生廉洁教育的整体性,同时又限制着大学生廉洁教育整体功能的发挥。我国大学生廉洁教育存在着实质性要素界定不清晰,主体性要素专业性、独立性和层级性不够,过程性要素缺乏完整性和立体性的问题。大学生廉洁教育应当基于反腐败体系,科学界定实质性要素;基

---

① 庞晓红、冯丕红、刘欣、钟兴:《论高校党员廉洁》,载《社会科学家》2018年第4期。
② 彭长华:《伦理视角下高校廉洁文化建设研究》,载《学校党建与思想教育》2020年第20期。
③ 徐静:《移动互联时代高校廉洁文化话语创新探析》,载《学校党建与思想教育》2018年第20期。
④ 张文杰、姚志敏:《新时代高校提升大学生廉洁教育工作实效性研究——基于大学生成长积极性特点》,载《社会科学家》2019年第6期。

于主体分类,优化主体性要素;引入评估整合途径,完善过程性要素。①

张光闪、邓小明从中外大学生廉洁教育课程设置与教材建设切入,通过一系列比较分析,提出促进高校廉洁教育发展的几条路径:一是应把大学生廉洁教育纳入高校教育总目标,甚至上升到法律层面确定下来;二是应针对不同专业的大学生提出不同的廉洁要求;三是把廉洁教育作为思想政治教育的一项重要内容,把廉洁知识渗透到思想政治理论课的教学中;四是重视廉洁教育教学计划的制订、教学课时的安排和教材编写的推进等各项工作。②

孙永超指出,党员干部、教职工和大学生是高校思想政治教育的主要对象,也是接受廉政教育的重点群体。根据对象的不同,廉洁教育内容也各有侧重,对高校党员干部的廉政教育要侧重提升政治站位和筑牢思想防线,对高校教职工的廉政教育要侧重正确行使公权力意识的培养,对大学生的廉政教育要侧重政治意识和廉洁自律意识的培养。③

第三,关于廉洁教育合力研究。戴平安认为,作为网络时代"原住民"的"95后"大学生,互联网对他们的影响无处不在、无时不有。在网络环境下培养大学生的廉洁思想,需要各方共画同心圆:在学校层面,要重视开展多种形式的线上与线下相结合的廉洁教育,把大学生反腐预防之网织密、做牢;在高校教师队伍层面,要在反腐倡廉的活动中走在前面,做好学生的榜样;在大学生层面,要在运用网络的过程中,不断提升自己的廉洁意识。④

解艳波、孙立军认为,要使大学生形成普遍廉洁意识,不能仅停留在对廉洁问题的一般认识上,也不能简单倡导和号召,而是需要正确培养和构建。一是优化社会环境,构建风清气正社会;二是建设廉洁校园,营造崇廉敬廉氛围;三是注重家庭德育,树立优良廉洁家风;四是加强网络管理,优化廉洁网络环境;五是提高廉洁自觉,涵养个人品德修为。⑤

---

① 卞程秀、邓小明:《大学生廉洁教育的要素构成及其优化》,载《国家教育行政学院学报》2018年第1期。
② 张光闪、邓小明:《中外大学生廉洁教育课程设置与教材建设之比较》,载《中国成人教育》2017年第21期。
③ 孙永超:《对新时代推进高校廉政教育的思考》,载《学校党建与思想教育》2020年第14期。
④ 戴平安:《论新时代网络视域下"95后"大学生廉洁意识的培养》,载《湖北社会科学》2018年第10期。
⑤ 解艳波、孙立军:《新时代大学生廉洁意识教育探析》,载《思想教育研究》2020年第2期。

吴成国、江成认为,在新时代中国特色社会主义的历史方位下,大学生廉洁教育面临着主体意识困境。培育廉洁教育主体意识,增强大学生主体自觉,推动高校主体育人,重视家庭主体熏陶,发挥社会主体匡正作用,协同大学生、高校、家庭、社会"四位一体"的教育主体合力推进大学生廉洁教育,是全面从严治党的战略要求,是深化高校思想政治教育改革的迫切需求,是培育时代新人的现实需要。①

第四,关于廉洁教育创新研究。刘红旗等将节点思想引入高校党风廉政建设和反腐败斗争实践,提出要抓住贴合高校师生实际、具有高校校园特色的特殊节点来进行反腐倡廉教育:一是重大活动事件节点;二是高校特殊敏感时间节点;三是高校重点领域关键岗位权力运行节点;四是高校干部师生成长成才节点。②

陶文娟认为,高校开展廉洁教育"进课堂、进教材、进头脑"工作(以下简称"三进入"工作),是加强和改进高校思想政治教育的重要内容,是从人才培养的源头上遏制腐败的战略性举措。作者分析了高校廉洁教育"三进入"工作难以实质性展开的主要问题及原因,并从思想认识、制度设计、政策支持、组织保证、内容要求、激励机制等方面探索对策措施,以加强此项工作的针对性和实效性。③

王鑫认为,以故事化的形式进行廉洁教育,契合大学生的思想和心理特点,能够提高教育的吸引力、感染力和说服力。应把讲中国历史上的廉洁故事和讲中国共产党人的廉洁故事结合起来,把"讲好故事"和"故事讲好"结合起来,把讲有正面引导作用的廉洁故事和讲有反面警示作用的贪腐故事结合起来,把学生的被动听讲和主动参与结合起来,把课堂教育与课外教育结合起来。④

---

① 吴成国、江成:《新时代大学生廉洁教育主体意识的培育》,载《学校党建与思想教育》2020 年第 8 期。
② 刘红旗、杭育新、沈广和:《加强高校反腐倡廉建设的节点教育研究》,载《思想教育研究》2020 年第 5 期。
③ 陶文娟:《高校廉洁教育"三进入"面临的问题及对策》,载《江苏高教》2017 年第 11 期。
④ 王鑫:《故事化的形式在大学生廉洁教育中的运用》,载《学校党建与思想教育》2020 年第 22 期。

(六) 路径与展望:推动高校全面从严治党向纵深发展

1. 推动全面从严治党向纵深发展的理论探索

高校的职责在于立德树人,根基在于坚持党对教育的全面领导,关键在于坚持社会主义的办学方向不动摇。开展研究是为了更好地指导工作,通过对高校全面从严治党现状、履责尽责情况、监督执纪问责情况以及"三不"一体推进情况等的总结梳理,明确发展方向,寻找发展力量。

首先,要坚持党的全面领导。对于坚持党对高校工作的领导这个根本问题,任何时候我们都不能含糊和动摇,必须头脑清醒、旗帜鲜明,而且在行动上要高度自觉,因为坚持和加强高校党的全面领导,是马克思主义政党的根本要求和政治优势,是新时代中国特色社会主义高校办学方向的根本保障,是承担管党治党、办学治校主体责任的迫切需要。① 孙晓峰探索了新时代提升高校党委全面领导力的路径,指出要坚持党管办学方向,提升政治统驭力;坚持党管意识形态,提升思想引领力;坚持党管干部人才,提升组织凝聚力;坚持党管改革发展,提升科学决策力;坚持党管群团组织,提升动员号召力;坚持党管部署落实,提升督查执行力;坚持党管纪检监察,提升执纪问责力。②

其次,要持续推进党的建设。推进高校从严治党,应根据党的建设的总体要求,从组织体系、责任体系、制度体系、考评体系上下功夫,形成科学规范和系统完备的工作架构,着眼于从"严"抓起,落实好主体责任,从"实"抓起,落实好每项任务,从"常"抓起,落实好建设成效。③ 党的政治建设是党的根本性建设,居于新时代党的建设布局的统领性地位。新时代高校党的政治建设以"两个维护"为首要任务,以发挥高校基层党组织政治功能为核心要求,以牢固高校党员政治信仰为关键着力点。新时代加强高校党的政治建设的实践路径可以从以下几方面

---

① 金一斌:《深刻把握党的建设新要求 坚持和加强高校党的全面领导》,载《中国高等教育》2018年第9期。
② 孙晓峰:《新时代提升高校党委全面领导力的路径探索》,载《思想理论教育导刊》2018年第12期。
③ 张维维:《扎实推进高校从严治党的体系建设》,载《中国高等教育》2019年第8期。

展开:一是环境建构,净化党内政治生态;二是主体提升,提升党员干部政治能力;三是文化涵养,发展先进的党内政治文化。① 加强高校领导班子政治建设事关全面从严治党、社会主义办学方向和立德树人的贯彻落实。加强高校领导班子的政治建设就是要坚持理论武装、肩挑政治责任;严明政治规矩、坚守政治方向;强化政治担当、建好干部队伍;培育政治文化、营造政治生态。②

最后,要涵养良好政治生态。习近平总书记指出,涵养政治生态,要"浚其源、涵其林、养正气、固根本",只有"锲而不舍,久久为功",才能构建良好的政治生态。一要坚持党的统一领导,加强领导班子建设;二要科学构建治理结构,加强监督执纪问责;三要严明党内政治纪律,严肃党内政治生活;四要加强宣传引导工作,营造良好校园文化。③ 颜奇英等认为,依据生态系统多样性、整体性理论,高校廉政生态建设具体应体现在理念、行为、制度、风气四个维度。高校应着力从加强教育引导、抓住监督环节、扎紧制度笼子、打造廉洁文化四个方面开展廉政生态建设。④

2. 高校全面从严治党研究评析与研究进路

总结十九大之后关于高校全面从严治党的研究,发现监督、问责、"三不"一体推进等领域的研究论文数量已比较可观。国家监察体制改革、现代大学制度建设必然会为高校全面从严治党制度与机制建设注入新的发展动能,所以,与时俱进,高校全面从严治党还有相当大的研究空间。

腐败问题是一个全球都在关注的问题,也是一个各国都在设法努力解决的难题,如何解决,需要不断地深入研究、积极探索。目前,国内高校全面从严治党研究更强调内容解读、理论研究,而基于实际案例的定量分析比较少见,定量研究缺乏数据支持,且深度有待进一步加强。

高校反腐败与全面从严治党研究要同时兼顾理论性与实践性,已有研究基本上仍属于概念的简单引用,对关键学理问题的研究尚需进一步深化。要深入

---

① 施春陵:《新时代高校党的政治建设的内涵与途径》,载《学校党建与思想教育》2020年第6期。
② 唐东升:《加强高校领导班子政治建设研究》,载《思想理论教育导刊》2019年第6期。
③ 周琴:《高校政治生态:内涵、意义及进路》,载《青海社会科学》2020年第6期。
④ 颜奇英、王国聘:《新时代高校廉政生态建设刍论》,载《学校党建与思想教育》2020年第18期。

剖析"高校腐败""高校权力""权力问责"等核心概念的内涵与外延,发掘高校腐败研究的"源头活水",理顺治理实践的发展脉络,从而推动达成理论研究与实践的共识。

教育部公开数据显示,截至 2020 年 6 月 30 日,全国(不包括港澳台地区)高等学校共计 3005 所,其中,普通高等学校 2740 所,含本科院校 1258 所、高职(专科)院校 1482 所;成人高等学校 265 所。庞大的高校规模,既需要我们抓住"共同点",进而举一反三;也要求我们紧盯"个性化",从而有的放矢。要充分研究不同类型高校的组织结构特点,并结合定位、地域、历史、专业等多种因素,尝试探索有针对性的治理方案。同时,要注重开展比较研究,汲取不同国家和地区在预防和治理高校腐败过程中形成的有效经验,博采众长,为高校全面从严治党研究提供有益借鉴。此外,还应关注高校反腐败的历史脉络、新时代高校全面从严治党的创新方式等,进行深入思考与整体推进。

全面从严治党下的反腐要览

<< 栏目主持:张深远 韩思阳

一、新时代正风反腐大事记(2012.12—2020.12)

二、新时代执纪审查中管干部一览表(2012.12—2020.12)

三、新时代党纪政务处分中管干部一览表(2012.12—2020.12)

四、新时代反腐败辞典(2020)

一、新时代正风反腐大事记(2012.12—2020.12)

张深远

党的十八大以来,以习近平同志为核心的党中央坚持反腐败无禁区、全覆盖、零容忍,坚定不移"打虎""拍蝇""猎狐",反腐败斗争成效显著。这里系统梳理十八大以来我国党风廉政建设和反腐败斗争的大事。

(一) 反腐倡廉大事记(2012.12—2013.12)[①]

2012 年

12 月

12月4日　中共中央政治局召开会议审议"八项规定"。会议审议中央政治局关于改进工作作风、密切联系群众的八项规定,强调抓作风建设,首先要从中央政治局做起。

2013 年

1 月

1月9日　中央纪委监察部查办案件情况首次电视直播。中央纪委监察部首次以电视直播形式通报2012年查办案件工作情况,引起社会关注。2012年,超过16万人受党纪政纪处分,3万余人因贪污贿赂受处分,薄熙来、刘志军、黄胜等一批大案移送司法机关。

[①] 《反腐倡廉大事记(2012.12—2013.12)》,http://fanfu.people.com.cn/n/2014/0102/c64371-24006997.html。

1月21—22日　第十八届中纪委二次全体会议召开。中国共产党第十八届中央纪律检查委员会第二次全体会议在北京举行，出席会议的中央纪委委员129人，列席295人。

1月28日　习近平作出批示要求：厉行节约、反对浪费。批示指出，要加大宣传引导力度，大力弘扬中华民族勤俭节约的优秀传统，大力宣传节约光荣、浪费可耻的思想观念，努力使厉行节约、反对浪费在全社会蔚然成风。

3月

3月20日　国务院工作规则发布，强调廉政和作风建设。该规则要求，国务院及各部门要严格执行改进工作作风、密切联系群众和廉洁从政的各项规定，切实加强廉政建设和作风建设。

3月26日　国务院召开第一次廉政工作会议，李克强发表讲话。讲话强调，要转变政府职能，依法规范权力运行，着力建设廉洁政府。

3月29日　五部门：严禁中央和国家机关使用"特供"等物品。国管局等五部门日前联合下发《关于严禁中央和国家机关使用"特供""专供"等标识的通知》，根据通知要求，严禁中央和国家机关各部门及所属行政事业单位使用、自行或授权制售冠以"特供""专供"等标识的物品。

4月

4月19日　中共中央政治局集体学习我国廉政文化历史。中共中央政治局就我国历史上的反腐倡廉进行第五次集体学习。习近平强调，积极借鉴我国历史上的优秀廉政文化，不断提高党的领导水平和执政水平、提高拒腐防变和抵御风险能力。

4月19日　国内主要网站推出网络监督专区。人民网等国内主要网站均在首页开设网络监督专区，链接纪检监察、检察、法院、国土等执纪执法部门举报网站以及干部监督"12380"网站。

5月

5月17日　2013年中央第一轮巡视工作启动，王岐山发表讲话。2013年5月17日，王岐山出席2013年中央巡视工作动员暨培训会议并讲话。他强调，要扎实做好巡视工作，着力发现问题，形成震慑，遏制腐败现象蔓延势头。

5月19日　国务院清查政府性楼堂馆所修建情况。国务院办公厅日前印发通知对修建政府性楼堂馆所情况开展清理检查。通知强调,坚决遏制违规修建政府性楼堂馆所现象。

5月27日　全国纪检监察系统开展会员卡清退活动。王岐山出席全国纪检监察系统开展会员卡专项清退活动电视电话会议并讲话。他强调,严肃认真地开展会员卡清退活动,实现自我净化,巩固落实八项规定成果,营造风清气正的良好环境。

6月

6月18日　党的群众路线教育实践活动开展,严刹"四风"。党的群众路线教育实践活动工作会议召开,习近平出席会议并发表重要讲话。他强调,全党同志要积极参与到活动中来,以实际行动密切党群干群关系,取得群众满意的成效。

7月

7月12日　四部委:违规发放补贴情节严重将被降级或撤职。据监察部网站消息,《违规发放津贴补贴行为处分规定》已审议通过。该规定明确,有违规发放津贴补贴行为的单位,其负有责任的领导人员和直接责任人员应当承担纪律责任。

8月

8月13日　中宣部等五部门联合发通知,叫停奢华晚会。中宣部、财政部、文化部、审计署、国家新闻出版广电总局日前联合发出通知,要求制止豪华铺张、提倡节俭办晚会。

8月27日　中纪委等印发通知,要求开好专题民主生活会。中纪委、中组部、中央党的群众路线教育实践活动领导小组印发《关于在党的群众路线教育实践活动中开好专题民主生活会的通知》,要求第一批开展党的群众路线教育实践活动的单位组织召开一次高质量的专题民主生活会。

9月

9月2日　中央纪委监察部网站正式开通,公布组织机构图。中央纪委监察部网站正式开通上线,公布了中央纪委监察部组织机构框图。据介绍显示,中央纪委、监察部合署办公,内设27个职能部门。

9月3日　中纪委发通知:刹住"两节"公款送礼歪风。中共中央纪委和中央党的群众路线教育实践活动领导小组发出《关于落实中央八项规定精神坚决刹住中秋国庆期间公款送礼等不正之风的通知》。

9月23日　中央和国家机关会议费管理办法出台。财政部、国家机关事务管理局和中共中央直属机关事务管理局近日联合制定印发《中央和国家机关会议费管理办法》的通知。该办法要求各单位参会人员以在京单位为主的会议不得到京外召开。

9月28日　10个中央巡视组向被巡视地区和单位反馈巡视情况。中纪委网站集中发布了10个中央巡视组向被巡视地区和单位反馈巡视情况的相关信息。

10月

10月12日　中纪委等印发办法规范干部报告个人事项汇总工作。为进一步规范领导干部个人有关事项报告材料汇总综合工作,中央纪委法规室会同中央组织部干部监督局起草制定了《领导干部个人有关事项报告材料汇总综合办法》。

10月22日　最高检时隔24年再向人大报告反贪污贿赂工作。这是1989年10月25日后,时隔24年最高检再次就反贪污贿赂工作向全国人大进行报告。

10月23日　中央巡视组第二轮巡视工作开始,共分10个组。中央巡视工作动员部署会召开,王岐山在会上强调,严肃认真开展好2013年第二轮巡视;要突出发现问题,强化震慑作用,不能让有问题的人心存侥幸,不能让腐败分子有立足之地。

10月29日　中央军委印发《中央军委关于开展巡视工作的决定》。经习近平主席批准,中央军委近日印发《中央军委关于开展巡视工作的决定》,对军队建立巡视制度、设置巡视机构、开展巡视工作作出总体部署;并印发《中央军委巡视工作规定(试行)》,对开展巡视工作作出规范。

10月31日　中央纪委发通知:严禁公款购买印制寄送贺年卡等。中纪委发出《关于严禁公款购买印制寄送贺年卡等物品的通知》。该通知要求,严禁用公款购买、印制、邮寄、赠送贺年卡、明信片、年历等。

11月

11月1日 《监察机关特邀监察员工作办法》施行。该办法规定了监察机关特邀监察员的选聘范围、基本条件、职责、权利、义务、聘任程序和解聘情形等内容。

11月15日 《中共中央关于全面深化改革若干重大问题的决定》发布。该决定提出,加强反腐败体制机制创新和制度保障。

11月19日 《党政机关厉行节约反对浪费条例》印发。该条例对党政机关厉行节约反对浪费工作作出全面、系统的规定。

11月21日 中央纪委:严禁元旦春节公款购买赠送烟花爆竹等年货。中央纪委下发《关于严禁元旦春节期间公款购买赠送烟花爆竹等年货节礼的通知》。该通知要求,严禁用公款购买赠送烟花爆竹、烟酒、花卉、食品等年货节礼(慰问困难群众职工不在此限)。

12月

12月8日 《党政机关国内公务接待管理规定》印发。中共中央办公厅、国务院办公厅印发《党政机关国内公务接待管理规定》,旨在规范党政机关国内公务接待管理,厉行勤俭节约,反对铺张浪费,加强党风廉政建设。

12月23日 中央纪委等发通知:严肃整治"会所中的歪风"。中央纪委、中央教育实践活动领导小组近日发出《关于在党的群众路线教育实践活动中严肃整治"会所中的歪风"的通知》。

12月25日 《建立健全惩治和预防腐败体系2013—2017年工作规划》印发。中共中央近日印发了《建立健全惩治和预防腐败体系2013—2017年工作规划》,并发出通知,要求各地区各部门结合实际认真贯彻执行。

12月29日 中组部发通知:进一步做好领导干部报告个人有关事项工作。中组部日前印发《关于进一步做好领导干部报告个人有关事项工作的通知》,要求各地区各部门认真贯彻落实党的十八届三中全会精神,不断强化对领导干部的监督,进一步做好领导干部报告个人有关事项工作。

12月30日 中共中央政治局开会研究部署党风廉政建设和反腐败工作。中共中央政治局召开会议,听取中央纪律检查委员会2013年工作汇报,研究部署2014年党风廉政建设和反腐败工作。会议同意2014年1月召开第十八届中央纪律检查委员会第三次全体会议。

(二) 2014 年反腐倡廉大事记①

1 月

1月13日 中国共产党第十八届中央纪律检查委员会第三次全体会议在北京开幕。习近平发表重要讲话,强调强化反腐败体制机制创新和制度保障、深入推进党风廉政建设和反腐败斗争。他指出,坚持党要管党、从严治党,强化党对党风廉政建设和反腐败工作统一领导,强化反腐败体制机制创新和制度保障,加强思想政治教育,严明党的纪律,坚持不懈纠正"四风",保持惩治腐败高压态势,努力取得人民群众比较满意的进展和成效。中央纪律检查委员会常务委员会主持了会议。王岐山代表中央纪律检查委员会常务委员会作了题为《聚焦中心任务创新体制机制深入推进党风廉政建设和反腐败斗争》的工作报告。王岐山指出,2014年工作总体要求是:深入贯彻党的十八大和十八届二中、三中全会精神,认真贯彻习近平总书记系列讲话精神,坚持党要管党、从严治党,加强党对党风廉政建设和反腐败工作统一领导,聚焦中心任务,推进改革创新,加强反腐败体制机制创新和制度保障;严明党的各项纪律,坚决克服组织涣散、纪律松弛现象;深入落实中央八项规定精神,强化执纪监督,坚持不懈纠正"四风";加大对违纪违法党员干部审查力度,保持惩治腐败高压态势;加强纪检监察干部队伍建设,提高履职能力,坚定不移把党风廉政建设和反腐败斗争引向深入。

1月20日 党的群众路线教育实践活动第一批总结暨第二批部署会议在北京召开。习近平出席会议并发表重要讲话,对第一批教育实践活动进行总结,对第二批教育实践活动进行部署。他强调,要充分运用第一批活动经验,紧紧扭住反对"四风",从群众最关心、最迫切的问题入手,着力解决关系群众切身利益的问题,解决群众身边的不正之风问题,把改进作风成效落实到基层,真正让群众受益,努力取得人民群众满意的实效。

---

① 商红日、张惠康:《反腐败与中国廉洁政治建设研究报告(Ⅱ)》,北京大学出版社 2016 年版,第 201—215 页。

2月

2月11日 国务院召开第二次廉政工作会议,李克强发表讲话。他要求,各级政府和部门要认真贯彻习近平总书记在中央纪委三次全会上的重要讲话精神,落实中央纪委三次全会关于反腐倡廉的部署,坚定不移惩治腐败、促政风转变,以抓改革建机制推进廉政建设,努力取得人民群众满意的新成效。李克强强调,要把中央关于反腐倡廉的部署坚决落到实处,做到有令必行、有禁必止、有腐必反、有贪必惩。

2月13日 习近平对军队教育实践活动作出重要指示强调,切实巩固拓展第一批活动成果,高标准、高质量抓好第二批活动。全军党的群众路线教育实践活动领导小组发出通知,要求认真抓好指示精神贯彻落实。通知强调,各级党委要坚决贯彻落实党中央、中央军委和习近平主席的决策指示,确保教育实践活动有力有序推进,取得实实在在的成效,为强军兴军凝聚起强大正能量。

2月17日 省部级主要领导干部学习贯彻十八届三中全会精神全面深化改革专题研讨班在中央党校开班。习近平在开班式上发表重要讲话。他强调,必须适应国家现代化总进程,提高党科学执政、民主执政、依法执政水平,提高国家机构履职能力,提高人民群众依法管理国家事务、经济社会文化事务、自身事务的能力,实现党、国家、社会各项事务治理制度化、规范化、程序化,不断提高运用中国特色社会主义制度有效治理国家的能力。

2月28日 中央纪委常委会议审议通过了《关于公开曝光纪检监察干部违反中央八项规定精神案件的通知》。通知要求,对违反中央八项规定精神并受到党纪政纪处分的各级纪委委员、纪检监察机关干部,各人民团体、国有企业事业单位和金融机构从事纪检监察工作的干部,在中央纪委监察部网站公开曝光,内容包括违纪人姓名、单位、职务职级、主要违纪事实和处理结果。

3月

3月15日 王岐山出席中央巡视工作动员部署会议并讲话。他强调,要深入贯彻落实党的十八大和十八届二中、三中全会和习近平总书记系列重要讲话精神,按照中央纪委三次全会部署,充分发挥巡视在党风廉政建设和反腐败斗争中的作用,聚焦中心任务,强化党内监督,正风肃纪,围绕"四个着力"发现问题,形成持续有力震慑。中央巡视组2014年度对北京、天津、辽宁、福建、山东、河南、海南、甘肃、宁夏、新疆、新疆生产建设兵团开展常规巡视,同时对科技部、复旦大学、中粮集团开展专项巡视。

3月17日至18日　习近平在河南省兰考县调研指导党的群众路线教育实践活动。习近平强调,要准确把握第二批教育实践活动的总体要求、实践载体、重点对象、组织指导原则、特点规律,大力学习弘扬焦裕禄精神,坚持高标准严要求,在对标立规中查找差距,在上下互动中解决问题,在攻坚克难中提振信心,在思考辨析中把握规律,确保每个层级每个单位都真正取得实效。习近平强调,作风问题本质上是党性问题。抓作风建设,就要返璞归真、固本培元,重点突出坚定理想信念、践行根本宗旨、加强道德修养。他为此提出四点要求:一是正确认识和处理人际关系,做到既有人情味又按原则办,特别是当个人感情同党性原则、私人关系同人民利益相抵触时,必须毫不犹豫站稳党性立场,坚定不移维护人民利益。二是下决心减少应酬,保持健康的工作方式和生活方式,多学习充电、消化政策,多下基层调查研究、掌握第一手情况,多系统思考和解决存在的突出问题,自觉远离那些庸俗的东西。三是实实在在做人做事,做到严以修身、严以用权、严以律己,谋事要实、创业要实、做人要实,堂堂正正、光明磊落,敢于担当责任,勇于直面矛盾,善于解决问题,不搞"假大空"。四是对一切腐蚀诱惑保持高度警惕,慎独慎初慎微,做到防微杜渐。习近平强调指出,教育实践活动要见物见人,既围绕解决实际问题制订方案、采取措施,又围绕提高党员、干部素质和能力制定方案、采取措施。要防止用兴办实事代替解决党员、干部作风问题,只注重解决作风问题而忽视提高群众工作能力的倾向。

4月

4月1日　李克强在人民大会堂接见参加中央国家机关党的工作暨纪检工作会议的全体代表并讲话。李克强强调,打造奋发有为、守法清廉的机关党员队伍,建设法治政府、创新政府、廉洁政府,对腐败行为敢于碰硬,对腐败分子坚决惩处。

5月

5月19日　王岐山在纪检监察机关"转职能、转方式、转作风"专题研讨班上强调,纪检监察机关要深入贯彻党的十八届二中、三中全会精神,落实中央纪委二次、三次全会部署,明确职责定位,聚焦党风廉政建设和反腐败斗争,紧紧围绕监督执纪问责,深化转职能、转方式、转作风,全面提高履职能力。

7月

7月3日至4日 王岐山到内蒙古自治区锡林郭勒盟调研,并召开部分省区市巡视工作座谈会。王岐山指出,巡视是给党的肌体作"体检",党内监督没有禁区、没有例外。要认真落实三中全会决定第36条,逐步实现对地方、部门、企事业单位巡视全覆盖。要直指问题,在抓好常规巡视的同时,探索开展机动灵活的专项巡视,增强震慑力。要加强巡视队伍建设,选好配强巡视干部。巡视干部要对党忠诚、敢于担当、严守纪律,履行好党章赋予的神圣职责。

7月16日 王岐山出席2014年中央第二轮巡视工作动员部署会并讲话。他强调,要不折不扣落实习近平总书记关于巡视工作的重要讲话精神,按照中央巡视工作方针,聚焦中心任务,围绕"四个着力"发现问题,强化震慑,发挥利剑作用,使顶风违纪者收敛,让伸手的人收手,坚决遏制腐败蔓延势头。

8月

8月15日 由监察部主办的亚太经合组织(APEC)反腐败执法合作网络(ACT—NET)第一次会议在北京召开。亚太经合组织21个经济体的反腐败执法合作网络联络人参加会议。会议通报了亚太经合组织反腐败执法合作网络各经济体联络人信息,交流了各经济体在腐败人员缉拿归案、资产追回等国际合作方面的相关操作程序、方法和案例,探讨了未来在执法合作网络框架下开展国际追逃追赃技术培训和能力建设等方面的具体项目。亚太经合组织反腐败执法合作网络由亚太经合组织各经济体反腐败和执法机构人员组成,在亚太经合组织反腐败工作组框架下设立,旨在加强以追逃追赃为重点的个案合作、经验分享和能力建设。中国监察部作为亚太经合组织反腐败工作组2014年的轮值东道主,与印尼、美国等经济体反腐败机构共同倡导,推动了执法合作网络的成立,并在北京承办了第一次会议。反腐败执法合作网络的建立,对于加强亚太地区打击贪官外逃和非法资金外流方面的国际合作具有重要意义。

10月

10月25日 中国共产党第十八届中央纪律检查委员会第四次全体会议在北京举行。全会的主要任务是,认真学习贯彻党的十八届四中全会精神,对纪检监察系统落实全会精神进行部署,推动党风廉政建设和反腐败斗争深入开展,为全面推进依法治国提供坚强有力保证。全会由中央纪律检查委员会常务委员会主持,王岐山发表讲话。

10月27日 十二届全国人大常委会第十一次会议开幕,将审议刑法修正案(九)草案。草案拟进一步完善反腐败的制度规定,加大对腐败犯罪的惩处力度。草案中说,按照党的十八届三中全会对加强反腐败工作,完善惩治腐败法律规定的要求,加大惩处腐败犯罪力度,拟对刑法作出以下修改:一是修改贪污受贿犯罪的定罪量刑标准。二是加大对行贿犯罪的处罚力度。三是严密惩治行贿犯罪的法网。

11月

11月8日 APEC部长级会议在北京结束。会议通过了《北京反腐败宣言》,加大反腐败合作,加强在亚太追逃追赃合作,协同打击腐败。

11月18日 王岐山出席中央巡视工作动员部署会并讲话。他强调,要深入贯彻习近平总书记系列重要讲话精神,坚持党要管党、从严治党,落实中央巡视工作方针,在"专"字上做文章,创新组织制度和方式方法,发挥专项巡视的威慑力。

12月

12月9日 据中央纪委监察部网站消息,中央反腐败协调小组国际追逃追赃工作办公室发布公告称,自9日起开辟专栏,接受海内外举报追逃追赃线索举报,欢迎海内外人士对逃往国(境)外的党员和国家工作人员,及其涉嫌向国(境)外转移违法违纪资产等线索进行如实举报。

12月9日 据中央国家机关工作委员会网站"紫光阁"消息,中央国家机关举报网站9日正式开通。举报网站受理针对中央国家机关党组织、党员(不含中管干部)违反党纪问题的检举控告,依法应由纪检机关受理的党组织、党员不服党纪处分和其他处理的申诉,以及对党风廉政建设和纪检工作的意见建议。

12月29日 中共中央政治局召开会议,听取中央纪律检查委员会2014年工作汇报,研究部署2015年党风廉政建设和反腐败工作;审议通过《关于加强社会主义协商民主建设的意见》《关于加强和改进党的群团工作的意见》。中共中央总书记习近平主持会议。

（三）2015 年反腐倡廉大事记[①]

1 月

1月7日　中央纪委举行新闻发布会通报2014年反腐倡廉情况。会上，黄树贤通报一年来党风廉政建设和反腐败斗争取得的进展和成效。

1月12日　《习近平关于党风廉政建设和反腐败斗争论述摘编》出版。1月，由中央纪委、中共中央文献研究室编辑的《习近平关于党风廉政建设和反腐败斗争论述摘编》一书出版发行，该书内容摘自习近平同志2012年11月15日至2014年10月23日期间的讲话、文章、批示等40多篇重要文献。其中许多论述是第一次公开发表。

1月12日　第十八届中央纪律检查委员会第五次全体会议召开。中国共产党第十八届中央纪律检查委员会第五次全体会议于1月12日至14日在北京举行。出席会议的中央纪委委员125人，列席365人。

1月13日　习近平在十八届中央纪委五次全会上发表重要讲话。习近平强调，要严明政治纪律和政治规矩、加强纪律建设，深化纪律检查体制改革、完善党风廉政建设法规制度，落实"两个责任"、强化监督执纪问责，持之以恒落实八项规定精神，坚决遏制腐败现象蔓延势头、坚守阵地、巩固成果、深化拓展，坚定不移推进党风廉政建设和反腐败斗争。

2 月

2月11日　2015年中央第一轮巡视工作正式启动。王岐山出席中央巡视工作动员部署会并讲话。经中央批准，2015年中央第一轮巡视将对中国核工业集团公司、中国核工业建设集团公司、中国石油天然气集团公司、中国海洋石油总公司、国家开发投资公司等26家央企进行专项巡视。

3 月

3月26日　中共中央出台三个提名考察办法。中共中央办公厅印发了《省（自治区、直辖市）纪委书记、副书记提名考察办法（试行）》《中央纪委派驻纪检组

[①] 《2015反腐倡廉大事记》，http://fanfu.people.com.cn/GB/143349/400943/index.html。

组长、副组长提名考察办法（试行）》《中管企业纪委书记、副书记提名考察办法（试行）》。

3月31日　中央纪委新设7家派驻纪检组组长就位。中央纪委新设7家派驻纪检组组长，分别赴中央办公厅、中央组织部、中央宣传部、中央统战部、全国人大机关、国务院办公厅、全国政协机关任职报到。这是党的历史上，中央纪委首次向党的工作部门和全国人大机关、国务院办公厅、全国政协机关派驻纪检组，是实现派驻全覆盖的重要一步。

4月

4月1日　中国启动"天网"行动抓捕外逃贪官。日前，中央反腐败协调小组国际追逃追赃工作办公室召开会议，研究部署2015年反腐败国际追逃追赃工作，决定从4月开始，启动"天网"行动。中组部、最高检、公安部、央行等单位将从清查官员违规护照、打击地下钱庄、追逃追赃等方面牵头开展行动。

4月22日　中国首次公布百份全球追逃红色通缉令。按照"天网"行动统一部署，国际刑警组织中国国家中心局近日集中公布了针对100名涉嫌犯罪的外逃国家工作人员、重要腐败案件涉案人员等的红色通缉令。其中包括号称"中国第一女贪"的浙江省建设厅原副厅长杨秀珠，中储粮河南周口直属库原主任乔建军，广东省广州市花都区政协原主席王雁威等。

5月

5月1日　中纪委开设"五一"期间"四风"问题监督举报曝光专区。"五一"临近，为贯彻落实十八届中央纪委第五次全会精神，继续抓住重要时间节点，紧盯"四风"新形式、新动向，狠刹公款吃喝、旅游、送节礼等不正之风，加大社会监督力度，畅通举报渠道，中央纪委监察部网站推出"五一"期间"四风"问题监督举报曝光专区。

5月14日　最高检下发通知：追逃追赃专项行动延长至年底。最高人民检察院近日下发《关于在全国检察机关继续开展职务犯罪国际追逃追赃专项行动的通知》，要求全国检察机关将正在开展的职务犯罪国际追逃追赃专项行动延长至2015年年底。

5月31日　最高检制定办法：如实记录严肃追责，严防干部干预司法。日前，最高检制定检察机关贯彻执行《领导干部干预司法活动、插手具体案件处理的记录、通报和责任追究规定》和《司法机关内部人员过问案件的记录和责任追究规定》的实施办法,要求各级检察机关和全体检察人员切实抓好贯彻落实,严格落实记录、通报与责任追究制度,强化责任担当,做到坚持原则,不徇私情。

6月

6月23日　2015年中央第二轮巡视工作启动,首覆盖党中央部门。经中央批准,2015年中央第二轮巡视将对中央台湾工作办公室、中央直属机关事务管理局、交通运输部、国家机关事务管理局、国家铁路局、中国民用航空局、国务院扶贫开发领导小组办公室、人民日报社等26家单位进行专项巡视。

7月

7月9日　中央纪委每月集中通报"四风"和腐败问题。中央纪委监察部网站9日集中通报了131起群众身边的"四风"和腐败问题,涉及26个省区市和新疆生产建设兵团,所有案例均点名道姓曝光并公开了处分结果。本次公布通报的同时,网站还介绍,监督举报曝光专区将每月对各级纪检监察机关查处的群众身边的"四风"和腐败问题集中进行点名道姓通报曝光。

8月

8月6日　最高检出台职务犯罪侦查"八项禁令"。"八项禁令"包括严禁违法使用指定居所监视居住措施等。该"八项禁令"是最高检规范司法行为专项整治的一项重要内容。最高检规范办负责人表示,"八项禁令"是"硬杠杠""硬措施"和"高压线",是法律纪律严格要求的,也是能够纠正而且是必须纠正的。

8月13日　中共中央印发《中国共产党巡视工作条例》,并发出通知,要求各地区各部门认真遵照执行。该条例是规范巡视工作、强化党内监督的重要基础性法规,对于落实全面从严治党、依规治党要求,贯彻中央巡视工作方针,深入推进党风廉政建设和反腐败斗争,加强党组织领导班子和干部队伍建设,推动党的先进性和纯洁性建设,具有十分重要的意义。

8月30日　中央纪委监察部中秋、国庆再次公布监督举报窗口。中央纪委监察部要求,各级纪检监察机关要加大中秋节、国庆节前后监督执纪问责力度,坚决防止"四风"反弹,欢迎广大群众继续通过中央纪委监察部网站和手机客户端"反'四风'一键通"举报反映身边的"四风"问题,特别是违规收送月饼节礼,违规公款吃喝、公款旅游，违规发放津补贴等问题。对群众举报反映的问题，中央纪委有关部门将认真核实处置。

10月

10月21日　中共中央印发《中国共产党廉洁自律准则》，并发出通知，要求各地区各部门认真遵照执行。通知强调，《准则》坚持依规治党与以德治党相结合，紧扣廉洁自律主题，重申党的理想信念宗旨、优良传统作风，重在立德，是党执政以来第一部坚持正面倡导、面向全体党员的规范全党廉洁自律工作的重要基础性法规。

10月21日　中共中央印发《中国共产党纪律处分条例》，并发出通知，要求各地区各部门认真遵照执行。通知强调，该条例围绕党纪戒尺要求，开列负面清单，重在立规，是对党章规定的具体化，划出了党组织和党员不可触碰的底线，对于贯彻全面从严治党要求，把纪律和规矩挺在前面，切实维护党章和其他党内法规的权威性、严肃性，保证党的路线、方针、政策、决议和国家法律法规的贯彻执行，深入推进党风廉政建设和反腐败斗争具有十分重要的意义。

10月23日　2015年中央第三轮巡视工作启动，首次出现"一托三"。经中央批准，2015年中央第三轮巡视将对教育部、国务院三峡工程建设委员会办公室、国务院南水北调工程建设委员会办公室、国家统计局、中国气象局、国家林业局、中央党史研究室、中国社会科学院、共青团中央、中国文学艺术界联合会、中国人民银行等31家单位党组织进行专项巡视。

12月

12月23日　中办、国办印发通知：做好2016年元旦春节期间有关工作。近日，中共中央办公厅、国务院办公厅印发了《关于做好2016年元旦春节期间有关工作的通知》。该通知要求，坚持节俭文明过节，倡导良好社会风尚。要严格落实《党政机关厉行节约反对浪费条例》和相关制度规定，加强舆论引导，广泛宣传中华民族勤俭节约的优秀品德，倡导绿色消费理念和健康文明生活方式。

（四）2016年反腐倡廉大事记①

1月

1月1日 《习近平关于严明党的纪律和规矩论述摘编》出版。书中收入200段论述，摘自习近平同志2012年11月16日至2015年10月29日期间的讲话、文章等40多篇重要文献。许多论述是第一次公开发表。

1月5日 中央批准中央纪委对中央一级党和国家机关派驻纪检机构全覆盖。经党中央同意，中共中央办公厅印发了《关于全面落实中央纪委向中央一级党和国家机关派驻纪检机构的方案》。中央决定，中央纪委共设置47家派驻机构，其中，综合派驻27家、单独派驻20家，实现对139家中央一级党和国家机关派驻纪检机构全覆盖。

1月12日 第十八届中央纪律检查委员会第六次全体会议召开。会议总结2015年纪律检查工作，部署2016年任务，审议通过了王岐山同志代表中央纪委常委会所作的工作报告。

1月12日 习近平在十八届中央纪委六次全会上发表重要讲话。讲话强调保持坚强政治定力，坚持全面从严治党、依规治党，聚焦监督执纪问责，深化标本兼治，创新体制机制，健全法规制度，强化党内监督，把纪律挺在前面，持之以恒落实八项规定精神，着力解决群众身边的不正之风和腐败问题，坚决遏制腐败蔓延势头，不断取得党风廉政建设和反腐败斗争新成效。

1月15日 中央纪委首次就解读中纪委全会精神召开新闻发布会。中央纪委副书记吴玉良，监察部副部长肖培，中央纪委宣传部部长陈小江，国家预防腐败局副局长、中央纪委国际合作局局长刘建超，中央纪委案件审理室主任罗东川五位领导干部，在一个多小时的时间里，回答了15位中外记者的提问，涉及20多个问题。

2月

2月16日 中央军委纪委专门开设信访举报信箱电话。经军委领导批准，

---

① 《2016反腐倡廉大事记》，http://fanfu.people.com.cn/GB/143349/408829/index.html。

中央军委纪律检查委员会开设信访举报专线电话和专用信箱,主要受理对军队单位、军队管理的人员违反党纪军纪问题的检举控告,以及军队党员、干部不服党纪军纪处分的申诉。这是调整组建后的中央军委纪律检查委员会,为畅通信访举报渠道,充分发挥群众监督作用,深入推进军队正风反腐工作的重要举措。

2月23日 2016年中央首轮巡视工作启动,首次对4省杀"回马枪"。中央巡视工作动员部署会议召开,王岐山出席会议并讲话。2016年中央第一轮巡视将对中央宣传部、国家发改委等32家单位党组织开展专项巡视,同时对辽宁、安徽、山东、湖南4个省进行"回头看"。据了解,这也是中央巡视首次对已被巡视过的单位杀个"回马枪"。

3月

3月28日 国务院召开第四次廉政工作会议。李克强发表讲话,他强调地方各级政府和国务院各部门要认真贯彻习近平总书记在十八届中央纪委六次全会上的重要讲话精神,落实中央纪委六次全会部署,持续深化改革、严格依法行政、注重源头反腐,不断把政府系统党风廉政建设和反腐败工作推向深入。

4月

4月14日 中央和国家机关工作人员赴地方差旅住宿费标准明细发布。财政部网站发布《关于印发〈中央和国家机关工作人员赴地方差旅住宿费标准明细表〉的通知》。根据通知内容,中央和国家机关工作人员赴地方差旅住宿费标准细化到地市,且根据职务级别对旺季时间和住宿价格给出具体浮动标准。

4月18日 两高发布贪污贿赂刑事案件司法解释,明确定罪量刑标准。最高人民法院、最高人民检察院18日联合发布《最高人民法院、最高人民检察院关于办理贪污贿赂刑事案件适用法律若干问题的解释》,明确贪污罪、受贿罪的定罪量刑标准以及贪污罪、受贿罪死刑、死缓及终身监禁的适用原则等,强调依法从严惩治贪污贿赂犯罪。

4月21日 "天网2016"行动启动。中央反腐败协调小组国际追逃追赃工作办公室召开会议,研究部署2016年反腐败国际追逃追赃工作,宣布启动"天网2016"行动。"天网2016"行动由多个专项行动组成。其中,继续由公安部牵头开展"猎狐行动",最高人民检察院牵头开展职务犯罪国际追逃追赃专项行动,人民银行会同公安部开展打击利用离岸公司和地下钱庄向境外转移赃款专项行动。

4月28日 中央纪委网站推出"五一端午"监督举报曝光专区。五一端午临近,为驰而不息纠正"四风",中央纪委监察部网站28日推出"五一端午期间违反中央八项规定精神问题监督举报曝光专区"。专区开设了"我要举报"窗口,专区的"每周通报"栏目将从5月4日起,连续六周对各级纪检监察机关查处的违反中央八项规定精神问题,点名道姓通报曝光。

5月

5月17日 中央军委巡视组对7个大单位开展回访巡视。经中央军委批准,近日,中央军委巡视组分4个组对海军、空军、火箭军、军事科学院、国防大学、国防科学技术大学和武警部队党委班子及其成员开展回访式巡视。这是中央军委实现对原四总部和大单位党委班子及其成员巡视全覆盖后,首次集中组织巡视"回头看"。重点监督检查遵守政治纪律和政治规矩、反馈的倾向性突出问题整改、移交的重要问题线索调查处理以及落实"两个责任"等方面的情况。

5月23日 规范高干家属经商,北京等五地铺开试点。新疆召开视频会议,对自治区规范领导干部配偶、子女及其配偶经商办企业行为工作进行动员部署。至此,2016年4月中央深改组第二十三次会议确定的北京、广东、重庆、新疆作为相关试点省份均已完成了部署。此前,上海市已经先行试点了一年时间。

6月

6月22日 2016年中央第二轮巡视工作启动。中央巡视工作动员部署会议召开,王岐山出席会议并讲话。2016年中央第二轮巡视将对全国人大机关党组、全国政协机关党组、中央统战部、中央对外联络部、中央机构编制委员会办公室、中央直属机关工作委员会等32家单位党组织开展专项巡视,同时对天津、江西、河南、湖北4个省市进行"回头看"。

6月28日 习近平主持召开中共中央政治局会议,审议《中国共产党问责条例》。会议审议通过《中国共产党问责条例》。习近平主持会议。会议认为,问责条例是全面从严治党的利器。条例贯彻党章,坚持问题导向,紧紧围绕坚持党的领导、加强党的建设、全面从严治党、维护党的纪律、推进党风廉政建设和反腐败工作开展问责。

7月

7月13日 中央和国家机关会议费有新规,控参会人数,定费用标准。为进一步加强会议费管理和相关开支标准之间的衔接,建立开支标准调整机制,重新修订的《中央和国家机关会议费管理办法》日前出台,并于2016年7月1日起施行。中央和国家机关会议的分类、审批和会议费管理等,都将按照这一管理办法执行。管理办法对各类会议的参会人数、会期和食宿标准作出了明确规定。

7月17日 中共中央印发《中国共产党问责条例》。这是继《中国共产党廉洁自律准则》《中国共产党纪律处分条例》之后,党中央全面从严治党的又一制度创新,充分彰显了中国共产党人敢于担当的鲜明品格,也为严肃党内政治生活、净化党内政治生态提供了重要保障。

7月26日 中组部会同中央纪委机关启动新一轮换届风气巡回督查。为了着力营造风清气正换届环境,确保地方领导班子换届工作有序健康平稳进行,近日,中组部会同中央纪委机关派出换届风气巡回督查组,对河北、山西、内蒙古、辽宁、江苏、安徽、福建、湖南、广西、云南、西藏、新疆12个省(区)和新疆生产建设兵团进行督查,对天津、江西、河南、湖北4个省(市)结合巡视"回头看"选人用人专项检查开展换届风气督查。

8月

8月29日 中办印发意见防止干部"带病提拔"。近日,中共中央办公厅印发了《关于防止干部"带病提拔"的意见》,并发出通知,要求各地区各部门结合实际认真贯彻执行。通知强调,各级党委(党组)要把防止干部"带病提拔"作为全面从严治党、从严管理干部的重要内容,体现到干部选拔任用工作全过程,严格履行主体责任,坚持原则,敢于负责。

9月

9月8日 中央纪委网站推曝光专区,严查中秋国庆违反八项规定精神问题。中秋国庆临近,为紧盯重要时间节点,驰而不息纠正"四风",严防反弹回潮,中央纪委监察部网站9月8日推出"中秋国庆期间违反中央八项规定精神问题监督举报曝光专区"。专区开设了"我要举报"窗口,欢迎广大网友通过网站、客户端和微信公众号,对节日期间出入隐秘场所,组织隐秘聚会,公款吃喝、旅游,收送节礼等不正之风进行监督举报。

10月

10月17日　中央纪委8集大型电视专题片《永远在路上》引起强烈反响。10月17日,由中央纪委宣传部、中央电视台联合制作的8集大型电视专题片《永远在路上》第一集《人心向背》在央视综合频道黄金时段播出。在片中,周本顺、白恩培、李春城等案件当事人现身说法,穿插办案人员、专家学者的讲述和分析,多处案件细节首度公开,受到广泛关注,引起强烈反响。

10月24日　十八届六中全会在京举行,研究全面从严治党。全会听取和讨论了习近平受中央政治局委托作的工作报告,审议通过了《关于新形势下党内政治生活的若干准则》和《中国共产党党内监督条例》,审议通过了《关于召开党的第十九次全国代表大会的决议》。习近平就准则(讨论稿)和条例(讨论稿)向全会作了说明。

11月

11月2日　《中国共产党党内监督条例》向全社会公布。日前,党的十八届六中全会审议通过了新修订的《中国共产党党内监督条例》并向全社会公布。《条例》的颁布,对党内监督的指导思想、基本原则、监督主体、监督内容、监督对象、监督方式等重要问题作出规定,为新形势下强化党内监督提供了根本遵循。

11月2日　中央启动2016年第三轮巡视。王岐山出席十八届中央第十一轮巡视工作动员部署会议。会议传达了习近平总书记关于巡视工作的重要指示。王岐山强调,要加强对党的十八届六中全会精神贯彻落实情况的监督检查,紧紧围绕坚持党的领导、全面从严治党深化政治巡视。经中央批准,中央第十一轮巡视将对最高人民法院、最高人民检察院等27个单位党组织开展专项巡视,同时对北京、重庆、广西、甘肃4个省区市进行"回头看"。

11月6日　中组部会同中央纪委机关组织开展第二批换届风气监督检查。为确保新一轮换届自始至终风清气正,推动形成良好政治生态,近日,中央组织部会同中央纪委机关派出换届风气巡回督查组,对吉林、黑龙江、上海等12省区市进行督查,结合巡视"回头看"督查北京、重庆、甘肃等2市1省的换届风气情况。

11月7日　中办印发《关于在北京市、山西省、浙江省开展国家监察体制改革试点方案》。方案部署在3省市设立各级监察委员会,从体制机制、制度建设上先行先试、探索实践,为在全国推开积累经验。方案强调,国家监察体制改革是事关全局的重大政治改革,是国家监察制度的顶层设计;实施组织和制度创新,实现对行使公权力的公职人员监察全覆盖,建立集中统一、权威高效的监察体系。

12月

12月13日 《习近平关于全面从严治党论述摘编》出版发行。书中收入371段论述,摘自习近平同志2012年11月15日至2016年10月27日期间的讲话、文章等80多篇重要文献。其中许多论述是第一次公开发表。

12月21日 中央纪委网站推曝光专区,严查元旦春节违反八项规定精神问题。元旦春节将至,为紧盯重要时间节点,驰而不息纠正"四风",中央纪委监察部网站推出"元旦春节期间违反中央八项规定精神问题监督举报曝光专区"。专区开设了"我要举报"窗口,欢迎广大网友通过网站、客户端和微信公众号进行监督举报。

12月25日 全国人大常委会通过在北京、山西、浙江开展监察体制改革试点的决定。根据党中央确定的《关于在北京市、山西省、浙江省开展国家监察体制改革试点方案》,为在全国推进国家监察体制改革探索积累经验,第十二届全国人民代表大会常务委员会第二十五次会议决定:在北京市、山西省、浙江省开展国家监察体制改革试点工作。

12月26日 中央政治局召开民主生活会,研究加强党内政治生活和党内监督措施。重点对照《关于新形势下党内政治生活的若干准则》《中国共产党党内监督条例》,联系中央政治局工作,联系党的十八大以来党中央抓作风建设的实际,联系自身执行中央八项规定的实际,进行自我检查、党性分析,开展批评和自我批评,研究加强党内政治生活和党内监督的措施。

12月28日 中共中央政治局召开会议研究部署党风廉政建设和反腐败工作。会议听取中央纪律检查委员会2016年工作汇报,研究部署2017年党风廉政建设和反腐败工作。中共中央总书记习近平主持会议。会议同意2017年1月6日至8日召开十八届中央纪律检查委员会第七次全体会议。

（五）2017 年反腐倡廉大事记[①]

1 月

1 月 3 日　电视专题片《打铁还需自身硬》播出。由中央纪委宣传部、中央电视台联合制作的电视专题片《打铁还需自身硬》于 1 月 3 日到 5 日在中央电视台综合频道每晚 8 点首播。专题片反映了党的十八大以来，纪检监察机关认真贯彻习近平总书记的指示要求，全面从严治党把自己摆进去，加强自身建设、完善内控机制，坚决清理门户，严防"灯下黑"，努力打造一支忠诚干净担当的纪检监察队伍。

1 月 6 日　第十八届中央纪律检查委员会第七次全体会议召开。全会总结 2016 年纪律检查工作，部署 2017 年任务，审议通过了王岐山同志代表中央纪委常委会所作的《推动全面从严治党向纵深发展，以优异成绩迎接党的十九大召开》工作报告，审议通过了《中国共产党纪律检查机关监督执纪工作规则（试行）》。王岐山同志就规则（试行）审议稿向全会作了说明。

1 月 9 日　中央纪委监察部召开新闻发布会。中央纪委副书记吴玉良，监察部副部长肖培，国家预防腐败局副局长、中央纪委国际合作局局长刘建超，中央纪委案件审理室主任罗东川和中央纪委宣传部部长朱国贤解读十八届中央纪委七次全会精神，并答记者问。

1 月 20 日　《中国共产党纪律检查机关监督执纪工作规则（试行）》公布。规则首次对纪委监督执纪工作的全流程、各环节进行了明确规定，并划定了纪检监督执纪权的"负面清单"。

1 月 24 日　北京、山西、浙江三省市监察委员会成立。北京市、山西省、浙江省分别成立监察委员会。根据党中央确定的《关于在北京市、山西省、浙江省开展国家监察体制改革试点方案》和第十二届全国人大常委会第二十五次会议决定，北京市、山西省和浙江省人民代表大会产生了监察委员会。

[①] 《2017 反腐倡廉大事记》，http://fanfu.people.com.cn/GB/143349/415820/index.html。

2月

2月22日　十八届中央第十二轮巡视工作启动,首次开展"机动式"巡视。王岐山出席十八届中央第十二轮巡视工作动员部署会议,会议传达了习近平总书记关于巡视工作的重要指示。王岐山强调,巡视要旗帜鲜明讲政治,深入贯彻党的十八届六中全会精神,善于从政治上发现问题,推动巡视工作向纵深发展。

2月26日　中央军委实现回访巡视全覆盖。经中央军委批准,中央军委巡视组分别向原四总部改革后的军委机关部门党委反馈回访巡视情况、移交问题线索。这标志着中央军委在完成对原四总部和各大单位第一轮巡视全覆盖后,又实现了回访巡视全覆盖。

3月

3月7日　"天网2017"行动启动。中央反腐败协调小组国际追逃追赃工作办公室召开会议,宣布启动"天网2017"行动,由最高人民检察院牵头开展职务犯罪国际追逃追赃专项行动,由公安部牵头开展"猎狐行动",由中国人民银行会同公安部牵头开展打击利用离岸公司和地下钱庄向境外转移赃款专项行动。

3月21日　国务院召开第五次廉政工作会议。李克强在国务院第五次廉政工作会议上表示,全国两会刚刚闭幕,我们召开国务院第五次廉政工作会议,主要任务是,认真学习贯彻习近平总书记在十八届中央纪委七次全会上的重要讲话精神,按照中央纪委七次全会和《政府工作报告》有关党风廉政建设要求,总结2016年和近年来政府系统党风廉政建设和反腐败工作,部署2017年重点任务。

3月22日　中央军委纪委通报10起典型违纪问题。为持续保持正风肃纪高压态势,进一步严肃纪律、教育警示部队,经中央军委领导批准,中央军委纪委向全军通报了元旦春节期间明察暗访发现问题线索第一批实施处理的10起典型案例,并在中央军委纪委网"四风"问题曝光台发布。

4月

4月19日　中办、国办印发《领导干部报告个人有关事项规定》和《领导干部个人有关事项报告查核结果处理办法》。中共中央办公厅、国务院办公厅印发《领导干部报告个人有关事项规定》和《领导干部个人有关事项报告查核结果处理办法》,并发出通知,要求各级党委(党组)认真遵照执行。

4月26日　中央纪委网站推出"五一端午"监督举报曝光专区。五一端午临近,为紧盯重要时间节点,驰而不息纠正"四风",坚决防止不正之风反弹回潮,中央纪委监察部网站推出"五一端午期间违反中央八项规定精神问题监督举报曝光专区"。

4月27日　我国集中曝光22名外逃人员海外"藏身处"。中央反腐败协调小组国际追逃追赃工作办公室4月27日发布《关于部分外逃人员藏匿线索的公告》,曝光了22名外逃人员目前在海外可能藏匿的具体地址。公告呼吁,广大人民群众积极行动起来,提供在逃人员线索,积极举报新逃人员,使外逃人员无处遁形。

5月

5月10日　省区市党委一届任期巡视实现全覆盖。中央纪委监察部网站发布消息,党的十八大以来,31个省区市和新疆生产建设兵团党委坚决落实中央部署,围绕全覆盖目标,加大巡视力度,加快巡视节奏,截至4月底,顺利完成对8362个地方、部门、企事业单位党组织全面巡视任务,实现了巡视全覆盖、监督无禁区,为全面从严治党提供了有力支撑。

5月26日　最高检通报12起检察人员违纪违法典型案件。这12起典型案件是:广西壮族自治区桂林市象山区检察院党组书记、检察长李劲松违规发放津补贴、报销接待费案;辽宁省检察院党组成员、沈阳铁路运输检察分院党组书记孙黎违反中央八项规定精神案……

6月

6月21日　中央第十二轮巡视反馈情况全部公布,实现巡视全覆盖。随着十八届中央第十二轮巡视对中国农业大学、北京航空航天大学等15所中管高校党委巡视反馈情况的集中公布,十八届中央最后一轮巡视反馈情况全部向社会公布。

6月22日　全军军级以上单位纪检监察机关建立基层风气监察联系点。截至6月上旬,全军和武警部队军级以上单位纪检监察机关,普遍在旅团级单位建立基层风气监察联系点。这是贯彻落实习近平主席关于纠治官兵身边"微腐败"和不正之风重要指示,推动正风肃纪反腐向纵深发展的一个实际举措。

7 月

7 月 1 日　中共中央印发了《关于修改〈中国共产党巡视工作条例〉的决定》,并全文发布了修改后的《中国共产党巡视工作条例》。

8 月

8 月 20 日　军委纪委通报 12 起"微腐败"和不正之风问题。军委纪委向全军通报了 12 起官兵身边的"微腐败"和不正之风典型案例。此次通报的 12 起问题,涉及收受官兵钱物、侵占官兵利益、吃拿卡要等 13 个方面,11 个单位党委、纪委被追究主体责任、监督责任,33 名领导干部被问责,105 名直接责任人受到党纪军纪处分或组织处理。

8 月 30 日　十八届中央巡视圆满收官。中央纪委监察部网站公布了 17 家单位和地区的巡视整改情况,至此,十八届中央第十二轮巡视的 37 家单位和地区的整改情况全部公布,标志着十八届中央巡视圆满收官。

9 月

9 月 7 日　五集电视专题片《巡视利剑》播出。由中央纪委宣传部、中央电视台联合制作的电视专题片《巡视利剑》于 9 月 7 日至 11 日在中央电视台综合频道每晚 8 点首播。据悉,专题片摄制组赴全国 18 个省区市,累计采访 15 名中央巡视组组长、副组长及相关工作人员,20 多名纪检监察干部。

9 月 15 日　中央纪委网站推出"中秋国庆"举报曝光专区。中秋国庆临近,为紧盯重要时间节点,驰而不息纠正"四风",严防反弹回潮,中央纪委监察部网站推出"中秋国庆期间违反中央八项规定精神问题监督举报曝光专区"。

10 月

10 月 9 日　第十八届中央纪律检查委员会第八次全体会议举行。全会由中央纪律检查委员会常务委员会主持。王岐山发表讲话。

10 月 15 日　赵乐际任中央纪委书记。党的十九届一中全会批准了中央纪委第一次全体会议选举产生的书记、副书记和常务委员会委员人选,赵乐际任中央纪委书记。

10 月 27 日　中央政治局召开会议审议《中共中央政治局贯彻落实中央八项规定的实施细则》。会议研究部署学习宣传贯彻党的十九大精神,审议《中共中央政治局关于加强和维护党中央集中统一领导的若干规定》《中共中央政治局贯彻落实中央八项规定的实施细则》。

10月27日　李克强签署国务院令,公布《机关团体建设楼堂馆所管理条例》。该条例自2017年12月1日起施行,1988年9月22日发布施行的《楼堂馆所建设管理暂行条例》同时废止。

10月29日　中办印发《关于在全国各地推开国家监察体制改革试点方案》。方案部署在全国范围内深化国家监察体制改革的探索实践,完成省、市、县三级监察委员会组建工作,实现对所有行使公权力的公职人员监察全覆盖。

11月

11月4日　全国人民代表大会常务委员会关于在全国各地推开国家监察体制改革试点工作的决定。为了贯彻落实党的十九大精神,根据党中央确定的《关于在全国各地推开国家监察体制改革试点方案》,在认真总结北京市、山西省、浙江省开展国家监察体制改革试点工作经验的基础上,第十二届全国人民代表大会常务委员会第三十次会议决定:在全国各地推开国家监察体制改革试点工作。

12月

12月6日　李文革回国投案,"百名红通人员"已到案51人。在中央反腐败协调小组国际追逃追赃工作办公室统筹协调下,经中央有关部门和云南省追逃办、省公安厅扎实工作,"百名红通人员"第二十八号李文革回国投案。至此,全国"百名红通人员"已到案51人,其中党的十九大后到案3人。2015年4月22日,"百名红通人员"公开曝光以来,经过两年多不懈努力,到案人员已超过半数,反腐败追逃追赃工作取得重要阶段性胜利。

12月8日　2018年将作为脱贫攻坚作风建设年,全国将专项治理扶贫领域作风问题。《国务院扶贫开发领导小组关于开展扶贫领域作风问题专项治理的通知》12月8日全文公布,决定将2018年作为脱贫攻坚作风建设年,并在全国范围开展扶贫领域作风问题专项治理。

12月11日　习近平作出重要指示强调:纠正"四风"不能止步 作风建设永远在路上。习近平是就新华社一篇《形式主义、官僚主义新表现值得警惕》的文章作出指示的。他指出,文章反映的情况,看似新表现,实则老问题,再次表明"四风"问题具有顽固性、反复性。

12月11日　中办、国办印发《党政机关办公用房管理办法》和《党政机关公务用车管理办法》，并发出通知，要求各地区各部门认真遵照执行。

12月15日　中央纪委开展扶贫领域腐败和作风问题专项治理。中央纪委办公厅近日印发通知，为贯彻落实党的十九大精神和习近平总书记关于脱贫攻坚的系列重要讲话、批示精神，中央纪委决定从2018年到2020年持续开展扶贫领域腐败和作风问题专项治理。

12月15日　中央纪委网站推出"元旦春节"监督举报曝光专区。元旦春节将至，为紧盯重要时间节点，坚决防止不良风气反弹回潮，不断巩固和拓展落实中央八项规定精神的成果，中央纪委监察部网站推出"元旦春节期间违反中央八项规定精神问题监督举报曝光专区"。

12月26日　中纪委发通知要求确保2018年元旦春节风清气正。通知要求各级纪检监察机关巩固和拓展落实中央八项规定精神成果，确保2018年元旦春节风清气正。

（六）2018年反腐倡廉大事记[①]

1月

1月11日　第十九届中央纪委二次全会召开。习近平出席全会并发表重要讲话。全会以习近平新时代中国特色社会主义思想为指导，全面贯彻落实党的十九大精神，研究部署2018年纪检监察工作，审议通过了赵乐际同志代表中央纪委常委会所作的工作报告。

1月11日　习近平在十九届中央纪委二次全会上发表重要讲话。习近平强调，在中国特色社会主义新时代，完成伟大事业必须靠党的领导，党一定要有新气象、新作为。要全面贯彻党的十九大精神，重整行装再出发，以永远在路上的执着把全面从严治党引向深入，开创全面从严治党新局面。

1月11日　中央纪委通报2017年全国纪检监察机关纪律审查情况。2017年，全国纪检监察机关处分52.7万人。处分省部级及以上干部58人，厅局级干

---

① 《2018反腐倡廉大事记》，http://fanfu.people.com.cn/GB/143349/422576/index.html。

部3300余人,县处级干部2.1万人,乡科级干部7.8万人,一般干部9.7万人,农村、企业等其他人员32.7万人。

1月13日 中央纪委举办十九届中央纪委委员研讨班。经党中央批准,中央纪委举办十九届中央纪委委员学习贯彻习近平新时代中国特色社会主义思想和党的十九大精神研讨班。赵乐际出席研讨班开班式并讲话。

1月31日 最高检下发通知要求开展扫黑除恶专项斗争。最高人民检察院日前下发《关于充分发挥检察职能作用,深入开展扫黑除恶专项斗争的通知》,对检察机关深入开展扫黑除恶专项斗争作出明确部署,要求各级检察机关增强责任感、使命感,敢于担当,全力投入扫黑除恶专项斗争。

2月

2月2日 十九届中央首轮巡视启动,副省级城市首次纳入巡视范围。十九届中央第一轮巡视工作动员部署会的召开,标志着十九大后首轮巡视正式拉开序幕。赵乐际出席会议并讲话,透露出许多新部署、新要求、新重点。经党中央批准,十九届中央第一轮巡视将30个地方、单位党组织开展常规巡视。

2月13日 中央纪委印发《关于在扫黑除恶专项斗争中强化监督执纪问责的意见》。意见指出,各级纪检监察机关要深入贯彻落实习近平总书记重要指示精神和《关于开展扫黑除恶专项斗争的通知》要求,充分认识开展扫黑除恶专项斗争的重大意义,切实把思想和行动统一到党中央部署上来,强化监督执纪问责,为打赢扫黑除恶专项斗争这场攻坚仗提供坚强纪律保障。

2月25日 全国省、市、县三级监察委员会全部完成组建。随着广西壮族自治区崇左市大新县监察委员会正式成立,全国省、市、县三级监察委员会已全部完成组建,这标志着深化国家监察体制改革试点工作取得重要阶段性成果。十二届全国人大常委会第三十次会议通过在全国各地推开监察体制改革试点工作的决定。仅用时3个多月,除先行试点的北京、山西、浙江外的28个省(区、市)的省、市、县三级监察委员会就全部完成组建。

3月

3月20日 十三届全国人大一次会议表决通过了《中华人民共和国监察法》。由此,全面从严治党、全面依法治国掀开新的篇章。

3月22日 中央纪委印发通知要求保证深化党和国家机构改革顺利进行。

通知要求各级纪检监察机关坚决贯彻党中央决策部署,认真履行纪检监察职责,加强对深化党和国家机构改革实施情况的监督检查,严肃查处改革中的违纪行为,以严肃问责推动改革主体责任落实,保证深化党和国家机构改革顺利进行。

4月

4月16日　最高检印发巡视工作规划,确定未来五年"路线图"。日前,最高人民检察院印发《中共最高人民检察院党组巡视工作规划(2018—2022年)》,明确了今后5年系统内巡视工作的总体要求、目标任务和方法举措,确定了检察系统未来5年巡视工作的"路线图"和"任务书"。

4月24日　中央纪委印发《中央纪委国家监委领导班子关于改进工作作风的实施办法》。为贯彻落实中央八项规定及《中共中央政治局贯彻落实中央八项规定实施细则》精神,落实习近平总书记关于加强作风建设的重要指示精神,中央纪委印发《中央纪委国家监委领导班子关于改进工作作风的实施办法》。

4月26日　中央纪委推出五一端午期间"四风"问题监督举报曝光专区。五一端午临近,为紧盯重要节点"四风"问题,持续释放对"四风"问题越往后执纪越严的强烈信号,坚决防止不良风气反弹复燃,中央纪委国家监委网站推出"五一端午期间违反中央八项规定精神问题监督举报曝光专区",对各地各单位查处的典型问题点名道姓通报曝光。

5月

5月14日　贯彻落实《中央巡视工作规划(2018—2022年)》推进会召开。推进会在成都召开,赵乐际出席会议并讲话。

6月

6月6日　中央再次曝光50名外逃人员藏匿线索。中央纪委国家监委网站发布了《中央反腐败协调小组国际追逃追赃工作办公室关于部分外逃人员有关线索的公告》。公告曝光了50名涉嫌职务犯罪和经济犯罪的外逃人员藏匿线索,其中包括32名"百名红通"人员以及18名未列入"百名红通"的大案要案在逃人员。

6月7日　中央纪委对涉党和国家机构改革的党内法规和相关文件作出清理。中央纪委印发《中共中央纪委关于废止涉党和国家机构改革党内法规和文件的决定》,决定废止涉及党的纪律检查体制改革和国家监察体制改革的中央纪委党内法规和文件51件。

6月19日　军委纪委开列纠正形式主义、官僚主义问题清单。经中央军委批准,近日军委纪委制定印发《纠正形式主义、官僚主义问题清单》,这是贯彻落实习主席关于纠正形式主义、官僚主义问题重要指示,推动精准纠治、精细落实的有力举措。

7月

7月19日　中央纪委通报2018年上半年纪检监察机关审查调查等情况。2018年上半年,全国纪检监察机关共接受信访举报168.3万件次,处置问题线索74万件,谈话函询15.4万件次,立案30.2万件,处分24万人(其中党纪处分20.1万人)。

7月25日　十九届中央第一轮巡视反馈全部公布。中央第二巡视组向中国邮政集团公司党组反馈了巡视情况,至此,中央第一轮巡视反馈全部结束,在贯彻党的十九大精神开局之年,中央巡视组交出了第一份"答卷"。

7月26日　中央纪委国家监委出台规定规范监督检查审查调查措施使用。为规范监督检查和审查调查措施使用,中央纪委国家监委日前出台规定,明确委机关各部门采取相关措施的审批权限、办理程序和监管办法。这是中央纪委国家监委加强内部监督的又一重要举措。

8月

8月18日　中央纪委国家监委就中管干部违纪违法案件审理立规范。中央纪委国家监委就中管干部违纪违法案件审理工作印发流程及文书规范。这是中央纪委国家监委进一步规范中管干部违纪违法案件审理工作、促进纪法贯通和法法衔接的重要措施。

8月23日　国家发布公告:敦促职务犯罪境外在逃人员投案自首。为依法惩治职务犯罪,贯彻落实宽严相济刑事政策,给境外在逃职务犯罪嫌疑人、被告人、罪犯(统称"职务犯罪案件境外在逃人员")以改过自新、争取宽大处理的机会,根据《刑法》和《监察法》等有关规定,特公告。

8月24日　中央纪委国家监委决定建立特约监察员制度。中央纪委国家监委印发《国家监察委员会特约监察员工作办法》,决定建立特约监察员制度,并对特约监察员工作进行指导和规范。该工作办法自8月24日起施行。

8月26日　中共中央印发《中国共产党纪律处分条例》，并发出通知，要求各地区各部门认真遵照执行。

9月

9月14日　中央纪委国家监委网站推出"中秋国庆"监督举报曝光专区。中央纪委国家监委网站推出"中秋国庆期间违反中央八项规定精神问题监督举报曝光专区"，畅通监督举报渠道，加大典型案例通报曝光力度，增强警示震慑作用。

10月

10月9日　十九届中央第二轮巡视工作正式启动 首次就"脱贫攻坚"开展专项巡视。经党中央批准，本轮巡视将对26个地方和单位党组织开展脱贫攻坚专项巡视。

10月10日　中办印发《关于统筹规范督查检查考核工作的通知》。为了更好推动党的十九大精神和党中央决策部署贯彻落实，深入推进全面从严治党，进一步改进工作作风，坚决克服形式主义、官僚主义，中共中央办公厅印发《关于统筹规范督查检查考核工作的通知》，进一步统筹规范督查检查考核工作。

10月10日　中央纪委国家监委曝光五起涉黑涉恶腐败和"保护伞"典型案例。十九大以来，各级纪检监察机关坚持把扫黑除恶同反腐败斗争和基层"拍蝇"结合起来，作为整治群众身边腐败问题的一个重点，加强监督执纪问责和监督调查处置，坚决惩治涉黑涉恶腐败和"保护伞"问题，不断推动全面从严治党向基层延伸。日前，中央纪委国家监委公开曝光五起涉黑涉恶腐败和"保护伞"典型案例。

10月31日　十九届中央第一轮巡视整改情况公布完毕。中央纪委国家监委网站公布了国家统计局党组、山东省委的巡视整改情况。至此，十九届中央第一轮巡视整改情况全部公布完毕。国家统计局党组制订了关于中央巡视反馈问题整改工作方案和巡视整改问题清单、任务清单及责任清单，针对5个方面存在的42个问题，确定了106项整改措施，明确了每项整改措施的责任领导、责任单位、责任人、完成时限。

11月

11月1日　中办印发《关于深化中央纪委国家监委派驻机构改革的意见》。意见要求对中央纪委国家监委派驻机构领导体制、职责权限、工作机制、制度建设、干部队伍建设等进行改革,健全党和国家监督体系,推动全面从严治党向纵深发展。

11月2日　赵乐际出席深化中央纪委国家监委派驻机构改革动员部署会。赵乐际强调,要以习近平新时代中国特色社会主义思想为指导,深入贯彻落实党的十九大精神和党中央重大决策部署,贯彻落实党中央《关于深化中央纪委国家监委派驻机构改革的意见》,完善体制机制,强化监督职能,努力实现新时代派驻监督工作高质量发展。

11月9日　福彩领域14名局处级干部被查处,中央纪委公开四人忏悔视频。中央纪委国家监委网站在头条位置发布了《驻民政部纪检监察组从典型案例入手推动形成良好政治生态》一文。文章介绍,驻民政部纪检监察组严肃查处了中国福利彩票发行管理中心原主任鲍学全、王素英,原副主任王云戈、冯立志等14名局处级领导干部的违纪违法问题,旨在努力重塑福彩业新形象,重振福彩公信力。

11月23日　中央纪委国家监委印发规定规范立案相关工作程序。近日,《中央纪委国家监委立案相关工作程序规定(试行)》(以下简称《规定》)印发实施。作为中央纪委国家监委推进国家监察体制改革的一项重要制度,《规定》对于确保依规依纪依法、一体两面履行党的纪律检查和国家监察两项职责具有重要的推动作用。《规定》共四章33条,对中央纪委国家监委监督检查和审查调查工作中立案、交办案件和指定管辖以及结案等相关程序进行规范,特别是明确了以事立案、对涉案人员立案、对单位立案等程序,并设计了5种相关文书格式。

11月26日　中央政治局召开会议审议《中国共产党农村基层组织工作条例》和《中国共产党纪律检查机关监督执纪工作规则》。中共中央总书记习近平主持会议。

11月28日　中央纪委公开曝光六起形式主义、官僚主义典型问题。"四风"问题具有顽固性、复杂性,特别是形式主义、官僚主义问题在一些地区和领域仍然突出,成为解决"四风"问题的"绊脚石""拦路虎",干部群众反映强烈,必须下大气力重点突破和解决。为巩固拓展落实中央八项规定精神成果,深入推进作风建设,中央纪委日前对6起形式主义、官僚主义问题进行公开曝光。

11月30日　国家监委引渡第一案:外逃职务犯罪嫌疑人姚锦旗被引渡回

国。在中央反腐败协调小组国际追逃追赃工作办公室统筹协调下,中保两国执法部门密切合作,外逃保加利亚的职务犯罪嫌疑人姚锦旗被引渡回国。这是2018年3月国家监委成立后成功引渡第一案,也是我国首次从欧盟成员成功引渡涉嫌职务犯罪的国家工作人员。

12月

12月12日　中央纪委国家监委印发管理办法规范派驻(派出)机构措施使用。近日,中央纪委国家监委印发管理办法,对其派驻中央一级党和国家机关的纪检监察组以及中央和国家机关纪检监察工委措施的使用作出规范。这是中央纪委国家监委强化自我监督、促进依规依纪依法履行职责的又一重要举措。

12月13日　中央政治局召开会议,研究部署党风廉政建设和反腐败工作。会议分析研究2019年经济工作;听取中央纪律检查委员会工作汇报,研究部署2019年党风廉政建设和反腐败工作。会议同意2019年1月11日至13日召开十九届中央纪律检查委员会第三次全体会议。

12月13日　中央政治局就深化国家监察体制改革举行第十一次集体学习。中央纪委国家监委法规室主任马森述就这个问题作了讲解,并谈了意见和建议。中共中央政治局各位同志认真听取了讲解,并就有关问题进行了讨论。

12月17日　中办印发《党组讨论和决定党员处分事项工作程序规定(试行)》,并发出通知,要求各地区各部门认真遵照执行。

12月17日　国家监委召开第一届特约监察员聘请会议。会议优选聘请50名特约监察员。受中共中央政治局常委、中央纪委书记赵乐际的委托,中共中央政治局委员、中央纪委副书记、国家监委主任杨晓渡出席会议,为特约监察员颁发聘书并讲话。

（七）2019年反腐倡廉大事记①

1月

1月4日　反腐败国际追逃追赃纪实专题片《红色通缉》将播出。由中央纪

---

①　《2019反腐倡廉大事记》,http://fanfu.people.com.cn/GB/143349/431188/index.html。

委国家监委宣传部联合中央广播电视总台摄制,反映反腐败国际追逃追赃工作的五集纪实专题片《红色通缉》,将于近日在央视综合频道黄金时间播出。

1月6日　中办印发《中国共产党纪律检查机关监督执纪工作规则》,并发出通知,要求各地区各部门认真遵照执行。

1月11日　十九届中央纪委三次全会召开。习近平发表重要讲话。

1月28日　中央纪委办公厅印发通知坚决纠正和防止纪律处分决定执行不到位问题。为切实维护纪律的严肃性和权威性,进一步加强和改进纪律处分决定执行工作,中央纪委办公厅近日印发《关于坚决纠正和防止纪律处分决定执行不到位问题的通知》

1月28日　"天网2019"行动正式启动。中央反腐败协调小组国际追逃追赃工作办公室召开会议,传达学习十九届中央纪委三次全会精神,研究部署2019年反腐败国际追逃追赃工作,启动"天网2019"行动。

2月

2月25日　中央纪委国家监委召开座谈会,听取特约监察员意见建议。受中共中央政治局常委、中央纪委书记赵乐际委托,中共中央政治局委员、中央纪委副书记、国家监委主任杨晓渡主持召开座谈会,听取部分国家监委特约监察员对中央纪委国家监委工作的意见和建议。

3月

3月11日　中共中央办公厅印发《关于解决形式主义突出问题为基层减负的通知》。

3月20日　全国巡视工作会议暨十九届中央第三轮巡视动员部署会召开。会议要求,聚焦责任加强政治监督,督促检查落实党中央决策部署、全面从严治党主体责任和监督责任、党建工作责任、整改责任等情况。

4月

4月1日　中央层面整治形式主义为基层减负专项工作机制启动。经党中央批准,为抓好《关于解决形式主义突出问题为基层减负的通知》贯彻落实,中央层面建立专项工作机制。中共中央政治局委员、中央书记处书记、中央办公厅主任丁薛祥在京主持召开专项工作机制第一次会议。

4月23日　国务院召开第二次廉政工作会议,李克强发表重要讲话。讲话强调,各级政府和部门要认真落实习近平总书记在中央纪委三次全会上的重要讲话精神,按照中央纪委三次全会和《政府工作报告》有关要求,把党风廉政建设和反腐败工作不断推向深入。

4月30日　中纪委网站推出五一、端午期间"四风"问题监督举报曝光专区。五一假期将至,为盯紧重要节点,严查顶风违纪行为,营造越往后执纪越严的氛围,中央纪委国家监委网站近日推出"五一、端午期间'四风'问题监督举报曝光专区",将于近期对各地各单位查处的典型问题点名道姓通报曝光。

5月

5月8日　中央纪委公布最新组织机构图及职责简介,内设31个职能部门。中央纪委国家监委网站"组织机构"栏目更新,中央纪委国家监委组织机构职责公布。

5月27日　中央纪委办公厅印发意见,加强和改进案件审理工作。中央纪委办公厅印发《关于加强和改进案件审理工作的意见》,对新形势下加强和改进案件审理工作提出明确要求,强调各级纪检监察机关案件审理部门要强化精准思维、坚持实事求是,以事实为根据,以纪律、法律为准绳,对案件进行全面审核,严把案件质量关。

6月

6月6日　中央纪委国家监委召开"不忘初心、牢记使命"主题教育动员部署会议。6月6日上午,中央纪委国家监委召开"不忘初心、牢记使命"主题教育动员部署会议。

6月11日　中央纪委国家监委机关印发《贯彻落实〈关于加强和改进中央和国家机关党的建设的意见〉的实施意见》。

7月

7月15日　中共中央纪委国家监察委员会印发《监察机关监督执法工作规定》,并发出通知。通知要求各级纪检监察机关和纪检监察干部认真遵照执行规定,确保国家监察权规范和正确行使。

7月28日　中央纪委国家监委举办贯彻《中国共产党纪律检查机关监督执纪工作规则》和《监察机关监督执法工作规定》培训班。杨晓渡出席开班式并讲话。

7月31日　中央纪委国家监委印发《纪检监察统计分析指标体系(试行)》,构建贯通监督检查、审查调查全流程,涵盖"四个监督""四种形态"各方面。

8月

8月3日　十九届中央巡视完成对中管企业全覆盖。今年3月至6月,中央对3个中央单位和42家中管企业党组织开展了常规巡视。8月3日晚,十九届中央第三轮巡视反馈情况在中央纪委国家监委网站集中向社会公布。至此,十九届中央巡视已完成了对中管企业的全覆盖。

8月8日　中共中央纪委机关、中共中央组织部、中央"不忘初心、牢记使命"主题教育领导小组印发《关于第一批主题教育单位开好"不忘初心、牢记使命"专题民主生活会的通知》。

8月21日　《纪检监察机关办理反腐败追逃追赃等涉外案件规定(试行)》印发。规定要求各级纪检监察机关把反腐败追逃追赃工作作为全面从严治党和反腐败斗争重要一环,纳入反腐败工作总体部署,建立统一领导、归口管理、分级负责、协调配合的工作机制。

8月22日　中央纪委国家监委机关公布专项整治漠视侵害群众利益问题监督举报方式。按照党中央在"不忘初心、牢记使命"主题教育中开展专项整治的要求,近日,中央纪委国家监委机关牵头、会同15个中央国家机关制定了《在"不忘初心、牢记使命"主题教育中专项整治漠视侵害群众利益问题的实施方案》,部署开展对4个方面14项突出问题的专项整治。

9月

9月4日　中共中央印发《中国共产党问责条例》。2016年7月中共中央印发的《中国共产党问责条例》,为党的问责工作提供了制度遵循,推动失责必问、问责必严成为常态,发挥了全面从严治党的利器作用。根据新的形势、任务和要求,党中央对条例予以修订。

9月4日　中央纪委国家监委印发管理办法。中央纪委国家监委近日印发实施管理办法(试行),对中管企业、中管金融企业、党委书记和校长列入中央管理的高校纪检监察机构监督检查审查调查措施使用作出规定。

9月6日　十九届中央第四轮巡视启动。赵乐际9月6日出席十九届中央第四轮巡视工作动员部署会并讲话。

9月12日　中央纪委国家监委网站推出中秋、国庆期间"四风"问题监督举报曝光专区。2019年中秋、国庆将至,为盯紧盯住节日期间易发多发"四风"突出问题,严查顶风违纪行为,营造越往后执纪越严的氛围,中央纪委国家监委网站推出"中秋、国庆期间'四风'问题监督举报曝光专区"。

9月26日　中央纪委国家监委召开专项整治漠视侵害群众利益问题工作推进会。经赵乐际批准,中央纪委国家监委召开在"不忘初心、牢记使命"主题教育中专项整治漠视侵害群众利益问题工作推进会,对专项整治工作进行再动员再部署。杨晓渡出席会议并讲话。

10月

10月20日　市县巡察工作调研座谈片会在江西召开。中央巡视工作领导小组成员杨晓超出席会议并讲话。

10月21日　全国人大常委会拟明确国家监委制定监察法规职权。十三届全国人大常委会第十四次会议审议了关于国家监察委员会制定监察法规的决定草案,拟明确国家监察委员会根据宪法和法律制定监察法规的职权。

10月29日　中央纪委国家监委公布第一批专项整治漠视侵害群众利益问题工作成果。按照党中央在"不忘初心、牢记使命"主题教育中开展专项整治的要求,中央纪委国家监委机关牵头、会同15个中央国家机关,对漠视侵害群众利益问题进行集中整治,着力解决群众最急最忧最盼的紧迫问题。

11月

11月8日　中央纪委发出通知要求认真学习贯彻党的十九届四中全会精神。中央纪委印发《关于认真学习贯彻党的十九届四中全会精神的通知》,要求各级纪检监察机关和广大纪检监察干部把学习贯彻党的十九届四中全会精神作为重要政治任务,准确把握全会的重大意义和精神实质,切实增强"四个意识"、坚定"四个自信"、做到"两个维护"。

11月10日　中央纪委国家监委公布第二批专项整治漠视侵害群众利益问题工作成果。中央纪委国家监委机关会同工业和信息化部、公安部、生态环境部、交通运输部、水利部、农业农村部、市场监管总局等部门公布在"不忘初心、牢记使命"主题教育中专项整治漠视侵害群众利益问题工作的第二批成果。

11月17日　中央纪委国家监委公布第三批专项整治漠视侵害群众利益问

题工作成果。中央纪委国家监委机关会同教育部、住房和城乡建设部、交通运输部、市场监管总局、国家医保局、国家能源局等部门公布在"不忘初心、牢记使命"主题教育中专项整治漠视侵害群众利益问题工作的第三批成果。

11月22日 中央纪委国家监委印发指导意见 进一步规范纪检监察机关（机构）在监督检查审查调查中的协作配合。中央纪委国家监委印发指导意见，对纪检监察机关（机构）在监督检查审查调查工作中开展协作配合相关事宜作出规定。制定该指导意见是一体推进党的纪律检查体制改革、国家监察体制改革和纪检监察机构改革的重要举措之一，对于指导纪检监察机关（机构）依规依纪依法开展协作配合，推动形成工作合力具有重要作用。

11月24日 中央纪委国家监委通报整治党政领导干部、国企管理人员利用名贵特产、特殊资源谋取私利问题阶段性成效。按照党中央关于在"不忘初心、牢记使命"主题教育中开展专项整治的要求，中央纪委国家监委机关牵头，各级党委（党组）切实担负起主体责任，各级纪检监察机关认真履行监督责任，在主题教育中专项整治党政领导干部、国企管理人员利用名贵特产、特殊资源谋取私利问题，取得了阶段性成效。

11月25日 中央纪委国家监委召开全国纪检监察系统检举举报平台推广部署工作会议。

12月

12月10日 《执法机关和司法机关向纪检监察机关移送问题线索工作办法》印发。该办法是适应纪检监察体制改革新形势新要求的一项重要党内法规，是纪检监察机关与执法机关、司法机关开展协作配合的重要制度依据。

12月20日 中央脱贫攻坚专项巡视"回头看"正式启动。根据党中央部署，2019年12月下旬至2020年1月中旬，15个中央巡视组将对中央脱贫攻坚专项巡视的13个中西部省区市和13个中央单位全部开展"回头看"。

12月27日 中央纪委印发通知，确保2020年元旦、春节风清气正。近日，中共中央纪委印发《关于持之以恒正风肃纪确保2020年元旦春节风清气正的通知》。通知要求各级纪检监察机关强化监督执纪执法，从严精准查处"四风"问题。坚持严字当头，突出问题导向，以严明的纪律筑牢纠治节日"四风"、坚固"后墙"等。

12月27日 中央纪委网站推出"元旦、春节期间'四风'问题监督举报曝光专区"。2020年元旦、春节将至,为切实抓好节日期间落实中央八项规定及其实施细则精神、纠治"四风"各项工作,营造风清气正节日氛围,中央纪委国家监委网站日前推出"元旦、春节期间'四风'问题监督举报曝光专区"。

(八) 2020年正风反腐大事记①

1月

1月6日 中央纪委国家监委公布专项整治漠视侵害群众利益问题阶段性工作成果。中央纪委国家监委机关第一时间公布专项整治漠视侵害群众利益问题受理群众监督举报和反映问题方式,各整治项目共受理群众信访举报7.21万件。

1月10日 十九届中央第四轮巡视对37个中央和国家机关单位党组织的巡视反馈情况集中公布。反馈中,中央巡视组肯定被巡视党组织贯彻落实党中央重大决策部署和全面从严治党等方面取得成绩的同时,也指出了存在的问题。

1月13日 十九届中央纪委四次全会召开,习近平发表重要讲话。

1月13日 十九届中央纪委四次全会举行第二次大会,赵乐际代表中央纪律检查委员会常务委员会作工作报告。

1月16日 中共中央政治局召开会议,中共中央总书记习近平主持会议。会议审议《中央政治局常委会听取和研究全国人大常委会、国务院、全国政协、最高人民法院、最高人民检察院党组工作汇报和中央书记处工作报告的综合情况报告》《关于十九届中央第四轮巡视情况的综合报告》和《关于2019年中央巡视工作领导小组重点工作情况的报告》。中共中央总书记习近平主持会议。

1月19日 中央纪委国家监委首次公布4类形式主义、官僚主义问题查处数据。

1月20日 中央军委主席习近平签署命令,发布《军队监察工作条例(试行)》。该条例自2020年2月1日起施行。

1月30日 中央纪委国家监委近日印发《关于贯彻党中央部署要求、做好新型冠状病毒感染肺炎疫情防控监督工作的通知》。

---

① 《2020正风反腐大事记》,http://fanfu.people.com.cn/GB/143349/434458/index.html。

2月

2月13日 中央纪委常委会召开会议,专题学习贯彻习近平总书记关于新冠疫情防控工作重要指示,进一步研究部署贯彻落实措施。

2月25日 中央纪委常委会召开会议,专题学习贯彻习近平总书记在统筹推进新冠疫情防控和经济社会发展工作部署会议上的重要讲话精神,研究部署落实措施。

3月

3月19日 中央脱贫攻坚专项巡视"回头看"完成反馈。根据党中央部署,2019年12月下旬至2020年1月中旬,15个中央巡视组对中央脱贫攻坚专项巡视的13个中西部省区市和13个中央单位全部开展"回头看"。日前,中央巡视组向26个党组织进行了书面反馈。

3月22日 十九届中央第三轮巡视整改进展情况全部公布。中央纪委国家监委网站公布了十九届中央第三轮巡视的15家单位整改进展情况。至此,该轮巡视的3个中央单位和42家中管企业党组织巡视整改进展情况已全部公布(2019年11月,中船工业集团和中船重工集团合并重组为中国船舶集团,巡视整改进展情况由中国船舶集团党组合并公布)。

3月30日 中央反腐败协调小组国际追逃追赃工作办公室作出部署,启动"天网2020"行动。根据"天网2020"行动安排,国家监委牵头开展职务犯罪国际追逃追赃专项行动,最高人民法院牵头开展犯罪嫌疑人、被告人逃匿、死亡案件追赃专项行动。

4月

4月13日 2020年职务犯罪国际追逃追赃专项行动启动。作为"天网2020"行动的一部分,职务犯罪国际追逃追赃专项行动从2020年4月持续到12月,将集中力量开展个案攻坚,推动一批重点追逃追赃案件取得突破。

4月14日 中共中央办公厅印发《关于持续解决困扰基层的形式主义问题为决胜全面建成小康社会提供坚强作风保证的通知》。

4月23日 中央纪委国家监委指导7省区扶贫领域问题专项治理。近日,中央纪委国家监委专门印发通知,加强对广西壮族自治区、四川省、贵州省、云南省、甘肃省、宁夏回族自治区、新疆维吾尔自治区7省区纪委监委2020年扶贫领域腐败和作风问题专项治理工作的指导。

5月

5月9日 十九届中央第五轮巡视动员部署会召开,赵乐际出席并讲话。会议传达学习习近平总书记关于巡视工作重要指示,研究部署2020年巡视工作,对集中巡视部分中央和国家机关党组织作出安排。

5月20日 中央纪委国家监委印发《关于做好失实检举控告澄清工作的意见》。意见对开展澄清工作的主要原则、适用情形、主要方式和工作要求作出规定,要求积极稳妥开展失实检举控告澄清工作,维护党员、干部合法权益,释放提倡如实检举控告、抵制歪风邪气的强烈信号,实事求是地为担当者担当、为负责者负责,切实保护党员、干部干事创业积极性。

6月

6月1日 中央纪委国家监委机关传达学习全国两会精神。杨晓渡主持会议并讲话,杨晓超传达两会精神。

7月

7月3日 农村乱占耕地建房问题整治工作电视电话会议召开。中共中央政治局常委、国务院副总理韩正出席会议并讲话。会议深入学习贯彻习近平总书记重要指示精神,贯彻落实党中央、国务院决策部署,对农村乱占耕地建房问题整治工作作出安排。

7月3日 中央纪委国家监委办公厅印发通知,做好政务处分法实施工作。第十三届全国人民代表大会常务委员会第十九次会议通过了《中华人民共和国公职人员政务处分法》(简称《政务处分法》),自2020年7月1日起施行。为推动纪检监察系统做好《政务处分法》实施工作,提高政务处分工作规范化、法治化水平,中央纪委办公厅、国家监委办公厅于近日专门印发了有关通知。

7月23日 国务院召开第三次廉政工作会议。李克强发表重要讲话。韩正等出席会议,赵乐际等应邀出席会议。

7月24日 中央纪委常委会就"《中华人民共和国民法典》的重大意义和核心要义"举行第十六次集体学习。赵乐际主持。

8月

8月7日 中央纪委国家监委对农村乱占耕地建房问题整治工作开展专项

监督,督促各地区各部门切实担负起专项整治的政治责任,坚决防止整治中的形式主义、官僚主义。

8月10日　全国人大常委会听取国家监委专项工作报告。十三届全国人大常委会第二十一次会议听取了国家监察委员会关于开展反腐败国际追逃追赃工作情况的报告。这是全国人大常委会首次听取国家监委专项工作报告。

8月23日　十九届中央第五轮巡视反馈情况全部公布。8月23日,十九届中央第五轮巡视对35个中央和国家机关单位党组织的巡视反馈情况在中央纪委国家监委网站集中向社会公布。

8月31日　中共中央政治局召开会议,审议《黄河流域生态保护和高质量发展规划纲要》和《关于十九届中央第五轮巡视情况的综合报告》。习近平主持会议。

9月

9月2日　全国纪检监察信访举报工作会议召开。杨晓超出席并讲话。

9月4日　国家监委召开向全国人大常委会报告专项工作总结部署会议。

9月23日　中央纪委常委会举行第十七次集体学习,交流学习《习近平谈治国理政》第三卷心得体会和2020年度中央纪委国家监委机关重点课题调研成果,对推进新时代纪检监察工作高质量发展作出部署。

10月

10月14日　十九届中央第六轮巡视完成进驻。十九届中央第六轮巡视15个巡视组完成对32个地方和单位的进驻工作,十九届中央第六轮巡视全面展开。据悉,本轮中央巡视为常规巡视,15个中央巡视组将在被巡视地方、单位工作两个半月左右。

11月

11月3日　中央纪委国家监委传达学习党的十九届五中全会精神。在10月30日赵乐际主持召开中央纪委常委会会议学习贯彻党的十九届五中全会精神基础上,中央纪委国家监委召开会议,进一步传达学习五中全会精神。

11月5日　十九届中央第四轮巡视亮出整改成绩单。中央纪委国家监委网站陆续向社会公布十九届中央第四轮巡视整改进展情况,接受干部群众监督。

11月24日　中央纪委常委会举行第十八次集体学习,交流学习中央全面依法治国工作会议和习近平总书记重要讲话精神体会,研究贯彻落实措施。赵乐际主持会议。

11月26日 中央纪委国家监委召开向特约监察员通报工作会。会议就特约监察员关注的整治形式主义官僚主义、整治扶贫领域和群众身边腐败和不正之风、惩治涉黑涉恶腐败和"保护伞"问题、增强问责的精准化规范化等方面工作作了通报。

12月

12月7日 中央纪委国家监委专项检查涉案财物管理情况。中央纪委国家监委对各省级纪委监委,中央纪委国家监委各派驻、派出机构,各中管企业纪检监察机构党的十九大以来查封、扣押、冻结措施使用情况以及自办案件中涉案财物保管和处置情况开展专项检查。

12月8日 "一带一路"合作伙伴疫情防控和复工复产廉洁建设研讨会举行。会议由中国国家监察委员会主办,来自22个国家和国际组织的代表在线参会。

12月11日 中共中央政治局召开会议。会议分析研究2021年经济工作;听取中央纪委国家监委工作汇报,研究部署2021年党风廉政建设和反腐败工作;审议《中国共产党地方组织选举工作条例》。习近平主持会议。

12月28日 中央纪委国家监委办公厅印发《关于加强新时代纪检监察干部监督工作的意见》,要求各级纪检监察机关特别是领导班子重视加强对纪检监察干部监督工作的领导、管理和监督。

二、新时代执纪审查中管干部一览表 (2012.12—2020.12)[①]

张深远

表4 新时代执纪审查中管干部一览表(2012.12—2020.12)

序号	执纪审查中管干部	时间
1	四川省委副书记李春城涉嫌严重违纪接受调查	2012/12/6
2	安徽原副省长倪发科涉嫌严重违纪正接受调查	2013/6/4
3	四川省文联主席郭永祥涉嫌严重违纪正接受调查	2013/6/22
4	内蒙古统战部部长王素毅涉嫌严重违纪正接受调查	2013/6/30
5	广西政协副主席李达球涉嫌严重违纪正接受调查	2013/7/6
6	中石油大庆油田公司总经理王永春涉嫌严重违纪正接受调查	2013/8/26
7	国务院国资委主任蒋洁敏涉嫌严重违纪正接受组织调查	2013/9/1
8	中国外文局副局长齐平景涉嫌严重违纪违法正接受调查	2013/10/11
9	南京市委副书记、市长季建业涉嫌严重违纪违法正接受调查	2013/10/17
10	贵州省委常委廖少华涉嫌严重违纪违法正接受调查	2013/10/28
11	湖北省政协原副主席陈柏槐涉嫌严重违纪违法正接受组织调查	2013/11/19
12	湖北省副省长郭有明涉嫌严重违纪违法接受调查	2013/11/27
13	国家信访局副局长许杰涉嫌严重违纪违法接受组织调查	2013/11/28
14	中国出口信用保险公司副总经理戴春宁接受组织调查	2013/12/1
15	江西省人大常委会副主任陈安众正接受组织调查	2013/12/6
16	湖南省政协副主席童名谦正接受组织调查	2013/12/18
17	中央防范和处理邪教问题领导小组副组长、办公室主任,公安部党委副书记、副部长李东生涉嫌严重违纪违法接受组织调查	2013/12/20
18	政协第十二届全国委员会经济委员会副主任杨刚涉嫌严重违纪违法接受组织调查	2013/12/27

[①] https://www.ccdi.gov.cn/scdcn/zggb/zjsc/。

（续表）

序号	执纪审查中管干部	时间
19	四川省政协主席李崇禧涉嫌严重违纪违法接受组织调查	2013/12/29
20	海南省副省长冀文林涉嫌严重违纪违法被立案调查	2014/2/18
21	陕西省政协副主席祝作利涉嫌严重违纪违法被立案调查	2014/2/19
22	山西省人大常委会副主任金道铭接受组织调查	2014/2/27
23	云南省副省长沈培平涉嫌严重违纪违法接受组织调查	2014/3/9
24	江西省副省长姚木根正接受组织调查	2014/3/22
25	中国科协党组书记、常务副主席申维辰接受组织调查	2014/4/12
26	华润集团董事长、党委书记宋林接受组织调查	2014/4/17
27	青海省委常委、西宁市委书记毛小兵接受组织调查	2014/4/24
28	重庆市人大常委会副主任谭栖伟接受组织调查	2014/5/3
29	香港中旅(集团)总经理王帅廷接受组织调查	2014/5/16
30	湖南省政协原党组副书记、副主席阳宝华接受组织调查	2014/5/26
31	政协第十二届全国委员会副主席苏荣接受调查	2014/6/14
32	山西省政协副主席令政策接受组织调查	2014/6/19
33	山西省委常委、副省长杜善学接受组织调查	2014/6/19
34	广东省委常委、广州市委书记万庆良接受组织调查	2014/6/27
35	海南省委常委、副省长谭力接受组织调查	2014/7/8
36	安徽省政协副主席韩先聪接受组织调查	2014/7/12
37	天津市政协副主席武长顺接受组织调查	2014/7/20
38	山西省纪委常务副书记杨森林接受组织调查	2014/7/23
39	辽宁省政协副主席陈铁新接受组织调查	2014/7/24
40	中共中央决定对周永康严重违纪问题立案审查	2014/7/29
41	山西省委常委、太原市委书记陈川平接受组织调查	2014/8/23
42	山西省委常委、秘书长聂春玉接受组织调查	2014/8/23
43	山西省委常委、统战部部长白云接受组织调查	2014/8/29
44	十二届全国人大环资委副主任委员白恩培接受组织调查	2014/8/29
45	山西省副省长任润厚接受组织调查	2014/8/29

（续表）

序号	执纪审查中管干部	时间
46	中国铝业公司总经理孙兆学接受组织调查	2014/9/15
47	内蒙古自治区党委常委、区政府副主席潘逸阳接受调查	2014/9/17
48	河南省人大常委会党组书记秦玉海接受组织调查	2014/9/21
49	江苏省委原常委、秘书长赵少麟接受组织调查	2014/10/11
50	国家行政学院常务副院长何家成接受组织调查	2014/10/11
51	河北省委常委、组织部部长梁滨接受组织调查	2014/11/20
52	黑龙江省人大常委会副主任、省农垦总局党委书记隋凤富涉嫌严重违纪违法接受组织调查	2014/11/27
53	广东省政协主席朱明国涉嫌严重违纪违法接受组织调查	2014/11/28
54	山东省委常委、济南市委书记王敏接受组织调查	2014/12/18
55	黑龙江省委常委韩学键涉嫌严重违纪违法接受组织调查	2014/12/22
56	全国政协副主席、中共中央统战部部长令计划接受调查	2014/12/22
57	国家工商总局副局长、党组成员孙鸿志接受调查	2014/12/26
58	江苏省委常委、南京市委书记杨卫泽接受组织调查	2015/1/4
59	国家安全部副部长、党委委员马建接受组织调查	2015/1/16
60	国家旅游局副局长、党组成员霍克接受组织调查	2015/1/16
61	甘肃省人大常委会副主任、党组副书记陆武成接受调查	2015/1/23
62	浙江省政协原党组副书记、副主席斯鑫良接受组织调查	2015/2/16
63	河北省委常委、秘书长景春华接受组织调查	2015/3/3
64	新疆维吾尔自治区人大常委会原副主任栗智接受组织调查	2015/3/11
65	云南省委副书记仇和涉嫌严重违纪违法接受组织调查	2015/3/15
66	中国第一汽车集团公司董事长、党委书记徐建一被调查	2015/3/15
67	中国石油天然气集团公司总经理廖永远被调查	2015/3/16
68	福建省副省长徐钢涉嫌严重违纪违法接受组织调查	2015/3/20
69	广东省纪委副书记、省监察厅厅长钟世坚接受组织调查	2015/4/1
70	中国石油化工集团公司总经理王天普接受组织调查	2015/4/27
71	广西壮族自治区党委常委、南宁市委书记余远辉被调查	2015/5/22
72	国家体育总局副局长肖天涉嫌严重违纪违法接受组织调查	2015/6/25

（续表）

序号	执纪审查中管干部	时间
73	西藏自治区人大常委会副主任乐大克接受组织调查	2015/6/26
74	最高人民法院副院长、党组成员奚晓明接受组织调查	2015/7/12
75	河北省委书记、省人大常委会主任周本顺接受组织调查	2015/7/24
76	环境保护部原副部长、党组成员张力军接受组织调查	2015/7/30
77	吉林省副省长谷春立涉嫌严重违纪违法接受组织调查	2015/8/1
78	国家安全生产监督管理总局局长、党组书记杨栋梁被调查	2015/8/18
79	武汉钢铁（集团）公司原董事长、党委书记邓崎琳被调查	2015/8/29
80	中国证监会主席助理张育军接受组织调查	2015/9/16
81	国家宗教事务局党组成员、副局长张乐斌接受组织调查	2015/9/22
82	福建省委副书记、省长苏树林涉嫌严重违纪接受组织调查	2015/10/7
83	东风汽车公司党委副书记、董事、总经理朱福寿被调查	2015/11/2
84	南方航空集团公司党组副书记、总经理司献民接受组织调查	2015/11/4
85	宁夏回族自治区政府副主席白雪山接受组织调查	2015/11/6
86	上海市委常委、副市长艾宝俊涉嫌严重违纪接受组织调查	2015/11/10
87	北京市委副书记吕锡文涉嫌严重违纪接受组织调查	2015/11/11
88	中国证券监督管理委员会党委委员、副主席姚刚被调查	2015/11/13
89	中国民用航空局党组成员、副局长周来振接受组织调查	2015/11/24
90	黑龙江省人大常委会党组书记、副主任盖如垠接受组织调查	2015/12/8
91	中国电信党组书记董事长常小兵涉嫌严重违纪被调查	2015/12/27
92	河南省委常委、洛阳市委书记陈雪枫接受组织调查	2016/1/16
93	中共中央台办、国务院台办副主任龚清概接受组织调查	2016/1/19
94	国家统计局党组书记、局长王保安接受组织调查	2016/1/26
95	广东省副省长刘志庚涉嫌严重违纪接受组织调查	2016/2/4
96	中化集团公司党组成员、董事、总经理蔡希有被调查	2016/2/6
97	十二届全国人大教科文卫委员会副主任委员王珉被调查	2016/3/4
98	浙江省宁波市委副书记、市长卢子跃接受组织调查	2016/3/16
99	辽宁省人大常委会副主任王阳接受组织调查	2016/3/16

（续表）

序号	执纪审查中管干部	时间
100	广东省委常委、珠海市委书记李嘉接受组织调查	2016/3/23
101	山东省济南市委副书记、市长杨鲁豫接受组织调查	2016/4/6
102	辽宁省委常委、政法委书记苏宏章接受组织调查	2016/4/6
103	四川省原副省长李成云接受组织调查	2016/4/9
104	河北省委常委、政法委书记张越接受组织调查	2016/4/16
105	安徽省副省长杨振超涉嫌严重违纪接受组织调查	2016/5/24
106	江苏省委常委、副省长李云峰涉嫌严重违纪接受组织调查	2016/5/30
107	国家开发银行原监事长姚中民涉嫌严重违纪接受组织调查	2016/6/6
108	天津市副市长尹海林涉嫌严重违纪接受组织调查	2016/8/22
109	天津市委代理书记、市长黄兴国涉嫌严重违纪接受组织调查	2016/9/10
110	安徽省副省长陈树隆涉嫌严重违纪接受组织调查	2016/11/8
111	湖南省委常委、宣传部部长张文雄涉嫌严重违纪接受组织调查	2016/11/8
112	河南省委原常委、政法委书记吴天君接受组织调查	2016/11/11
113	司法部党组成员、政治部主任卢恩光涉嫌严重违纪接受组织调查	2016/12/16
114	甘肃省委常委、副省长虞海燕涉嫌严重违纪接受组织调查	2017/1/11
115	中国人民保险集团股份有限公司党委副书记、副董事长、总裁王银成涉嫌严重违纪接受组织审查	2017/2/23
116	辽宁省人大常委会副主任李文科涉嫌严重违纪接受组织审查	2017/2/28
117	上海市人民检察院原检察长陈旭涉嫌严重违纪接受组织审查	2017/3/1
118	十二届全国政协常委、港澳台侨委员会主任孙怀山涉嫌严重违纪接受组织审查	2017/3/2
119	中国保险监督管理委员会党委书记、主席项俊波接受组织审查	2017/4/9
120	河北省人大常委会党组书记、副主任杨崇勇涉嫌严重违纪接受组织审查	2017/4/11
121	中央巡视组原副部级巡视专员张化为涉嫌严重违纪接受组织审查	2017/4/17
122	安徽省副省长周春雨涉嫌严重违纪接受组织审查	2017/4/26
123	陕西省人大常委会党组副书记、副主任魏民洲接受组织审查	2017/5/22
124	中国银监会党委委员、主席助理杨家才接受组织审查	2017/5/23
125	湖北省政协副主席刘善桥涉嫌严重违纪接受组织审查	2017/6/26

（续表）

序号	执纪审查中管干部	时间
126	十二届全国人大教科文卫委员会副主任委员王三运接受组织审查	2017/7/11
127	中共中央决定对孙政才同志涉嫌严重违纪问题立案审查	2017/7/24
128	中央纪委驻财政部纪检组组长、财政部党组成员莫建成接受组织审查	2017/8/27
129	中共中央宣传部原副部长鲁炜涉嫌严重违纪接受组织审查	2017/11/21
130	辽宁省副省长刘强涉嫌严重违纪接受组织审查	2017/11/23
131	河北省人大常委会副主任张杰辉接受组织审查	2017/12/12
132	陕西省副省长冯新柱接受组织审查	2018/1/3
133	山东省副省长季缃绮涉嫌严重违纪接受组织审查	2018/1/4
134	江西省副省长李贻煌涉嫌严重违纪接受组织审查	2018/1/17
135	国家能源局党组成员、副局长王晓林涉嫌严重违纪接受组织审查	2018/1/23
136	贵州省委原常委、副省长王晓光涉嫌严重违纪违法接受纪律审查和监察调查	2018/4/1
137	中国华融资产管理股份有限公司党委书记、董事长赖小民个人涉嫌严重违纪违法接受纪律审查和监察调查	2018/4/17
138	内蒙古自治区政府副主席白向群接受中央纪委国家监委纪律审查和监察调查	2018/4/25
139	贵州省副省长蒲波涉嫌严重违纪违法接受中央纪委国家监委纪律审查和监察调查	2018/5/4
140	财政部原党组副书记、副部长张少春接受中央纪委国家监委纪律审查和监察调查	2018/5/7
141	中国船舶重工集团有限公司党组副书记、总经理孙波接受中央纪委国家监委纪律审查和监察调查	2018/6/16
142	广东省委常委、统战部部长曾志权接受中央纪委国家监委纪律审查和监察调查	2018/7/11
143	河北省政协原副主席艾文礼接受中央纪委国家监委纪律审查和监察调查	2018/7/31
144	原国家食品药品监督管理总局党组成员、副局长吴浈接受纪律审查和监察调查	2018/8/16
145	河南省人大常委会党组副书记王铁接受纪律审查和监察调查	2018/8/17
146	吉林省政协原副主席王尔智接受中央纪委国家监委纪律审查和监察调查	2018/8/25
147	吉林省纪委副书记、省监委副主任邱大明接受纪律审查和监察调查	2018/9/11

(续表)

序号	执纪审查中管干部	时间
148	北京市政协原副主席李士祥接受中央纪委国家监委纪律审查和监察调查	2018/9/15
149	河南省政协原副主席靳绥东接受中央纪委国家监委纪律审查和监察调查	2018/9/18
150	国家发改委副主任、国家能源局局长努尔·白克力接受纪律审查和监察调查	2018/9/21
151	公安部副部长孟宏伟涉嫌违法接受国家监委监察调查	2018/10/7
152	内蒙古自治区人大常委会原副主任邢云涉嫌严重违纪违法接受纪律审查和监察调查	2018/10/25
153	陕西省委常委、秘书长钱引安涉嫌严重违纪违法接受中央纪委国家监委纪律审查和监察调查	2018/11/1
154	江苏省副省长缪瑞林接受中央纪委国家监委纪律审查和监察调查	2018/11/15
155	中国科协党组成员、书记处书记陈刚接受中央纪委国家监委纪律审查和监察调查	2019/1/6
156	陕西省委原书记赵正永接受中央纪委国家监委纪律审查和监察调查	2019/1/15
157	国家烟草专卖局党组成员、副局长赵洪顺接受中央纪委国家监委纪律审查和监察调查	2019/2/16
158	中信集团原党委委员、执行董事赵景文接受中央纪委国家监委纪律审查和监察调查	2019/2/20
159	山西省人大常委会原副主任张茂才接受中央纪委国家监委纪律审查和监察调查	2019/3/2
160	原国家质量监督检验检疫总局副局长魏传忠接受中央纪委国家监委审查调查	2019/3/15
161	四川省副省长彭宇行接受中央纪委国家监委纪律审查和监察调查	2019/4/28
162	云南省委原书记秦光荣接受中央纪委国家监委纪律审查和监察调查	2019/5/9
163	湖南省人大常委会副主任向力力接受中央纪委国家监委纪律审查和监察调查	2019/5/17
164	中华全国供销合作总社党组副书记、理事会主任刘士余同志配合审查调查	2019/5/19
165	内蒙古自治区党委常委、呼和浩特市委书记云光中接受纪律审查和监察调查	2019/6/11
166	吉林省人民检察院党组书记、检察长杨克勤接受纪律审查和监察调查	2019/7/17
167	国家开发银行原党委书记、董事长胡怀邦接受纪律审查和监察调查	2019/7/31
168	河南省政府党组成员、副省长徐光接受审查调查	2019/8/24

（续表）

序号	执纪审查中管干部	时间
169	安徽省高级人民法院原院长张坚接受中央纪委国家监委纪律审查和监察调查	2019/8/25
170	河北省政府党组成员、副省长李谦接受中央纪委国家监委纪律审查和监察调查	2019/8/27
171	海南省委常委、海口市委书记张琦接受中央纪委国家监委纪律审查和监察调查	2019/9/6
172	黑龙江省哈尔滨市政协主席姜国文接受中央纪委国家监委纪律审查和监察调查	2019/9/24
173	中国华电集团有限公司原党组副书记、总经理云公民接受审查调查	2019/10/24
174	内蒙古自治区政协副主席马明接受中央纪委国家监委纪律审查和监察调查	2019/12/1
175	福建省委常委、副省长张志南接受中央纪委国家监委审查调查	2020/4/12
176	公安部党委委员、副部长孙力军接受中央纪委国家监委审查调查	2020/4/19
177	河北省委原常委、副省长张和接受中央纪委国家监委审查调查	2020/4/29
178	原中国船舶重工集团有限公司党组书记胡问鸣接受审查调查	2020/5/12
179	新疆维吾尔自治区政府副主席任华接受中央纪委国家监委纪律审查和监察调查	2020/6/1
180	重庆市副市长、公安局局长邓恢林接受审查调查	2020/6/14
181	辽宁省政协原副主席刘国强接受中央纪委国家监委纪律审查和监察调查	2020/7/13
182	海南省政协副主席王勇接受中央纪委国家监委审查调查	2020/7/13
183	文化和旅游部党组副书记李金早接受中央纪委国家监委审查调查	2020/7/29
184	上海市副市长、市公安局局长龚道安接受审查调查	2020/8/18
185	中粮集团有限公司党组成员、总会计师骆家驌接受审查调查	2020/8/18
186	北京市政协副主席李伟接受纪律审查和监察调查	2020/8/25
187	青海省副省长文国栋接受纪律审查和监察调查	2020/9/6
188	江西省人大常委会原副主任史文清接受纪律审查和监察调查	2020/9/21
189	中央巡视组原副部级巡视专员董宏接受纪律审查和监察调查	2020/10/2
190	国家能源局党组成员、副局长刘宝华接受审查调查	2020/10/17
191	江苏省委常委、政法委书记王立科接受纪律审查和监察调查	2020/10/24
192	海南省委常委、三亚市委书记童道驰接受审查调查	2020/11/1

三、新时代党纪政务处分中管干部一览表（2012.12—2020.12）[①]

张深远

表5 新时代党纪政务处分中管干部一览表（2012.12—2020.12）

序号	党纪政务处分中管干部	时间
1	广东省委原统战部部长周镇宏严重违纪违法被开除党籍公职	2013/2/8
2	中国农业银行原副行长杨琨严重违纪违法被开除党籍和公职	2013/5/20
3	国家发展改革委原副主任刘铁男严重违纪违法被开除党籍和公职	2013/8/8
4	内蒙古自治区党委原常委、统战部原部长王素毅严重违纪违法被开除党籍和公职	2013/9/4
5	广西壮族自治区政协原副主席、区总工会原主席李达球严重违纪违法被开除党籍和公职	2013/9/4
6	安徽省原副省长倪发科严重违纪违法被开除党籍和公职	2013/9/30
7	中国外文局原副局长齐平景被开除党籍和公职	2013/12/26
8	湖南省政协原副主席童名谦被开除党籍和公职	2014/1/2
9	南京市委原副书记原市长季建业严重违纪违法被开除党籍	2014/1/30
10	湖北省政协原副主席陈柏槐被开除党籍和公职	2014/3/7
11	四川省文联原主席郭永祥被开除党籍和公职	2014/4/9
12	湖北省原副省长郭有明严重违纪违法被开除党籍	2014/4/22
13	四川省委原副书记李春城严重违纪违法被开除党籍和公职	2014/4/29
14	贵州省委原常委廖少华被开除党籍和公职	2014/5/8
15	江西省人大常委会原副主任陈安众被开除党籍公职	2014/5/20
16	中国出口信用保险公司原副总经理戴春宁被开除党籍	2014/6/5
17	国家信访局原党组成员、副局长许杰被开除党籍	2014/6/27
18	中石油集团原副总经理、党组成员王永春严重违纪违法被开除党籍	2014/6/30

[①] https://www.ccdi.gov.cn/scdcn/zggb/djcf/。

（续表）

序号	党纪政务处分中管干部	时间
19	中央防范和处理邪教问题领导小组原副组长、办公室主任、公安部原党委副书记、副部长李东生严重违纪违法被开除党籍	2014/6/30
20	国务院国资委原主任、党委副书记蒋洁敏严重违纪违法被开除党籍	2014/6/30
21	中共中央决定给予徐才厚开除党籍处分	2014/6/30
22	海南省原副省长冀文林被开除党籍公职	2014/7/2
23	政协第十二届全国委员会经济委员会原副主任杨刚被"双开"	2014/7/11
24	湖南省政协原党组副书记、副主席阳宝华被开除党籍	2014/7/15
25	云南省委原常委、昆明市委书记张田欣被开除党籍	2014/7/16
26	江西省委原常委、秘书长赵智勇被开除党籍	2014/7/16
27	青海省委原常委、西宁市委原书记毛小兵被开除党籍公职	2014/7/16
28	江西省原副省长姚木根严重违纪违法被开除党籍	2014/8/5
29	陕西省政协原副主席祝作利被开除党籍和公职	2014/8/6
30	云南省原副省长沈培平严重违纪违法被开除党籍	2014/8/6
31	重庆市人大常委会原副主任谭栖伟被"双开"	2014/9/2
32	四川省政协原主席李崇禧被开除党籍和公职	2014/9/11
33	海南省原省委常委、副省长谭力被开除党籍	2014/9/30
34	广东省委原常委、广州市委原书记万庆良被"双开"	2014/10/9
35	辽宁省政协原副主席陈铁新被开除党籍和公职	2014/10/28
36	中共中央决定给予周永康开除党籍处分移送司法机关	2014/12/6
37	安徽省政协原副主席韩先聪严重违纪违法被"双开"	2014/12/11
38	山西省纪委原常务副书记杨森林被开除党籍公职	2014/12/15
39	山西省人大常委会原副主任金道铭被开除党籍和公职	2014/12/22
40	中国科协原党组书记、常务副主席申维辰被开除党籍公职	2014/12/22
41	中国铝业公司原党组成员、总经理孙兆学被开除党籍	2014/12/23
42	云南省委原书记白恩培严重违纪违法被开除党籍和公职	2015/1/13
43	河北省委原常委、组织部原部长梁滨被开除党籍和公职	2015/1/26
44	山西省委原常委、统战部原部长白云被开除党籍和公职	2015/2/3
45	山西省委原常委、秘书长聂春玉被开除党籍和公职	2015/2/3

（续表）

序号	党纪政务处分中管干部	时间
46	河南省人大常委会原党组书记、副主任秦玉海被"双开"	2015/2/13
47	黑龙江省人大常委会原副主任隋凤富被"双开"	2015/2/13
48	天津市政协原副主席、市公安局原局长武长顺被"双开"	2015/2/13
49	山西省原省委常委、副省长杜善学被开除党籍	2015/2/13
50	全国政协原副主席苏荣严重违纪违法被开除党籍和公职	2015/2/16
51	山西省委原常委、太原市委原书记陈川平被"双开"	2015/2/17
52	山东省委原常委、济南市委原书记王敏被"双开"	2015/2/17
53	广东省政协原主席朱明国被"双开"	2015/2/17
54	江西省政协副主席许爱民严重违纪被开除党籍	2015/2/17
55	山西省原副省长任润厚严重违纪违法被开除党籍	2015/4/13
56	黑龙江省委原常委、大庆市委原书记韩学键被"双开"	2015/4/30
57	河北省委原常委、秘书长景春华被开除党籍和公职	2015/5/8
58	甘肃省人大常委会原副主任、党组副书记陆武成被"双开"	2015/5/15
59	中国石油天然气集团公司原总经理廖永远被开除党籍	2015/6/15
60	国家工商总局原副局长、党组成员孙鸿志被开除党籍	2015/6/15
61	浙江省政协原副主席、党组副书记斯鑫良被开除党籍	2015/6/19
62	新疆维吾尔自治区人大常委会原副主任栗智被开除党籍	2015/7/6
63	广东省纪委原副书记、监察厅原厅长钟世坚被开除党籍和公职	2015/7/21
64	中共中央决定给予令计划开除党籍开除公职处分	2015/7/20
65	福建省原副省长徐钢严重违纪违法被开除党籍	2015/7/27
66	内蒙古自治区政协原副主席赵黎平被开除党籍	2015/7/31
67	云南省委原副书记仇和严重违纪违法被开除党籍和公职	2015/7/31
68	江苏省委原常委、南京市委原书记杨卫泽被开除党籍和公职	2015/7/31
69	中共中央决定给予郭伯雄开除党籍处分	2015/7/30
70	国家旅游局原副局长、党组成员霍克被开除党籍和公职	2015/8/12
71	一汽集团公司原党委书记、董事长徐建一被"双开"	2015/8/13
72	江苏省委原常委赵少麟严重违纪违法被开除党籍	2015/8/14

（续表）

序号	党纪政务处分中管干部	时间
73	山西省政协原副主席令政策被开除党籍和公职	2015/8/21
74	香港中旅（集团）有限公司原党委副书记、副董事长、总经理王帅廷在华润（集团）有限公司任职期间严重违纪违法被开除党籍	2015/9/11
75	华润（集团）有限公司原党委书记、董事长宋林严重违纪违法被开除党籍	2015/9/11
76	中国石油化工集团公司原董事、总经理、党组成员王天普严重违纪被开除党籍	2015/9/18
77	国家体育总局原副局长、党组成员肖天被开除党籍	2015/9/24
78	最高人民法院原副院长、党组成员奚晓明被开除党籍	2015/9/29
79	广西壮族自治区党委原常委、南宁市委原书记余远辉被"双开"	2015/10/16
80	内蒙古自治区党委原常委、自治区政府原副主席潘逸阳被"双开"	2015/10/16
81	国家安全生产监督管理总局原党组书记、局长杨栋梁被"双开"	2015/10/16
82	河北省委原书记、省人大常委会原主任周本顺被"双开"	2015/10/16
83	吉林省政府原党组成员、副省长谷春立严重违纪被"双开"	2015/10/30
84	西藏自治区人大常委会原党组成员、副主任乐大克被"双开"	2015/10/30
85	国家行政学院原党委委员、副院长何家成被"双开"	2015/11/11
86	宁夏回族自治区政府原党组成员、副主席白雪山被"双开"	2015/12/28
87	环境保护部原党组成员、副部长张力军严重违纪被开除党籍和公职	2015/12/31
88	国家宗教事务局原党组成员、副局长张乐斌严重违纪被"双开"	2016/1/5
89	北京市委原副书记吕锡文严重违纪被开除党籍和公职	2016/1/5
90	武钢集团原党委书记、董事长邓崎琳被开除党籍	2016/1/8
91	中国民用航空局原党组成员、副局长周来振被开除党籍和公职	2016/1/19
92	上海市原市委常委、副市长艾宝俊被开除党籍和公职	2016/1/19
93	南航集团公司原党组副书记、总经理司献民被开除党籍和公职	2016/2/3
94	黑龙江省人大常委会原党组书记副主任盖如垠被"双开"	2016/2/3
95	湖北原省委常委、组织部部长贺家铁受到撤销党内职务、行政撤职处分	2016/2/4
96	四川省原省长魏宏受到撤销党内职务、行政撤职处分	2016/2/4
97	海南省人大常委会原副主任张力夫受到开除党籍处分	2016/3/30

（续表）

序号	党纪政务处分中管干部	时间
98	广东省政府原党组成员、副省长刘志庚被开除党籍	2016/4/18
99	贵州省政协党组成员、副主席孔令中因严重违纪受到留党察看一年、行政撤职处分	2016/4/19
100	中央台湾工作办公室原副主任、国务院台湾事务办公室原副主任龚清概严重违纪被开除党籍	2016/4/21
101	外交部原党委委员、部长助理张昆生严重违纪被开除党籍	2016/5/12
102	辽宁省人大常委会原党组成员、副主任王阳被"双开"	2016/6/2
103	河南省委原常委、洛阳市委原书记陈雪枫被"双开"	2016/6/2
104	浙江省宁波市原市委副书记、市长卢子跃被开除党籍	2016/6/21
105	中国电信集团公司原党组书记、董事长常小兵严重违纪被开除党籍	2016/7/11
106	广西壮族自治区政协原党组成员、副主席赖德荣因严重违纪受到开除党籍、行政撤职处分	2016/7/22
107	辽宁省委原常委、政法委原书记苏宏章严重违纪被开除党籍和公职	2016/7/25
108	四川省政府原党组成员、副省长李成云严重违纪被开除党籍和公职	2016/7/26
109	安徽省政府原党组成员、副省长杨振超严重违纪被开除党籍	2016/7/26
110	山东省济南市原市委副书记、市长杨鲁豫严重违纪被开除党籍	2016/7/28
111	河北省委原常委、政法委原书记张越严重违纪被开除党籍和公职	2016/7/28
112	辽宁省委原书记王珉严重违纪被开除党籍和公职	2016/8/10
113	辽宁省人大常委会副主任郑玉焯被开除党籍和公职	2016/8/26
114	国家统计局原党组书记、局长王保安严重违纪被开除党籍	2016/8/26
115	国家开发银行原党委副书记、监事长姚中民严重违纪被开除党籍和公职	2016/9/13
116	国家安全部原党委委员、副部长马建严重违纪被开除党籍	2016/12/30
117	中国民用航空局原党组成员、副局长夏兴华因严重违纪受到开除党籍处分	2017/1/3
118	天津市原市委代理书记、市长黄兴国严重违纪被开除党籍和公职	2017/1/4
119	天津市政府原党组成员、副市长尹海林因严重违纪受到开除党籍处分	2017/1/20
120	河南省委原常委、政法委书记吴天君严重违纪被开除党籍和公职	2017/1/23
121	民政部原党组书记、部长李立国和原党组成员、副部长窦玉沛履行管党治党政治责任不力被问责	2017/2/8

（续表）

序号	党纪政务处分中管干部	时间
122	交通银行党委委员、首席风险官杨东平被开除党籍和公职	2017/2/24
123	湖南省委原常委、宣传部部长张文雄严重违纪被开除党籍和公职	2017/2/27
124	广东省委原常委、珠海市委原书记李嘉严重违纪被开除党籍和公职	2017/3/8
125	江苏省原省委常委、常务副省长李云峰严重违纪被开除党籍和公职	2017/4/7
126	民政部原党组成员、中国老龄协会原会长陈传书工作严重失职失责被问责	2017/4/24
127	安徽省原副省长陈树隆严重违纪被开除党籍和公职	2017/5/2
128	辽宁省人大常委会原党组成员、副主任李文科被开除党籍和公职	2017/5/10
129	新疆生产建设兵团原党委副书记、司令员刘新齐因严重违纪受到开除党籍处分	2017/5/24
130	上海市人民检察院原党组书记、检察长陈旭严重违纪被开除党籍	2017/5/25
131	司法部原党组成员、政治部主任卢恩光严重违纪被开除党籍和公职	2017/5/25
132	全国政协原常委、港澳台侨委员会原主任孙怀山严重违纪被开除党籍和公职	2017/6/2
133	甘肃省原省委常委、副省长虞海燕被开除党籍和公职	2017/6/4
134	中央纪委驻国家民委纪检组原组长、国家民委原党组成员曲淑辉履行全面从严治党监督责任不力被问责	2017/6/20
135	国务院国资委原党委副书记、副主任张喜武受到撤销党内职务、行政撤职处分	2017/7/3
136	福建省原省委副书记、省长，中石化集团原党组书记、总经理苏树林严重违纪被开除党籍和公职	2017/7/4
137	河北省人大常委会原党组书记、副主任杨崇勇严重违纪被开除党籍和公职	2017/7/4
138	安徽省政府原党组成员、副省长周春雨严重违纪被开除党籍和公职	2017/7/5
139	中国人民保险集团股份有限公司原党委副书记、副董事长、总裁王银成严重违纪被开除党籍和公职	2017/7/5
140	中国中化集团公司原党组成员、总经理，中石化集团原党组成员、中石化股份公司原高级副总裁蔡希有严重违纪被开除党籍和公职	2017/7/6
141	天津市委原常委、统战部部长王宏江因严重违纪受到留党察看一年、行政撤职处分	2017/7/10

（续表）

序号	党纪政务处分中管干部	时间
142	中国证券监督管理委员会原党委委员、副主席姚刚严重违纪被开除党籍和公职	2017/7/20
143	中国证券监督管理委员会原党委委员、主席助理张育军严重违纪被开除党籍和公职	2017/7/21
144	江苏省高级人民法院原党组书记、院长许前飞因严重违纪受到撤销党内职务处分	2017/7/24
145	国家安全监管总局原党组书记、局长杨焕宁受到留党察看二年、行政撤职处分	2017/7/31
146	中国银监会原党委委员、主席助理杨家才被开除党籍和公职	2017/8/1
147	中央巡视组原副部级巡视专员张化为严重违纪被开除党籍	2017/8/2
148	陕西省人大常委会原党组副书记、副主任魏民洲被"双开"	2017/8/3
149	湖北省政协原党组成员、副主席刘善桥严重违纪被开除党籍和公职	2017/9/18
150	全国人大教育科学文化卫生委员会原副主任委员、甘肃省委原书记王三运严重违纪被开除党籍和公职	2017/9/22
151	中国保险监督管理委员会原党委书记、主席项俊波，中央纪委驻财政部纪检组原组长、财政部原党组成员莫建成严重违纪被开除党籍和公职	2017/9/23
152	中共中央决定给予孙政才开除党籍、开除公职处分将孙政才涉嫌犯罪问题及线索移送司法机关依法处理	2017/9/29
153	公安部原党委委员、政治部主任夏崇源，重庆市政府原党组成员、副市长，市公安局原党组书记、局长何挺，重庆市政府原党组成员、副市长沐华平被处分	2017/10/9
154	辽宁省政府原党组成员、副省长刘强严重违纪被开除党籍和公职	2018/2/5
155	河北省人大常委会原党组成员、副主任张杰辉严重违纪被开除党籍和公职	2018/2/9
156	广西壮族自治区政协原党组成员、副主席刘君受到开除党籍行政撤职处分	2018/2/12
157	山东省政府原党组成员、副省长季缃绮严重违纪被开除党籍和公职	2018/2/13
158	中央宣传部原副部长、中央网信办原主任鲁炜严重违纪被开除党籍和公职	2018/2/13
159	杨晶因严重违纪受到留党察看一年、行政撤职处分	2018/2/24
160	陕西省政府原党组成员、副省长冯新柱严重违纪被开除党籍和公职	2018/3/31

（续表）

序号	党纪政务处分中管干部	时间
161	江西省政府原党组成员、副省长李贻煌严重违纪违法被开除党籍和公职	2018/4/26
162	国家能源局原党组成员、副局长王晓林严重违纪违法被开除党籍和公职	2018/4/26
163	天津市原副市长陈质枫因严重违纪受到留党察看二年处分	2018/8/7
164	贵州省委原常委、省政府原副省长王晓光严重违纪违法被开除党籍和公职	2018/9/20
165	财政部原党组副书记、副部长张少春严重违纪违法被开除党籍和公职	2018/9/20
166	中国华融资产管理股份有限公司原党委书记、董事长赖小民被"双开"	2018/10/15
167	河北省政协原党组副书记、副主席艾文礼严重违纪违法被开除党籍	2018/10/19
168	内蒙古自治区政府原党组成员、副主席白向群严重违纪违法被开除党籍和公职	2018/10/19
169	贵州省政府原党组成员、副省长蒲波严重违纪违法被开除党籍和公职	2018/11/2
170	河南省人大常委会原党组副书记、副主任王铁受到开除党籍、政务撤职处分	2018/11/19
171	中国船舶重工集团有限公司原党组副书记、总经理孙波被开除党籍和公职	2018/12/17
172	辽宁省纪委原副书记、省监委副主任杨锡怀因严重违纪违法受到撤销党内职务、政务撤职处分	2018/12/18
173	甘肃省人大常委会原党组副书记、副主任李建华受到开除党籍、政务撤职处分	2018/12/18
174	吉林省纪委原副书记、省监委原副主任邱大明严重违纪违法被开除党籍和公职	2018/12/20
175	广东省委原常委、统战部原部长曾志权严重违纪违法被开除党籍和公职	2019/1/4
176	吉林省政协原副主席王尔智严重违纪违法被开除党籍和公职	2019/1/19
177	原国家食品药品监督管理总局党组成员、副局长吴浈严重违纪违法被开除党籍	2019/2/2
178	北京市政协原党组副书记、副主席李士祥严重违纪违法被开除党籍	2019/2/3
179	河南省政协原党组副书记、副主席靳绥东严重违纪违法被开除党籍	2019/2/3
180	国家发改委原副主任、国家能源局原局长努尔·白克力被开除党籍和公职	2019/3/16

(续表)

序号	党纪政务处分中管干部	时间
181	公安部原党委委员、副部长孟宏伟严重违纪违法被开除党籍和公职	2019/3/27
182	江苏省政府原党组成员、副省长缪瑞林严重违纪违法被开除党籍和公职	2019/4/28
183	内蒙古自治区人大常委会原党组副书记、副主任邢云严重违纪违法被开除党籍	2019/4/29
184	陕西省委原常委、秘书长钱引安严重违纪违法被开除党籍和公职	2019/4/29
185	山西省人大常委会原党组成员、副主任张茂才严重违纪违法被开除党籍	2019/6/20
186	中国中信集团有限公司原党委委员、执行董事赵景文严重违纪违法被开除党籍	2019/7/11
187	中国科协原党组成员、书记处书记陈刚严重违纪违法被开除党籍和公职	2019/7/11
188	国家烟草专卖局原党组成员、副局长赵洪顺严重违纪违法被开除党籍和公职	2019/7/12
189	原国家质量监督检验检疫总局党组成员、副局长魏传忠严重违纪违法被开除党籍	2019/9/7
190	湖南省人大常委会原党组成员、副主任向力力严重违纪违法被开除党籍和公职	2019/9/7
191	全国人大原内务司法委员会副主任委员、云南省委原书记秦光荣被开除党籍	2019/9/26
192	中华全国供销合作总社原党组副书记刘士余受到留党察看二年、政务撤职处分	2019/10/4
193	四川省政府原党组成员、副省长彭宇行受到开除党籍、政务撤职处分	2019/10/10
194	中国南方电网有限责任公司原党组书记、董事长李庆奎受到留党察看二年处分	2019/10/22
195	内蒙古自治区党委原常委、呼和浩特市委原书记云光中被"双开"	2019/12/1
196	吉林省人民检察院原党组书记、检察长杨克勤被"双开"	2019/12/1
197	云南省高级人民法院原党组书记、院长赵仕杰因严重违纪受到留党察看一年处分	2019/12/14
198	陕西省政府原副省长陈国强被开除党籍和公职	2020/1/4
199	全国人大原内务司法委员会副主任委员、陕西省委原书记赵正永被开除党籍	2020/1/4

（续表）

序号	党纪政务处分中管干部	时间
200	国家开发银行原党委书记、董事长胡怀邦严重违纪违法被开除党籍	2020/1/11
201	安徽省高级人民法院原党组书记、院长张坚严重违纪违法被开除党籍	2020/1/22
202	河北省政府原副省长李谦严重违纪违法被开除党籍和公职	2020/1/22
203	河南省政府原党组成员、副省长徐光严重违纪违法被"双开"	2020/2/21
204	海南省委原常委、海口市委原书记张琦被开除党籍和公职	2020/3/4
205	中信银行股份有限公司原党委副书记、行长孙德顺被开除党籍	2020/3/20
206	黑龙江省哈尔滨市政协原党组书记、主席姜国文被"双开"	2020/3/27
207	河北省原省委常委、副省长张和受到开除党籍处分	2020/7/28
208	福建省委原常委、省政府原副省长张志南严重违纪违法被开除党籍和公职	2020/9/30
209	原中国华电集团公司党组副书记、总经理云公民被开除党籍	2020/9/30
210	内蒙古自治区政协原党组成员、副主席马明被开除党籍和公职	2020/11/16
211	新疆维吾尔自治区政府原党组成员、副主席任华被"双开"	2020/11/30

四、新时代反腐败辞典(2020)①

韩思阳

(一) 腐 败 类 型

1. 自体腐败与交易型腐败

来源：学者李辉、杨肖光在《如何对腐败的两副面孔进行有效治理》一文中认为，中国腐败的类型在不断演化。那么，今天中国的腐败类型呈现出什么样的结构性特征，又有哪些因素可以帮助我们解释这些结构性特征？同时，文中将腐败的两副面孔分为自体腐败与交易型腐败。

释义：自体腐败主要是公职人员单方面的行为，是公职人员利用手中的权力直接窃取或者占有公共财产，其手段主要包括贪污和挪用公款。交易型腐败则不同，涉及交易双方甚至多方，一般包括政府主体和市场主体，体现的是公私二者之间的利益交换关系。交易型腐败的手段主要包括各种类型的行贿和受贿。在我国现行法律中，按照参与交易主体的性质可将交易型腐败的罪名分为行贿、受贿、单位行贿、单位受贿、对单位行贿、非国家工作人员受贿、对非国家工作人员行贿等。

这两种腐败在根源上有着本质的差别。自体腐败因为是公职人员单方面的行为，因此其主要根源在于各种管理制度自身存在的漏洞，比如在基层，村干部截留上级政府下发的征地补偿款、社保资金和扶贫资金等。而交易型腐败涉及行贿和受贿双方，需要二者都具备参与贿赂交易的意愿和机会。

---

① 资料收集：杨德桀、陈鹏飞。

2. 系统性腐败

来源：学者梁冰倩、杨柠聪在《系统性腐败的生成逻辑、特点透视与防范机制建构》一文中认为，阈值数理模型说明了系统性腐败的生成逻辑，指明领导干部是系统性腐败的重要推动者。系统性腐败呈现出关联性、规则化、蔓延性的特征。抑制系统性腐败，要深化党和国家机构改革，加强横向问责制度建设，树立反腐决心并任用廉洁的干部。

释义：系统性腐败是指在特定行为运作系统或在缺乏权力制约和监督的制度环境下，多个公共权力拥有者或者执行者之间因利益驱使相互勾结，输送和交换权力、利益而形成的盘根错节的群体性腐败。腐败主体的构成可以是单一的个体，也可以是多个利益主体构成的腐败共同体。后者是一种集体性腐败、塌方式腐败，具有明显的系统性，多表现为窝案、串案、案中案、连环案，在学术上称为系统性腐败。

3. 集团腐败

来源：学者周赟、徐玉生在《试论集团腐败形成的内在逻辑》一文中认为，反腐败与腐败是作用与反作用的矛盾体，面临腐败空间的挤压与扩张、腐败收益的挤出与提升，反腐败与腐败的相互对抗。为了反制反腐败打击措施，腐败形态结构会作出相应的更新调整以避免被查清，进而导致个人腐败向高级阶段的集团腐败发展转化。只有在反腐力度不足、时间不持续时，腐败才会演变发展，反之，就能遏制腐败。由此发现引发集团腐败的内在逻辑——应激机制：不彻底且不持久的反腐打击会对"腐败机体"造成破坏程度不足的刺激，从而产生适当应激反应，促使腐败发生调适性的进化转变以适应反腐压力。反腐败的力度与时间是决定应激机制激发与否的重要因素，因此加大力度与确保持续是遏制腐败发展、防止形成集团腐败的关键。

释义：集团腐败是指由诸多腐败个体围绕权力、地位、金钱等要素，将手中掌握的公共资源作为交换筹码开展腐败活动，并依此进行关系建构的群体性腐败。与个人腐败相比，集团腐败这种以特殊利益集团为主体的大规模群体性腐败，会对政治生态系统产生更加难以估计的负面影响，治理难度也较大。

4. 扶贫建设项目腐败

来源：建筑行业天生具有腐败的重大风险，精准扶贫背景下，扶贫建设项目作为腐败高发区，也体现出一些呈复杂网络结构范型的特有腐败风险。翟凯在《基于加权共表答网络分析的我国扶贫建设项目腐败风险防治研究——以我国23个省(市、自治区)的实证调查为例》一文中分析了扶贫建设项目领域主要的腐败风险群组及解决路径。

释义：扶贫建设项目腐败，是指扶贫建设项目中发生的一种共生性复杂网络系统风险，其模式包括党政领导腐败模式、行政主管部门领导腐败模式、项目业主利用管理权腐败模式、工程项目承揽商不正当竞争谋利模式以及工程建设领域中介人员腐败模式等。它具有小世界、择优连接、脆弱性和虚实"二相性"等特征。2017年，中纪委、国务院扶贫办以及国家预防腐败局经过调研发现扶贫建设项目是精准扶贫建设中最大的腐败高发区。2017年，最高人民检察院反贪污贿赂总局针对扶贫工程建设领域腐败问题进行了专项调研，将扶贫工程建设中的贪污贿赂犯罪的发案环节分成项目决策环节、规划审批环节、土地出让环节、招标投标及发包分包环节、物资采购环节、资金管理及税费减免环节、工程监理质量管理环节和其他环节等8大环节，并指出土地出让、招标投标及发包分包和资金管理3大环节为腐败最严重环节。在具体建设领域，农村旧房翻新和新房建设中的腐败案件发生最多。

5. "链条式"腐败

来源：2020年1月13日，赵乐际在《坚持和完善党和国家监督体系 为全面建成小康社会提供坚强保障——在中国共产党第十九届中央纪律检查委员会第四次全体会议上的工作报告》中指出：着力整治权力集中、资金密集、资源富集部门和行业的"链条式"腐败，剑指腐败案件中的利益输送链条。

释义：链条是用金属环连缀而成的器具，常用来系物、传动，链条式腐败即指在腐败窝案中，其中的利益输送链条像蛛丝、网窝像蛛网，任何人只要与网中"蜘蛛"搭边，通过链条谋取利益，就可轻易成为蛛网中的捕获者，从而构成利益链条中的一环。"链条式"腐败多发于国企，例如通过关联交易，纵容支持老乡、亲戚或其他关系人在自己管辖范围内承揽项目或开办企业谋利;在经营销售等环节结成利益同盟,通过权钱交易、权色交易输送暴利工程;还有以企业改革、市场开拓等名义,通过向个别高级领导干部亲属输送利益,换取个人仕途晋升;在子女留学或就业等方面接受供应商利益输送;收受客户所送有价证券、贵重礼品,或接受供应商安排打高尔夫球、外出旅游等。建立有效的约束机制是解决"链条式"腐败的首要保证,要把权力关进制度的笼子里,管好审批的手。对此,有学者建议,对掌权者的配偶、子女、其他关系人参与商业活动的行为进行严格限制和约束,特别要割断其子女、配偶等与国有资本、国有企业的经济业务往来与联系,从根本上消除灰色权力地带赖以存在的基础。对于国有企业内部管理方式的改进,应按照遏制灰色权力地带的要求,形成新的管理制度框架,包括取消所有国有企业实际上的行政级别;建立国有资本运营和国有企业管理者队伍,与党政官员进行整体切割;尽量减少党政机构与国有企业领导人员之间的调度等。

(二)腐败现象

1. 反腐败回潮

来源:尚俊颖、何增科在《国家治理体系衰变如何引起反腐败回潮?——基于14个国家的定性比较分析》一文中指出,可持续的廉洁政治是国家治理的重要追求,取得反腐败阶段性成功的国家不在少数,但能巩固反腐败成果的国家凤毛麟角。此篇文章将反腐败取得阶段性成功后腐败复发的现象称为"反腐败回潮"。两位学者说道,反腐败既要注重具体的政治策略,也不能忽视深层次的战略。致力于持续反腐败的政治家需要对国家能力、民主和法治三者中的薄弱环节予以特别关注,也需要保持政局稳定,"保护"在反腐败中发挥重要作用的政治行动者,确保政策连续性。

释义:反腐败回潮是指反腐败取得阶段性成功后腐败复发的现象。国家能力、民主和法治三者中存在明显的短板,未能协调发展,或某一方面的显著变化破坏了体系的协调,导致反腐败回潮。反腐败回潮发生的条件包括以下几个:(1)国家能力太高或太低;(2)国家能力发生显著变化;(3)存在中等水平或低水平的民主;(4)民主显著倒退;(5)存在低水平的法治;(6)法治显著衰退。

2. 亚腐败

来源:亚腐败又称"隐性腐败""消极腐败""非典型腐败",国内学者通常把亚腐败界定为钻政策空子,打"擦边球"。王文婷在《财税治腐的路径证成——兼论财税治腐的功能变革》一文中认为,要实现廉洁政治,公职人员除了要加强自身修养,树立廉洁从政从业的价值观念之外,还要加强对公权力的控制,不仅要杜绝立法腐败、决策腐败、用人腐败、司法腐败等典型腐败,还要消除亚腐败,实现风清气正。

释义:亚腐败行为是指国家公务员利用职务之便,在尚不违法的灰色地带谋取私利或浪费国家资源的行为,是一种介于一般作风问题和严重腐败之间的行为。它具有主体的广泛性、牟利性、模糊性和影响的衍生性等特征。亚腐败行为划分为四种主要类型,即挥霍浪费型、形象工程型、人情交往型和吃拿卡要型,危害绝不亚于典型腐败,严重影响政府执政能力,降低政府公信力,同时极大地浪费了国家资源,造成行政成本过高,行政效率低下,腐败亚文化盛行。亚腐败问题的产生有着深刻的社会原因,权力主体是理性经济人,传统文化中的"官本位"和"熟人社会"思想,公共权力体系中缺乏有效监督,权力运行过程中体制机制上存在漏洞,法律规定厉而不严,都为亚腐败蔓延提供了丰富的土壤。防治亚腐败,首先要建立预防体系,通过加强基层公务员队伍建设和构建和谐的社会廉政文化氛围来做好事前预防;其次要规范权力运行,做到公开透明;再次要增加亚腐败行为的违法成本,通过立法形式明确各种亚腐败行为的违法性,规定相应的惩罚措施,并且在实践中严格执法,体现法律制度的刚性,提高打击力度;最后要强化社会各方面的综合监督,明确独立的廉政权威机构,高度重视新闻舆论监督和人民群众监督,多管齐下,全方位多层次防治。

3. 影子公司

来源:近年来,在天津查处的市管干部涉嫌职务违法犯罪案件中,以"影子公司"谋取私利的现象时有发生。2020年7月,天津市国资委党委利用视频会议系统召开国资系统警示教育大会,深刻剖析严泽生、包立杰等国企"一把手"利用

"影子公司"谋利违纪违法典型案例,警示教育国资系统党员干部敬畏党纪国法、强化自律意识、增强拒腐防变能力。

释义:所谓"影子公司",主要是指隐藏在党员干部身边,通过非正常政商关系,利用党员干部职权或者职务影响力谋取私利的市场主体。有些领导干部隐身幕后,或设置中间环节,"左手转右手",或以经商办企、包揽工程、批发项目等形式,实现权力变现。利用"影子公司"进行权力变现有三种常见形式:第一,党员干部以亲属名义注册公司,前门当官、后门开店,利用职权或者影响力开展经营活动直接谋取利益。第二,部分党员干部私下入股或入干股,滥用权力、帮助经营,从企业收益中获取利益。第三,有的干部与社会企业或其他市场主体保持密切关系,利用权力长期进行利益输送。尽管"影子公司"表现形态多样,但其实质是政商"勾肩搭背",利用职务便利经商谋利。

4. 牛栏关猫

来源:"牛栏里关不住猫"虽是众所周知的常识,但现实生活中"牛栏关猫"的现象却并不鲜见。制度疏漏、规章笼统、纪律松弛的情况在许多单位不同程度地存在着,有些单位规章制度面面俱到,应有尽有,但高高挂起,形同虚设,以致管理混乱,漏洞百出,事故频发。对此,2020年1月,习近平总书记在"不忘初心、牢记使命"主题教育总结大会上的讲话专门提出,反腐制度"不能大而全也不能小而碎,不能'牛栏关猫'也不能过于烦琐"。

释义:江西省原副省长胡长清"落马"后曾说,"组织的管理和监督对我而言,如同'牛栏关猫',进出自由"。牛栏是用来关牛的,用来关猫则必不中用。那栅栏看似粗大结实,却架不住空隙太大,小巧矫捷的猫只要闻到外面的"腥荤",便可畅通无阻地窜出去。这样一来,牛栏也就如同聋子的耳朵,摆设而已。应当说,制度上有疏漏,执行上不严格,是"牛栏关猫"现象大量存在的主要原因。该设红灯却没有设红灯,设了红灯却没有设警察,设了警察却不管事情,这样一来,出现"牛栏关猫"的现象就在所难免了。有些经济犯罪活动手法并不高明,只要我们照章办事,就可以堵住漏洞。然而,恰恰是因为疏忽大意,百万、千万乃至上亿资金轻而易举被吞噬,以致家底被人掏空。古人云:"亡羊而补牢,未为迟也",既然牛栏里关不住猫,就需要把栅栏补紧补密,以防后患。这就对我们立章建制提出了要求:对疏漏笼统的法律法规和规章制度,该修改的修改,该完善的完善,该废止的废止,使法律法规和规章制度更加严密、具体、可操作。

(三) 腐 败 治 理

1. 腐败的测量

来源:学者罗猛在《略论腐败的测量》一文中认为,腐败的测量是对腐败犯罪和腐败程度的测量,主要通过客观测量法与主观测量法两种方法进行,两种方法各有利弊。腐败的测量,具有自身的局限性,必须避免陷入测量工具主义的误区。

释义:腐败的测量属于犯罪现象的测量。所谓犯罪现象的测量,是指通过对各种犯罪数据和资料进行调查、统计,进而对一个国家或地区的犯罪现象进行测量和分析。它以犯罪定义和犯罪分类为基础,主要任务是用数字说明犯罪的实际状况及其变化,准确、客观地反映犯罪现象的基本态势。

腐败的测量,又称腐败程度的测量,即通过一定的数据清楚地反映出一个国家或地区的腐败程度。通过对腐败程度的测量,可以对腐败进行横向、纵向的比较,了解某个国家或地区腐败的程度以及重点腐败领域,从而出台相应的刑事政策。

2. 新型共治

来源:学者秦馨、黄义英在《依法共治腐败的理想模型及实现机制》一文中认为,反腐败需要以共治为中心的规则体系,依法共治是反腐败发展的总路径。单纯的民主政治在依法共治腐败方面仍有不足,需要在民主政治的基础上建立一种专门机制,因而"民主政治+专门机制"模式是依法共治腐败的理想模型。依法共治腐败的专门机制在性质上是一种法律机制,对应的是各层级和类型共治腐败的需要。在依法共治腐败的理想模型中,我国的反腐败治理模式应从传统型共治模式("领导者+"的治理模式)转变为新型共治模式("民主政治+专门机制"的治理模式)。

释义：新型共治是"民主政治＋专门机制"的治理模式,是依法共治腐败的理想模型。这里所讲的"专门机制",是指使各类主体都能够参与共治腐败,并且有明晰的地位、权力、责任关系且有专门设立的制度性结构及载体。这样的共治机构,不是传统意义上的政府职能部门、民间组织或者市场机制,其功能供给是人们精心设计和自觉追求的结果。

在现代社会的反腐败中,民主政治并不能取代专门机制,因为前者许多时候不能自动生成后者的功能。一些地方的反腐业绩不佳,确实是因为受制于民主政治的不发达,但民主政治的发达并不必然带来反腐业绩较佳,因此还要从构建专门机制的角度来考虑。反腐败的发展,不能撇开民主政治的建设而只求专门机制的完善,也不能只关注民主政治的建设而忽视专门机制的完善。

3. 腐败治理效能

来源：学者岳磊、芦春燕在《腐败治理效能的内在逻辑及其优化路径》一文中认为,提高腐败治理效能是新形势下我国反腐败实践的新任务、新要求,一体推进不敢腐、不能腐、不想腐是提高腐败治理效能的题中应有之义。要在把握腐败治理效能内在逻辑的基础上,针对当前我国腐败治理过程中不敢腐的高压态势不充分、不能腐的实践过程不严密、不想腐的思想堤坝不牢固的现实困境,以问题为导向,优化腐败治理效能。要推进以案促改,持续强化不敢腐的震慑作用;聚焦监督执纪,切实增强不能腐的制度约束;深化廉洁教育,不断筑牢不想腐的思想防线。

释义：腐败治理效能是指我国在治理腐败过程中采取行动、发挥能力的程度及取得成效的综合体现,是治理腐败的潜在能力与外显效果的动态联结、治理效率与社会评价的有机融合。治理腐败就要洞悉腐败行为的发生机制,从根本入手降低腐败行为的发生概率。通过科学严密的制度设计与有效的监督制约机制挤压腐败的发生空间,使公职人员不能腐、不易腐,以制约的常态化营造风清气正的政治生态,进而促进个体自律自觉意识观念的形成。

4. 电子政务

来源：在过去约20年里,世界各地的许多政府都采取了多种电子政务措施,

利用信息和通信技术改善其内部运行和服务提供系统,并与非政府的利益相关者,包括一般公众、非营利组织和营利机构进行有效沟通,出现了许多利用电子政务解决腐败问题的例子,许多学者也认为电子政务可以作为一种有效的反腐败工具。对此,朴准宪等在《电子政务作为反腐败工具:跨国面板数据分析》一文中详细介绍了电子政务在抑制腐败中的作用机制。

释义:电子政务被定义为"政府使用信息通信技术进行内部管理活动、生产和提供公共服务,并加强与公共行政中非政府利益相关者的关系"。它是政府利用技术向非政府利益相关者提供信息,获得非政府利益相关者的参与,共同制定复杂社会问题的解决方案。电子政务可以通过改革政府内部的日常活动及其与公共行政中非政府利益相关者的外部关系来减少腐败。例如,在线服务应用系统等电子政务举措减少了公职人员与非政府利益相关者之间的个人接触,从而抑制了腐败公职人员的自由裁量权和任意决定权。此外,这些举措使上级官员和审计人员能够监测腐败官员的不当决定和拖延行为。此外,促进公民参与的电子政务举措(即政务公开)使非政府利益相关者能够更容易地获取有关决策制定、实施和评估过程的信息,并提高非政府利益相关者在这些过程中的参与度,这些举措可以减少国家权力的垄断,减少腐败现象。

5. 一锤接着一锤敲

来源:2020年1月,习近平在"不忘初心、牢记使命"主题教育总结大会上指出,四风建设要"一锤接着一锤敲"。作风建设的好坏,关系党和政府的形象和事业成败,事关人心向背、事业兴衰。持续开展纪律作风整顿,是从严管党治党、解决突出问题的需要,也是外树良好形象、凝聚干事力量的需要。

释义:"绳锯木断、水滴石穿",不管做什么,若只停留于空谈,不付诸行动,或虎头蛇尾、半途而废,最终只能一无所获。一锤接着一锤敲,就是要走得远、走得稳当,克服浮躁心态,遵循事物发展规律,循序渐进、精益求精,以筚路蓝缕、胼手胝足的精神去做好反腐正风工作的每一步。不少事实表明,违背规律急躁冒进,妄想一蹴而就,或不切实际、急功近利,不但不能取得实效,还会适得其反。"树朽先朽于根,人毁先毁于心。"不难发现,在不少腐败分子的忏悔书中,底线或许是从收一件衣服开始失守,也可能是从一顿饭、一个红包逐渐迷失了自我,放任自流直至腐化堕落。事实证明,只有持续以更扎实的作风、更坚定的决心、更端正的态度,坚持发扬钉钉子精神,一锤接着一锤敲,一棒接着一棒跑,才能防微杜渐,让不能腐、不敢腐、不想腐的反腐机制持续发挥作用。

(四)腐败预防

1. 嵌入式监督

来源:学者姜胜辉在《嵌入式监督:探索权力监督有效实现新模式》一文中指出,纪检监察派驻监督是党和国家监督体系的重要组成部分,也是实现国家治理现代化的必要环节。在监督范式转换、党纪法规调适、反腐倡廉要求和监督探索实践的共同驱动下,部分地区将嵌入性理念、技术和制度引入权力监督领域,形成了"党的领导、权力制约、过程监督、信息沟通和制度规范"的嵌入式监督模式。这一模式借助理念嵌入、组织嵌入、技术嵌入和制度嵌入系统构建路径,形成了"权威性、精准化、全程性、常态化和制度化"的权力监督机制,整体推进监督制度优势转化为治理效能。

释义:嵌入式监督是指在党纪法规调适和监督范式转换的背景下,为强化党风廉政建设和反腐败斗争工作,将嵌入性理念、技术和制度应用到权力监督领域,由自上而下授权性的纪检监察派驻机构对驻在机关关键岗位党员和公职人员权力行使进行监督的实践探索与模式创新。具体而言,通过理念嵌入、组织嵌入、技术嵌入和制度嵌入等系统构建过程,形成"党的领导、权力制约、过程监督、信息沟通和制度规范"的权力监督体系,形塑"权威性、精准化、全程性、常态化和制度化"的监督机制,从而有助于提升权力监督效能,成为实现国家治理现代化的重要环节。

2. 结构偏好与规模偏好

来源:学者季程远、孟天广在《反腐败与政治信任:结构偏好与规模偏好的影响差异》一文中指出,面对腐败蔓延不断侵蚀政府能力和政权治理合法性,世界各国政府致力于通过反腐败行动提高公众政治信任,强化政权支持。为了达成

这一目标,政府通过扩大反腐败的规模和调整反腐败对象的结构向社会释放其打击腐败的目标和决心,因此,反腐败的规模偏好和结构偏好就成为向公众宣传反腐绩效和警示潜在腐败分子的重要途径。

释义:结构偏好与规模偏好是指在反腐败斗争中将"打老虎"理论化为反腐败的"结构偏好",即在反腐败行动中,在结构上着重于对高级别官员的打击和报道;将"拍苍蝇"理论化为"规模偏好",即在反腐败行动中,同时着重于对低级别官员的大量打击和报道。"打老虎"和"拍苍蝇"是中国共产党反腐败的策略,即在新的时期,改变反腐败的规模和结构偏好。

3. 权力反腐败

来源:学者彭斌在《构建反支配的权力体系:关于权力反腐败理念的新阐释》一文中提出,从权力的角度分析,那种导致产生腐败行为的权力与实施反腐败行动的权力具有本质差异,前者属于支配性的权力,后者属于反支配的权力。从这种意义上看,腐败是由于某些行动者将其职权异化为自身控制的支配性权力以谋取私利导致的,反腐败则是党和政府动员和整合各种体制内与体制外的资源构建起反支配的权力体系,生产、激活和运用反支配的权力,预防和惩治那种导致产生腐败行为的支配性权力。在反腐败过程中,反支配的权力既不同于多元化的权力,也不同于分权制衡的权力机制,它是具有强制性的,需要在行动者心中塑造出反支配的认知、偏好与价值信念,协调政治体制内的反支配机制与外部的反腐败诉求之间的关系。

释义:权力反腐败是一种以权力为主导的反腐败模式。现有的廉政研究未能从类型学的角度区分不同性质的权力,在将权力滥用视作腐败根源的同时会提出运用制度、法律、道德等方式来治理权力腐败,很少从权力生产、激活和运用的角度出发探讨廉政建设的问题。在社会生活中,无论腐败行为还是反腐败行动,都是在既定的权力关系网络中实施的,都需要社会行动者生产、激活或运用相应的权力才可能实现其目标。值得注意的是,那种导致产生腐败行为的权力与实施反腐败行动的权力并非性质相同的权力,而是在本质上具有差异的权力。

4. 腐败的"绝缘体"

来源：2020年4月26日，南涧彝族自治县人民检察院召开2020年度党风廉政建设和反腐败工作会议。党组书记、检察长杨光荣指出，2020年是全面建成小康社会和"十三五"规划的收官之年，也是脱贫攻坚战的达标之年；做好党风廉政建设和反腐倡廉工作意义深远，责任重大，全面从严治党、全面从严治检一刻都不能放松，全体干警必须警钟长鸣，以案为鉴，深刻吸取教训；要守住底线，不踩红线，坚决做腐败的"绝缘体"，筑牢拒腐防线；始终不忘初心，牢记使命，不断增强拒腐防变的能力，永葆廉洁之心。

释义："绝缘体"是物理学上的概念，是指在通常情况下不传导电流的物质。这里运用比喻的手法，要求全体工作人员在同反腐败作斗争的时候如同"绝缘体"一样，对自身严格要求，不要被腐败腐蚀，筑起反腐的坚强防线，将腐败拒之门外；同时要做好党风廉政建设和反腐倡廉工作，守住底线，不踩红线。

5. 去杂质、除病毒、防污染

来源：2020年1月，习近平总书记在"不忘初心、牢记使命"主题教育总结大会上的讲话指出："不忘初心、牢记使命不是一阵子的事，而是一辈子的事，每个党员都要在思想政治上不断进行检视、剖析、反思，不断去杂质、除病毒、防污染"。共产党员必须始终保持一颗为党为人民矢志奋斗的红心，始终坚持以人民为中心的发展思想，以为民务实清廉的实际行动让人民生活更加幸福美好，让党的执政根基更加坚实永固。

释义：去杂质，就是要荡涤思想上的不纯因素，时刻锻造绝对忠诚的政治品格；除病毒，就是要校正行进中的错误行为，时刻坚定担当作为、狠抓落实的政治本色；防污染，就是要筑牢廉洁自律的思想防线，时刻涵养清正廉洁的政治操守。忠诚是共产党人政治品质的本质和核心，要经常性地按照习近平总书记的重要讲话、对照党章要求、对照党规纪律深入思考党员的要求"对标""扫描""透视"，及时清除思想上的"灰尘"和"淤泥"；要担当作为、狠抓落实，要敢斗争、勇担当、顶得上，也要打得赢、善作为、能担事，坚持缺什么补什么，有针对性地强化实践锻炼、能力培养，加强干部的专业能力、专业素养教育培训，让干部在经风雨、见世面中增才干、壮筋骨、长本事。同时,要坚持将"严管"和"厚爱"结合,进一步激发广大干部干事创业的积极性、主动性、创造性。共产党人应始终把对党绝对忠诚作为最鲜亮的印记,牢牢铸刻在思想和灵魂深处;一些干部出现腐败问题,剖析原因,第一条就是放松了思想警惕。一名干部廉洁自律不过关,做人就没有骨气,干事就没有底气。只有高高筑牢堤坝,才能挡住外面的凶猛洪水,防止思想上的污染。

(五)反 腐 策 略

1. 惩预并重

来源:学者邱胜帆在《论国家腐败治理体系中的民事治理——基于欧盟〈反腐败民法公约〉的启示》一文中提出,《反腐败民法公约》作为迄今为止最早且最全面的民事反腐败法律文件,其中蕴含的民事治腐思路及举措为欧洲乃至世界各国吸纳借鉴。民事治腐在事前预防、腐败发现、打击腐败以及事后受害人权利的救济、腐败资产的追回等腐败治理各环节,均体现出刑法无法替代的独特优势,对中国特色反腐败治理体系的健全与完善具有巨大的推动作用。因此,应当在立足于我国反腐败法律体系的基础上,化解治腐观念固化下民事法律制度缺失等障碍,完成"硬性反腐"向"软硬兼顾"的观念转变,"偏重惩治"向"惩预并重"的策略转变,以完善反腐败民事治理机制,推动国家反腐败治理体系的完善。

释义:惩预并重是指在反腐策略上从只注重"腐败惩治手段的严厉性、权威性、强制性"逐步转变为"惩预并重"的腐败治理方式,既要重视惩罚的作用,也要发挥预防的作用,将腐败扼杀在萌芽阶段,以丰富反腐败的治理手段,健全腐败预防体系,借鉴《反腐败民法公约》明确腐败受害人权利救济途径、完善社会监督立法。

2. "严"的主基调

来源:2020年1月,习近平总书记在十九届中央纪委四次全会上指出,要"一以贯之、坚定不移全面从严治党""把'严'的主基调长期坚持下去"。2020

年,纪检监察机关深化运用"四种形态",精准有力执纪执法,坚决查处政治问题和经济问题交织的腐败案件,对张志南、孙力军、张和、史文清、王立科、童道驰等进行审查调查,对赵正永、胡怀邦、张琦等作出党纪政务处分。全面从严治党永远在路上,零容忍的决心丝毫不能动摇,惩治腐败的力度丝毫不能削弱,"严"的主基调要长期坚持下去。

释义:"严"的主基调的具体内涵是指新时代全面从严治党取得历史性、开创性成就,最根本的就是探索出一条长期执政条件下解决自身问题、跳出历史周期率的成功道路,构建起一套行之有效的权力监督制度和执纪执法体系。把"严"的主基调长期坚持下去,就是要深刻认识把握党实现自我革命的成功道路、有效制度,长期坚持下去并不断巩固发展,持续把伟大自我革命引向深入。

党的十九大以来,反腐败斗争取得压倒性胜利并巩固发展,但形势依然严峻复杂。与腐败的斗争,是一场攻坚战、持久战,群众最担心的是反腐败能严多久,要求对腐败分子狠一点、别反弹。把"严"的主基调长期坚持下去,就必须坚持思想从严、监督从严、执纪从严、治吏从严、作风从严、反腐从严,坚定不移推进党风廉政建设,坚决清除影响党的先进性和纯洁性的消极因素,不断净化党内政治生态。

纪检监察工作是政治工作,做的是人的工作,必须既合乎民心民意,又激励干部担当作为。把"严"的主基调长期坚持下去,就是要坚持实事求是、依规依纪依法,坚持惩前毖后、治病救人,坚持抓早抓小、防微杜渐,坚持严管厚爱结合、激励约束并重,充分运用"四种形态"提供的政策策略,实现政治效果、纪法效果、社会效果有机统一。

3. 以案促改

来源:2020年6月10日,陕西省委以案促改工作会议在西安召开。会议认真学习贯彻习近平总书记来陕考察重要讲话精神,认真落实党中央和中央纪委国家监委要求,对开展以案促改工作、肃清赵正永流毒和恶劣影响进行安排部署。具体而言,切实搞好高水平警示教育,切实开好高质量民主生活会,切实做好深入细致的"四个查一查",切实抓好见人见事的"四个专项工作",真正把"两个维护"刻印在头脑里、落实到行动上,巩固发展反腐败斗争压倒性胜利,为奋力

谱写陕西新时代追赶超越新篇章提供坚强保障。

释义：以案促改，是指在案件查办后，通过深入剖析发案原因，研究案发规律，找准和堵塞制度漏洞，建立长效机制，做好审查调查"后半篇文章"，以案促改、以案促建、以案促治，达到查处一案、警示一片、治理一方的良好效果。

4. 关键少数

来源：2020年1月8日，习近平在"不忘初心、牢记使命"主题教育总结大会上的讲话提出："领导机关是国家治理体系中的重要机关，领导干部是党和国家事业发展的'关键少数'，对全党全社会都具有风向标作用。'君子之德风，小人之德草，草上之风必偃'。在上面要求人、在后面推动人，都不如在前面带动人管用。"2020年11月16日，习近平在中央全面依法治国工作会议上进一步强调：要坚持抓住领导干部这个"关键少数"。"各级领导干部要坚决贯彻落实党中央关于全面依法治国的重大决策部署，带头尊崇法治、敬畏法律，了解法律、掌握法律，不断提高运用法治思维和法治方式深化改革、推动发展、化解矛盾、维护稳定、应对风险的能力，做尊法学法守法用法的模范。"

释义："关键少数"指的是在党和国家机关中担任重要职务的领导干部，特别是"一把手"。"关键少数"是党的事业发展的"领头雁"，担负着管党治党的重要政治责任，其违纪违法最易产生催化、连锁反应，甚至造成区域性、系统性、塌方式腐败。突出对"关键少数"的监督，是党中央完善党和国家监督体系、推动全面从严治党向纵深发展的重要举措；强化对"关键少数"的监督，是党风廉政建设和反腐败斗争的现实需要。从实践情况看，"关键少数"权力集中、责任重大、岗位关键，监督难度也更大。个别"一把手"长期手握要权，习惯性地把自己凌驾于组织和集体之上，变成"一霸手"，甚至把分管工作、领域变成不受集体领导和监督的"私人领地"，严重污染本地区、本单位的政治生态。抓住"关键少数"，才能管好"绝大多数"。破解对"关键少数"监督的难题，要强化党委主体责任，形成一级抓一级、层层抓落实的监督格局；要强化日常监督，敢于咬耳扯袖、红脸出汗，做到抓早抓小、防微杜渐；要坚持和完善相关制度，创新方式方法；要聚焦薄弱环节、明确监督责任，确保监督措施可操作、可执行。这样才能发挥"关键少数"的关键作用，做到以上率下、气正风清。

5. 硬脊梁、铁肩膀、真本事

来源：2020年1月8日，习近平在"不忘初心、牢记使命"主题教育总结大会上指出，"广大党员、干部要在经风雨、见世面中长才干、壮筋骨，练就担当作为的硬脊梁、铁肩膀、真本事，敢字为先、干字当头，勇于担当、善于作为"。这对党员干部的作风和能力提出进一步的要求。

释义：硬脊梁，是指对马克思主义、共产主义的信仰、信念坚定，对党和人民忠诚，练就强大的免疫力和抵抗力，能够抵御腐蚀。铁肩膀，是指有敢打必胜的信念，攻无不克的能力，敢闯敢干的作风，敢于担当、勇于担当的作风，能够有效应对重大挑战、抵御重大风险、克服重大阻力、解决重大矛盾。真本事，是指掌握科学知识，提高内在素质，锤炼过硬本领，使自己的思维视野、思想观念、认识水平跟上越来越快的时代步伐。也即有专业精神、专业能力、专业思维、专业知识和专业方法，能力素质始终与岗位责任相匹配。脊梁之于人体，是"承重梁"，纵观那些犯错误的党员、干部，无论政治上的跑偏，还是生活上的腐化，归根到底都是"承重梁"出了问题。肩膀之于人体，是"顶梁柱"，有了"顶梁柱"，干事创业的动力就会充足，就能振奋精神、永葆朝气。有了真本领，就能驾驭复杂局面，处理复杂问题，做到把好事办好、实事办实。

6. 严管厚爱

来源：2020年5月，中央纪委国家监委印发《关于做好失实检举控告澄清工作的意见》，对开展失实检举控告澄清工作的主要原则、适用情形、主要方式和要求作出规定："要坚持严管厚爱结合、激励约束并重"。

释义：严管之意为严格监督执纪执法，要坚持实事求是、依规依纪依法，做到事实清楚、证据确凿、认定准确，对于查证属实的违法违纪行为要从严处理；厚爱之意为坚持审慎稳妥、严格程序，认真履行审批手续，合理确定方式方法和范围。为受到失实检举控告影响的党员、干部澄清问题、维护合法权利。积极稳妥开展失实检举控告澄清工作，维护党员、干部合法权益，释放提倡如实检举控告、抵制歪风邪气的强烈信号，实事求是地为担当者担当、为负责者负责，切实保护党员、干部干事创业积极性。失实检举控告对当事人工作、生活等造成不良影响的，或者在社会上造成不良影响的,纪检监察机关应当采取适当方式在一定范围内予以澄清。纪检监察机关经核查认定检举控告失实的,要认真做好评估工作,对应当澄清的情形及时启动澄清程序。

(六)反腐制度

1. 多维监督透明机制

来源:学者朱俊英、黄力之在《"人民至上"视域下反腐败斗争的理论基础与实践路径》一文中指出,党的十八大以来,以习近平同志为核心的党中央在反腐败斗争中取得了重大成就,坚定了新时代中国共产党秉持"人民至上"发展思想,坚决同腐败作斗争的勇气,从而赢得了人民群众的支持与拥护,巩固了党的执政之基。为了完善"人民至上"视域下反腐败斗争的实践路径,该文提出"建立和完善权力运行多维监督透明机制"这一建议。

释义:多维监督透明机制是指通过多种维度、多个角度、多种方式进行监督管理,使监督透明,以达到反腐的目的。多维监督透明机制包括以下内涵:一是多渠道、多路径开辟腐败线索举报平台,并建立举报保密制度,切实维护举报者权益,对于泄露举报人信息的行为进行从严处理,充分调动广大人民群众参与到反腐败的斗争中来,让人民群众意识到参与反腐败斗争是捍卫人民利益的体现,从而增强广大人民群众政治参与的主动性。二是通过国家在各级设立的监察委员会做到对国家各机关的监察全覆盖。三是深化"放管服"改革,建立一体化的便民利民、公开透明的一站式行政审批和权力运行的体制机制。中国政府每年都把"放管服"工作作为重中之重,通过"放管服"改革提升政府机构人员为民服务的水平和能力,也能够规避权力寻租空间,从而有效维护人民利益。四是建立巡视常态化体制机制,开展定期和不定期的巡视工作,营造不敢腐、不能腐的体制机制。

2. 反腐败引渡合作

来源:学者张丽华、李雪婷在《双重驱动结构下的反腐败引渡合作问题研究》

一文中指出,反腐败引渡合作是追缉外逃腐败罪犯的主要方式,积极推动合作对于打击腐败犯罪行为具有重要意义。反腐败引渡合作受行政性驱动结构和司法性驱动结构影响,行政性驱动结构由国家政治、外交和经济等因素构成,司法性驱动结构由司法理念、体制和程序等因素构成。妥善处理双重驱动结构问题能够有效应对合作困境。

释义:反腐败引渡合作是指在反腐败领域对于犯罪分子进行引渡。引渡是指一国将在其境内被他国指控为犯罪或者判刑的人,依据该国的请求,按照有关引渡的国际公约、双边条约和国内与引渡有关的法律,移交给该国提起诉讼,进行审判或者执行刑罚的一种制度。反腐败引渡合作是追讨外逃腐败分子的主要方式,对威慑和惩治腐败犯罪分子、净化社会风气具有重要意义。

3. 纪法衔接

来源:法治反腐不能仅依靠国法,因为法的空缺性决定其腐败预防的不及时性及腐败治理的不全面性;而法的开放结构,又为国法接纳党纪,共同服务于法治反腐实践奠定了法理根基。在坚持法治反腐理念的前提下,充分利用中国特色反腐实践过程中积累的党纪资源优势,促进"纪法衔接",是监察体制改革全面深化阶段的重要目标。夏伟在《监察体制改革"纪法衔接"的法理阐释及实现路径》一文中提到,以监察体制改革为界线,党内法规与国家法律之间的关系经历了从"纪法分离"到"纪法衔接"的变迁历程。

释义:纪法衔接是指党的纪律与国家法律对于腐败惩治方面规定的适用与衔接问题。"纪严于法、纪在法前"原则是纪法衔接的基本政治安排,理论界和实务部门对此原则多有不同的理解,并形成了"纪在法前""纪在法后""纪法并行"等多种不同的纪法衔接模式。在法治反腐意义上,党纪与国法之间不具有可比性,因此,不论是强调"党纪高于国法"还是认为"国法高于党纪",都是伪命题。正确发挥党纪与国法在法治反腐中的功能,就必须要以两者为基本素材,构建体系化的法治反腐规则,将大多数腐败问题遏制在违纪阶段,实现"党纪管住大多数"的目标;配合《监察法》及其配套规定,真正让进入违法犯罪阶段的腐败现象成为极少数。

(七) 反 腐 警 示

1. 力戒虚功、务求实效

来源：2020年1月8日，习近平在"不忘初心、牢记使命"主题教育总结大会上的讲话中指出，这次主题教育，总结历次党内集中教育经验，对新时代开展党内集中教育进行了新探索、积累了新经验。其中要求党员力戒虚功、务求实效。把反对形式主义、官僚主义作为突出要求，不以专家讲座、理论辅导代替自学和研讨，就近开展红色教育，不对写读书笔记、心得体会等提出硬性要求，不搞"作秀式""盆景式"调研，严格控制简报数量，不将有没有领导批示、开会发文发简报、台账记录、工作笔记等作为主题教育各项工作是否落实的标准。

释义：力戒虚功、务求实效是指戒除工作中虚假的工作作风，研究、讨论或做某项具体工作讲究实际，不做表面文章。不能在工作中报喜不报忧，讲的都是好的，出了问题不深入思考如何解决，也不及时报告。公职人员要改进工作作风，坚决克服形式主义、官僚主义；坚决克服过分看重个人得失、个人名利现象；同时也要对其加强督查。

2. 不摘责任、不摘政策、不摘帮扶、不摘监管

来源：2020年1月13日，赵乐际在十九届中央纪委四次全会上的工作报告指出，全力保障脱贫攻坚决战决胜，集中整治群众反映强烈的突出问题。脱贫是实现全面小康的重中之重，是必须完成的硬任务。纪检监察机关要深刻认识肩负的职责使命，坚持问题导向，对扶贫领域腐败和作风问题进行盘点梳理，着力加强对脱贫工作绩效、脱贫政策连续性与稳定性，以及脱贫摘帽后"不摘责任、不摘政策、不摘帮扶、不摘监管"情况的监督检查。

释义：不摘责任、不摘政策、不摘帮扶、不摘监管是指要打赢脱贫攻坚这场硬仗，就必须干净、彻底，坚决兑现"一个都不能少，一个都不能掉队"的庄严承诺。贫困县摘帽，只是消除了绝对贫困，是脱贫攻坚的重要战略目标。贫困县摘帽后，巩固拓展脱贫成果，建立长效脱贫机制，加大对剩余贫困人口的帮扶力度，确保全面完成攻坚任务,仍然需要做大量艰苦细致的工作。贫困县摘帽后,要继续完成剩余贫困人口脱贫,做到摘帽不摘责任、摘帽不摘政策、摘帽不摘帮扶、摘帽不摘监管。最后实现脱真贫、真脱贫、不返贫。

3. 惠民政策落实的"绊脚石"

来源:2020年1月,习近平总书记在十九届中央纪委四次全会上指出,要坚持以人民为中心的工作导向,深入整治民生领域的"微腐败"、放纵包庇黑恶势力的"保护伞"、妨碍惠民政策落实的"绊脚石"。习近平总书记的重要讲话在广大网友中引起强烈反响,大家纷纷表示,这番话真是说到老百姓心坎里了。

释义:惠民政策落实的"绊脚石"是指一些基层干部打着为民办事、为民请命的幌子,侵占挪用扶贫款、惠民款,让党的政策得不到落实,政府决策得不到落实。只有搬开这些妨碍惠民政策落实的"绊脚石",才能让惠民政策真正惠及人民群众。这要求,各级纪检监察机关守土尽责,全力保障脱贫攻坚决战决胜,集中整治群众反映强烈的突出问题;精准施治脱贫攻坚中的形式主义、官僚主义等问题,加强对脱贫工作绩效特别是贫困县摘帽情况的监督;深入整治民生领域的"微腐败"、放纵包庇黑恶势力的"保护伞"、妨碍惠民政策落实的"绊脚石",促进基层党组织全面过硬。

4. 初心如磐、使命在肩

来源:2020年1月8日,习近平在"不忘初心、牢记使命"主题教育总结大会上发表重要讲话:"要教育引导各级党组织和广大党员、干部经常进行思想政治体检,不断叩问初心、守护初心,不断坚守使命、担当使命,始终做到初心如磐、使命在肩。"正是由于始终坚守初心和使命,党才能在极端困境中发展壮大,才能在濒临绝境中突出重围,才能在困顿逆境中毅然奋起。

释义:初心如磐、使命在肩,是指中国共产党的初心和使命是党的性质宗旨、理想信念、奋斗目标的集中体现,激励着我们党永远坚守,砥砺着我们党坚毅前行。从石库门到天安门,从兴业路到复兴路,党近百年来所付出的一切努力、进行的一切斗争、作出的一切牺牲,都是为了人民幸福和民族复兴。腐败分子之所以跌入违纪违法的陷阱,从根本上讲就是把初心和使命抛到九霄云外去了。不忘初心、牢记使命不是一阵子的事,而是一辈子的事,每个党员都要在思想政治上不断进行检视、剖析、反思,不断去杂质、除病毒、防污染。

5. 我是谁、为了谁、依靠谁

来源:2020年10月,习近平总书记在基层代表座谈会上的重要讲话中指出:中国人民之所以信任、拥护、爱戴中国共产党,根本在于我们党坚持人民主体地位,坚持以人民为中心,始终牢记群众是真正的英雄,任何时候都不忘记我是谁、为了谁、依靠谁,真正同人民结合起来。

释义:明确"我是谁、为了谁、依靠谁"的问题,就是要把人民放在心中最高位置,同人民风雨同舟、血脉相通、生死与共。人民群众是我们党战胜一切困难和风险的根本保证。离开了人民,我们就会一事无成。要牢记群众是真正的英雄,任何时候都不能忘记我是谁、为了谁、依靠谁,真正同人民结合起来。为什么人、靠什么人的问题,是检验一个政党、一个政权性质的试金石。干部要坚持立党为公、执政为民,虚心向群众学习,真心对群众负责,热心为群众服务,诚心接受群众监督。要拜人民为师、向人民学习,放下架子、扑下身子、接地气、通下情,深入开展调查研究,解剖麻雀,发现典型,真正把群众面临的问题发现出来,把群众的意见反映上来,把群众创造的经验总结出来。

(八)反 腐 成 果

1. 反腐败绩效

来源:学者郑方辉、李莹在《反腐败绩效:腐败治理的目标与逻辑》一文中认为,反腐败绩效为腐败治理提供了新的概念范畴和分析视角。反腐败绩效凸显政府廉洁满意度,为腐败治理提供价值导向、度量体系和动力机制。经验表明,反腐败绩效评价的成功有赖于强有力的政治支持,因此,应简政放权,提高廉政信息透明度;倡导社会理性,既要加大对腐败现象的惩治力度,也要界定公权力边界,标本兼治。

释义:"绩效"源自企业管理,20世纪30年代延伸至公共行政管理领域,形成"政府绩效"概念。一般认为,政府绩效是指政府行使其职能、实施其意志过程中所体现的综合能力。反腐败也是一种政府管理活动及作为,导入绩效范畴符合内在逻辑,由此,"反腐败绩效"可视为政府绩效的组成部分。与此相关联,评价是有目的的主动行为,置于我国国情中,我们认为,反腐败绩效主要体现为党委和政府惩治公职人员腐败的绩效,反腐败绩效评价意指基于结果导向及满意度导向,以追求廉政满意度为目的,依据合理的标准、规范的流程和科学的指标体系,对一定时期内党和政府惩治腐败的投入、过程、产出和效果进行综合性测量和评判的活动。

2. 清廉感知

来源:学者季程远、孟天广在《反腐败与政治信任:结构偏好与规模偏好的影响差异》一文中认为,面对腐败蔓延不断侵蚀政府能力和政权治理合法性的挑战,世界各国政府致力于通过反腐败行动提高公众政治信任,强化政权支持。为了达成这一目标,政府通过扩大反腐败的规模和调整反腐败对象的结构向社会释放其打击腐败的目标和决心,因此,反腐败的规模偏好和结构偏好就成为向公众宣传反腐败绩效和警示潜在腐败分子的重要途径。该文以十八大以来的反腐败为例,综合利用2015年中国城市治理调查和2012—2015年地方反腐倡廉落马官员数据集,发现两种反腐败偏好对于公众政治信任存在影响差异,并探讨了三个中介因素的作用机制,包括公众对反腐败行动的满意度、对政府的清廉感知、对政府权力约束能力的评价。

释义:清廉感知即公众对腐败形势的判断,是对社会总体,尤其是其中的公职人员腐败水平的综合评价,反腐败行动能够通过改善公众对公职人员的信任提高公众政治信任。

3. 清廉中国

来源:党的十八大后,在反腐倡廉取得巨大成就的基础上,提出"清廉中国"的政治理念和目标,能够激励广大党员干部和人民群众为建设清廉中国而努力奋斗。我国计划在2035年左右实现清廉中国的目标。李雪勤在《"清廉中国"的期盼、目标和实现路径》一文中阐述了建设清廉中国的概念和实现路径。

释义：打造海晏河清、朗朗乾坤的清廉中国，是建设社会主义现代化强国的题中要义。清廉中国建设，要把握历史方位、明晰时代内涵、坚持守正创新，回答和破解管党治党的重大理论和实践问题。党的十九大报告在总结以往工作的基础上，重申和提出建设法治中国、平安中国、美丽中国、健康中国、数字中国等国家战略，还提出要"强化不敢腐的震慑，扎牢不能腐的笼子，增强不想腐的自觉，通过不懈努力换来海晏河清、朗朗乾坤"。一些地方还专门提出有关清廉政府建设的目标和方向。2018年7月，浙江省委专门出台了《关于推进清廉浙江建设的决定》，明确提出：努力打造干部清正、政府清廉、政治清明、社会清朗的清廉浙江，到2022年实现初步目标，使党内政治生态更加纯净，社会风气持续上扬；到2035年，清廉浙江建设的各项制度机制成熟定型，清廉浙江全面建成。2019年6月，内蒙古自治区党委发布了《关于建设清廉内蒙古的意见》，提出着力建设政治清明、政府清廉、干部清正、政商亲清、社会清朗的清廉内蒙古，推动全面从严治党向纵深发展。全国还有不少地方和部门也陆续提出清廉政府建设的具体要求，这些工作为清廉中国建设打下了良好的基础。

4. 天网2020

来源：2020年3月30日，中央反腐败协调小组国际追逃追赃工作办公室作出部署，启动"天网2020"行动。

释义："天网2020"行动是指根据中央反腐败协调小组国际追逃追赃工作办公室作出的行动安排，由国家监委牵头开展职务犯罪国际追逃追赃专项行动，最高人民法院牵头开展犯罪嫌疑人、被告人逃匿、死亡案件追赃专项行动，公安部牵头开展"猎狐"专项行动，中国人民银行会同公安部等相关部门开展预防、打击利用离岸公司和地下钱庄向境外转移赃款专项行动，中央组织部会同公安部等开展违规办理和持有因私出国（境）证件治理工作。"天网2020"行动共追回外逃人员1421人，其中"红通人员"28人，监察对象314人，追回赃款29.5亿元，有力削减了存量、有效遏制了增量。反腐败追逃追赃工作更加注重双边、多边国际合作长远制度建设，不断拓宽追逃追赃国际合作网络，打造国际追逃追赃合作体系，从而在反腐败国际追逃追赃长远制度建设中形成整体效应，为反腐败国际追逃追赃工作的目标转化为实实在在的成效提供重要保障。